소설과 우연의 질서

박영준

도서출판 월인

서문

이 책은 나의 두 번째 책이다. 첫 책은 필명 박금산으로 출간한 소설집 『생일선물』이었다. 작년 이맘때에 그 책의 '작가의 말'을 썼다. 한 해 차이를 두고 이번에는 소설에 대한 생각을 담은 책을 낸다. 부제를 붙이자면 '쓰기 과정을 통해 배운 소설 분석의 실제'이다. 여기에는 필명과 본명, 작법과 독법, 창작과 연구가 함께 진행되는 나의 하루하루가 들어 있다.

소설을 읽을 때에 나는 언제나 새로운 소설을 상상하고, 앞서 산 사람들의 문장 사이사이에 새로운 문장을 고안하여 배치해보는 버릇을 가지고 있다. 그래서, 소설을 읽으면서 만드는 새로운 문장은 분석의 방법이 되기도 하고 창작의 실제가 되기도 한다. 책을 내기 위하여, 여기에 있는 글들을 다듬으면서 이 글들을 쓸 때에 내가 어떤 소설을 쓰고 있었는지 떠올리지 않을 수 없었다. 마치 다른 이의 문장을 첨삭하는 기분이 들 정도로 소설에 대한 생각이 많이 달라져 있음을 알게 되었다. 믿음의 대상은 한결 같으나 그것에 다가가는 방법이 달라졌다는 것은 내가 더 새로워질 수 있다는 것을 말해주는 것이 아닐까. 그러니, 소설에 대한 지금의 생각도 앞으로 많이 달라질 것이다.

사람의 만남을 감동적으로 다루는 모든 서사장르에서 플롯의 비밀은 우연의 조작에 있다. 필연적일 수밖에 없는 사실을 우연적인 것처럼 흐르게 하는 데에 작가의 의도와 노동이 바쳐진다고 믿는다. 우연적인 것을 필연적인 것처럼 보이게 조작하는 것이 아니라, 그 반대의 방법이 필요한 것이다. 그것은 소설의 유희를 위해서 필요한 것이며, 우리 삶을 우회적으로 혹은 적나라하게 드러내는 데에 필요한 것이다. 인물과 인물의 만남뿐만이 아니다. 사건과 상황, 작가와 독자, 작가와 사회, 영혼과 영혼, 이들의 만남을 위시하여 소설이 형성되는 과정에는 '가장된 우연'이 개입한다. 있을 것 같지 않은 우연을 필연으로 조작하기 위하여 안간힘 쓰다보면 인간을 학대하고 삶까지 조작하게 되어 있다. 그렇게 하면 그 속의 인물과 그것을 쓴 작가의 삶은 신뢰보다 의심을 먼저 받게 될 것이다. 책의 제목을 '소설과 우연의 질서'라고 명명해 놓고 나는 우리 삶에 어떤 가장된 우연이 찾아올 것인지 생각해 보았다.

나는 쓰기와 읽기를 함께 하면서 소설이란 그것이 무엇인지 말할 수 없고, 그 어떤 형태를 가진 것이라 할지라도 삶을 소중하게 다루는 것이 있다면 그것은 소설이 될 수 있다는 믿음을 키워왔다. 우리 소설의 맥락 안에서 그 믿음이 확인되고 자라왔다는 사실을 나는 매우 소중하게 생각한다. 그러니 먼저 감사를 드려야 할 분들은 우리 소설사를 이루어온 작가들이다. 이 책에서 다룬 작가는 이광수, 최인훈, 김동리, 황석영, 윤흥길, 정한숙, 홍성원, 이범선, 오유권, 송병수, 강용준, 박상륭 등이다. 이들의 소설을 모티프론, 개작 및 원전 차용의 방법, 개념어와 상징어, 집단의 공동체험과 서사의 유형, 작가론적 접근, 인칭론적 접근, 공간론적 접근 등으로 분석해 보았다. 각각의 방법론은 분석의 단위이기도 하고, 내가 고민했던 창작 방법의 단위들이기도 하다. 염상섭 소설에 대한 나의 입장이 완결되지 않은 상태에서 책을 내는 것이 송구스럽다. 지금-여기의 상황에 주안점을 두었던 그의 방법론에서 촉발된 방식으로 소설을 쓰고 있으니 염상섭 소설에 대한 입장도 정리가 될 것이다. 다음 책은 염상섭에게서 시작해보고 싶다.

삶은 더 깊고 좁아지고 있으며, 확인하고 디뎌야 할 땅은 점점 더 넓어지고 있다. 겸손과 사려와 투지를 넓히려면 더 큰 용기가 필요하게 되었다는 뜻이다. 온유와 강건을 한 몸에 지니고 계시면서 어느덧 누군가에게 나도 그런 아버지와 어머니가 되고싶다는 생각까지 하게 해주신 두 분 스승님께 감사드린다. 두 분의 우정을 대할 때마다 감동은 생활의 사사로운 데에서부터 시작된다고 믿게 된다. 그분들로부터 배운 것이 창작과 맥락의 독서만이 아닌 것이다. 책으로 인사를 드릴 수 있어서 기쁘다. 각자 개성적인 소설론을 만들기 위해 서로를 비판하고 격려하면서, 때로는 안면몰수하고 비난하면서 함께 시간을 보냈던 벗들에게도. 이 책으로 인하여 더 가까워진 사람이 생기길 바라며, 소설에 대해 더 많이 생각해보기 위하여 부족한 이 책을 내민다. 연구든 창작이든 나를 거쳐야 더 멀리 있는 너에게까지 갈 수 있을 것이다.

2006년 겨울

박영준

목차

1부 ‖ 인칭 · 어조의 분석에서 작가론의 기술까지

목차

2부 ‖ 박상륭과 소설의 공간 질서

1부

인칭·어조의 분석에서 작가론의 기술까지

인칭 · 어조의 선택과 현실의 예술적 변형

– 황석영 초기소설과 1인칭 서술의 미학

· 황석영 소설에 대한 이해의 전제
· 인칭의 선택과 플롯에 내재된 반 풍자적 성격
· 인칭 서술에 내재된 어조의 다양성과 예술적 변형 의도
· 1인칭 서술과 황석영 초기소설의 서술미학

황석영의 단편소설 「섬섬옥수」에 등장하는 '나-박미리'는 부유한 집의 외동딸로서 대학졸업을 앞두고 있다. 그녀는 자기가 미인이라고 생각하는 오만한 여성인데 그 성격상 황석영 초기 소설군에서 매우 이례적인 서술자-주인공에 해당된다. 「삼포 가는 길」의 백화가 대표적이듯, 황석영의 첫 창작집 『객지』에 등장하는 여성 인물들은 흔히 작부형 인물이거나 경제적 토대가 빈약한 계층에 속해 있다. 포르노 배우를 하다가 '나-일봉'을 만나 사랑에 빠지고, 돈이 없어서 함께 살기를 포기한 후 헤어졌으나 끝내 다시 만나지 못하는 「장사의 꿈」의 애자, 집을 나갔다가 임신을 하고 돌아온 「돼지꿈」의 미순, '나'의 유년의 풍경을 채우고 있는, 미친 여자로 불리는 「잡초」의 태금 등이 그들이다. 이 여성 인물들은 황석영 소설 전체에서 주된 인물군을 이루는 '변방의 사람들' 혹은 '변두리 사람들'의 한 부류이다. 황석영이 이들 삶의 세계에서 인

정(人情)을 발견하고, 세계를 변화시킬 수 있는 건강한 힘의 원천을 그것에서 찾아왔다는 것은 그의 소설을 이해하는 데에 있어 전제가 될 정도로 잘 알려져 있다. 그런데 「섬섬옥수」에서 박미리라는, 비판·비난의 대상이 될 수 있는 인물을 '나'라는 1인칭 서술자로 설정한 작가의 의도는 무엇이었는가.

흔히 1인칭 서술은 서술자와 작가 사이의 거리가 가까운 서술전략으로 인식된다. 그러나, 작가가 3인칭을 선택했다고 하여 그 서술의 내용이 작가의 육성과 멀리 떨어져 있다거나 그 거리 자체로서 객관성을 담보하고 있다고 말할 수 있는 것이 아니듯, 작가가 1인칭을 선택했다고 해서 그 서술의 내용이 작가의 육성과 가까운 거리에 있다거나 그 거리 자체로서 주관적인 판단을 담고 있다는 식으로 일반화할 수는 없다. 『소설의 수사학』의 저자 웨인 부스가 말한 대로 작가와의 거리를 결정하는 것은 서술된 내용의 "신빙성"이며, 외부에 공개되어 있는 작가 이력과의 연관성이다.[1] 그래서 대개 1인칭 소설의 해석에는 작가의 이력 및 작품 상호간의 영향관계가 중요하게 부각된다.

황석영 소설의 전반에서 부잣집 여대생, 특히 오만에 찬 여자는 비판의 대상이거나 비난의 대상에 가까운 인물이다. 그런데 왜 황석영은 이런 인물을 '나'라는 1인칭 서술자로 선택하였는가. 이 글의 문제의식은 「섬섬옥수」의 여성 서술자와 전체적인 서술체계에 대한 관심에서 시작되었다. 작가의 의도를 살펴보기 위하여서는 「섬섬옥수」와 같은 시기에 발표된 황석영의 다른 1인칭 소설을 살펴보아야 했고, 초기 작품이면서도 황석영 소설을 이해하는 데에 있어 전제조건이 되고 있는 작

1) 서술자와 작가의 목소리 관계에 대해서는 「제9장 거리의 통어-제인 오스틴의 『엠마』」(웨인부스, 『소설의 수사학』, 최상규 역, 예림기획, 1999, pp.327~358) 참조.

품인 「객지」, 「한씨 연대기」, 「삼포 가는 길」과는 어떤 연관을 맺고 있는지 살펴야 했다. 그리하여 이 글은 황석영의 초기 소설들을 서술미학 차원에서 하나의 일관된 흐름 안에 배치해 보고자 하는 작업이 되었다. 주요 분석 작품으로는 황석영의 첫 창작집 『객지』에 수록된 소설을 선택하였다. 『북망 멀고도 고적한 곳』, 『가객』에 수록되어 있는 초기소설과의 관계는 다른 글에서 논하기로 한다.2)

황석영 소설에 대한 이해의 전제 : 「객지」, 「한씨 연대기」, 「삼포 가는 길」

작가에게 있어서 플롯은 자신이 발견한 어떤 대상을 독자에게 효과적으로 전달하고자 할 때에 그 필요성이 강해진다. 여러 가지로 정의할 수 있는 플롯의 특성을 이 점으로 국한시켜서 말하자면 독자가 소설을 읽는다는 것은 작가가 설정한 발견의 대상을 찾아가는 과정이라 할 수 있다. 우리는 작가가 세계에서 발견하여 기록해 놓은 내용(발견의 대상)이 무엇인지를 논리적인 언어로 정리할 수 있을 때에 그 작가의 세계관이 분명하다고 여기는 경향이 있다. 그러나, 작가가 설정한 어떤

2) 『객지』(창작과비평사, 1974), 『북망 멀고도 고적한 곳』(동서문화원, 1975), 『가객』(백제, 1978) 이 세 작품집의 작품들은 황석영의 초기소설군에 해당한다. 연재를 시작한 시점이 이 작품집들의 발간 시기와 중첩되는, 장편 『장길산』의 연재가 끝난 것은 1984년이고 『무기의 그늘』의 연재가 끝난 것은 1988년이다. 황석영의 초기소설이라고 칭할 때에는 앞서 말한 세 창작집의 작품들을 가리키게 된다. 이 논문에서 텍스트로 삼은 것은 1974년에 창작과비평사에서 간행한 『객지』이다. 이후 본문의 직접 인용은 작가, 작품, 작품집, 페이지를 밝혔고 짧게 인용할 때에는 괄호 안에 페이지만 밝혔다.

발견의 대상은 명쾌한 문장으로 정리되는 경우도 있으나, 그 세계가 너무 신비스러워서 언어화되지 못하는 경우도 있다. 우리 삶을 구성하고 있다는 것이 분명하다고 판단되지만 그것을 무엇이라고 부를지 모호할 때에 우리는 그것이 속해 있는 세계의 특성을 '아이러니'라는 개념어를 동원하여 설명하기도 했다.[3)]

근대소설의 작가들은 세계의 아이러니를 그 자체로 형상화하기도 하였고 그 아이러니적인 상황을 개선할 수 있는 방식을 제시하려고도 하였다. 중편소설 「객지」는 황석영이 노동현장에 만연해 있는 아이러니적인 상황을 타개하기 위한 해결책을 제시하려고 했던 소설로서 황석영의 소설을 이해하는 데에 전제조건이 되고 있는 작품이다. 「객지」의 플롯에서 황석영이 설정한 발견의 대상은 동혁의 입을 빌어 말하는 대화로 제시되어 있다. "개선을 위한 쟁의를 해야지, 원수 갚는 심정으로 벌이다간 끝이 없어요."(pp.29~30)라는 말이 그것이다. 이 소설에서 임금문제와 노동여건에 불만을 품은 간척장 공사판 노동자들은 감정적으로 쟁의를 일으킨다. 그리고 쟁의의 과정에서 그들은 사용자들의 조삼모사식 타협안에 동조하여 쟁의를 그만둔다. 이것은 노동자들의 인지상정에서 나온 것으로 제시되어 있다. '감독조'의 진압을 피해 독산으로 올라갔던 동료들이 하나 둘 산 밑으로 내려가는 상황이 그것을 잘 말해준다. 이런 노동자의 현상태를 제시하는 데에 초점을 맞추지 않고,

3) 자아와 세계 사이의 구별이 분명해졌으나, 개인이 자기가 살아가는 세계 속에서 자아를 찾지 못하게 된 것이 아이러니이며 그것은 근대 사회의 중요한 특성을 이룬다. 근대소설을 아이러니의 세계라고 명명하는 것은 이 때문이다. 이 논문에서 사용하는 아이러니의 개념 및 근대소설의 장르적 특성에 대해서는 다음의 책들에서 주장하는 내용을 따르고 있다. D. C. Muecke, 『아이러니』, 문상득 역, 서울대학교출판부, 1980 ; 노스럽 프라이, 『비평의 해부』, 임철규 역, 한길사, 2000 ; 게오르그 루카치, 『소설의 이론』, 반성완 역, 심설당, 1985.

"내일이 아니어도 좋다"며 더 높은 산으로 올라가는 동혁의 발걸음을 결말에 제시한 것, 즉 동혁의 걸음을 제시하면서 현실을 타개해 갈 수 있는 '시작'을 결말로 구성했다는 점을 일컬어 황석영이 제시한 민중적 전망의 특징이라 할 것이다. 이는 황석영 소설의 민중문학적 성격을 결정짓는 요소이다. 이 글에서 주안점을 두고 있는 서술의 특성을 살펴보기 위하여 결말부분을 인용해보자면 다음과 같다.

> 그는 자기의 결의가 헛되지 않으리라는 것을 믿었으며, 거의 텅비어 버린 듯한 마음에 대하여 스스로 놀랐다. 알 수 없는 강렬한 희망이 어디선가 솟아올라 그를 가득 채우는 것 같았다. 동혁은 상대편 사람들과 동료 인부들 모두에게 알려주고 싶었다.
>
> 「꼭 내일이 아니라도 좋다.」
>
> 그는 혼자서 다짐했다.[4]

인용부분에서 보이듯이 「객지」의 서술 시점은 대체로 동혁을 중심으로 한 인물 시각 서술로 이루어져 있다. 3인칭 인물 시각 서술을 택한 것에서 객관성을 담보하기 위한 작가의 의도를 읽을 수 있다. 미래를 희망적으로 예견하는 동혁이 그것을 실천하기 위해 걸음을 떼는 결말의 모습은 「객지」가 표방하고 있는 전망이며 그것은 또한 현실을 변혁시키기 위한 황석영 식의 낙관적인 방법론을 반영한다. 이 점은 「객지」의 세계가 계몽적, 도식적, 낭만주의적 영웅의식으로 이루어져 있다는 비판적 해석을 유발하는 부분이기도 하다.[5] 낙관적인 '내일'의 도래를

4) 황석영, 「객지」, 『객지』, p.89.

5) 황석영 소설에 나타난 낭만적 특성에 관한 연구로는 강용훈, 「황석영 소설의 낭만적 성격 연구」, 고려대학교 대학원 석사학위논문, 2005 ; 김주연, 「떠남과 외지인의 의식」, 『현대문학』, 1979, 5월호 ; 권오룡, 「체험과 상상력」, 『존재의 변명』, 문

기다리면서 첫발을 내딛는 동혁이 동키호테 형의 아이러니스트가 될 것인지 그 반대가 될 것인지는 시대상황이 결정한다. 만약 사회가 변하지 않는다면 동혁은 그 어떤 인물보다 시대착오적인 아이러니스트가 될 것이다. 전망 부재의 현실 상황과 현실의 가혹함을 강조하면 동혁은 동키호테 형의 아이러니스트가 될 수밖에 없다. 그러나, 전망이 존재한다는 것, 그리고 동혁은 아이러니스트가 아니라 현실 개혁을 위해서 반드시 필요한 영웅이라는 것이 황석영의 판단이다. 3인칭 인물 시각 서술은 이러한 판단이 객관적 기준에 의해 만들어진 것이며 그것이 정당한 판단임을 강조하기 위하여 선택된 서술전략으로 보인다.

「객지」와 함께 황석영의 초기 작품 세계를 대표하는 「한씨 연대기」, 「삼포 가는 길」에서 황석영은 아이러니적인 상황의 타개책을 제시하려고 했다기 보다는 아이러니적인 상황 그 자체를 형상화하려고 하였다. 「한씨 연대기」는 전쟁에 의해 고착화된 분단이라는 한국의 역사적 상황이 빚어내는 아이러니를, 「삼포 가는 길」은 산업화 위주의 근대화라는 당대적 상황에 의해 발생한 아이러니를 각각 형상화하였다. 서술 체계를 살피자면 「객지」와 비교할 때 「한씨 연대기」와 「삼포 가는 길」에서 인물 시각 서술보다 객관 중립 서술의 폭이 더 넓어져 있음을 볼 수 있다.

학과지성사, 1989 ; 오생근, 「개인의식의 극복」, 『문학과지성』, 1974, 여름호 ; 성민엽, 「작가적 신념과 현실-황석영론」, 『한국문학의 현단계 III』, 창작과비평사, 1984 ; 김우창, 「밑바닥의 삶과 장사의 꿈」, 『시인의보석-김우창전집3』, 민음사, 1993 ; 황광수, 「노동문제의 소설적 표현」, 『한국문학의 현단계 IV』, 창작과비평사, 1985 ; 하정일, 「저항의 서사와 대안적 근대의 모색」, 『1970년대 문학연구』, 민족문학사연구소 현대문학분과 편, 소명출판, 2000 ; 고명철, 「1970년대 황석영의 소설세계」, 『근현대문학의 사적전개와 미적양상II』, 반교어문학회편, 보고사, 2000 등을 참고하였다.

「한씨 연대기」의 구성은 처음, 중간, 끝이 분명하게 나누어진다. 그것은 <[처음] 어느 노인의 죽음 -[중간] 한영덕의 일대기- [끝] 딸 혜자의 입장>으로 정리할 수 있다. 프롤로그와 에필로그격인 처음과 끝의 중간에 있는 한영덕의 일대기는 '한씨 연대기'라는 제목에서 말하는 바처럼 연대기적으로 구성되어 있다. [중간] 부분의 서술 시점은 대개 한영덕을 중심축으로 하는 객관 중립 서술로 이루어져 있다. 작가가 한영덕의 삶을 이야기하는 과정에서 주석을 철저히 배제하려고 했던 의도는 군사문서인 '정보보고서'를 제시하는 데에서 극단적인 예를 찾아볼 수 있다. 이 정보보고서는 아들 창빈이 그곳에 있다는(포로인지 군인인지 모르는 채) 소식을 듣고 간 한영덕을 군부대에서 북한의 공작첩자로 오해하여 체포하고 심문한 내용을 담당 군인이 상부에 보고하기 위하여 기록한 문건으로 되어 있다. 약 3페이지 가량으로(pp.117～121) 제시되어 있는 '정보보고서'의 시작 부분을 인용해보자면 다음과 같다.

情報報告書

受信-美軍第2基地 M.I.D. 韓國軍派遣隊 調査班長

題目-敵性容疑者에 關한 件

1. 立件日時 및 場所

   1951年 11月 23日 15時 20分境 W.P.CAMP 附近

2. 人的事項

   姓　　名 韓 永 德(男)

   生年月日 1911年 5月 18日生(40歲)

   職　　業 醫師

   本　　籍 平安南道 平壤市

   現 住 所 慶尙北道 大邱市 德山洞

3. 立件理由

   上記者는 1951年 11月 20日頃부터 民間人임에도 불구하고 W.P.CAMP

> OFF LIMIT AREA에 접근하여 수상히 여긴 警備兵이 誰何 警告했으나 不應 逃走한 적이 있고, [……]
>
> 4. 措置 및 意見
>
> [……] 審問內容은 다음과 같음. 但 便宜上 審問者는 A, 被疑者는 B로 標記함.
>
> [……]
>
> A. 무슨 목적으로 캠프에 왔습니까?
>
> B. 아들을 만나기 위해서였습니다.[6)]

이상과 같이 시작되는 정보보고서는 군대문서 양식을 따르고 있다. '4. 조치 및 의견'이 상세하게 문답식으로 서술되어 있고 끝에는 "調査班長 大尉 朴潤九"라는 작성 책임자의 관등성명이 기록되어 있다. 이 정보보고서의 앞뒤에 이 내용에 대한 설명이 전혀 나오지 않는다는 것은 작가가 객관성을 담보하기 위하여 정보보고서 양식을 서술적 전략으로 채택한 것임을 알려준다. 앞이나 뒤에는 '이것은 당시의 군대문서이다'라는 식의 설명도 나와 있지 않다. 이는 정보보고서가 인용의 대상이 아니라 소설의 분문이라는 것인데, 황석영 소설의 전체에서 가장 객관적인 본문을 찾아보라고 한다면 이것이 그 예가 될 것이다. 정보보고서 앞에서 서술자는 한영덕이 대동강을 건너는 도중에 아들 창빈과 헤어지는 장면을 서술하고 있다. 정보보고서 뒤에서 서술자는 "한영덕씨의 정처 없는 생활은 대구 경찰서에서 한달간의 불온 분자 심사라는 고초를 겪은 뒤에도 일 년간이나 더 계속되었고, 서울 변두리에 사는 누이동생과 만나면서 겨우 안정이 되는 듯했다."(p.121)라는 문장으로 한영덕의 삶을 이야기하고 있다. 한영덕이 누이 한영숙의 집에서 살고

6) 황석영, 「한씨 연대기」, 『객지』, pp.117～118.

있다는 것으로써 한영덕이 대동강을 건너던 때, 그가 공산첩자로 오해 받고 체포되던 때와 시간적 격차가 큰 내용이다.

「한씨 연대기」에서 황석영이 제시한 아이러니는 유능하고 정직한 인술의(仁術醫) 한영덕이 전쟁통에 월남했다가 남한에서는 간첩 혐의를 받은 후 의사직을 포기하고 장의사의 염꾼이 되어 늙어 죽는다는 이야기 속에 들어 있다. 당의 정치적 노선에 동조하지 않아서가 아니라 정치적 노선에 관심을 가지지 않는다는 이유 때문에 숙청대상으로 몰렸던 것이 북한에서의 한영덕의 삶이었다. 한영덕은 보병동의 어린 환자를 수술하던 도중 특별병동의 군인 환자를 치료하라는 명령을 거부하였다. 월남한 이후 한영덕은 돈을 벌기 위하여 어쩔 수 없이 낙태수술을 조산에 의한 것으로 위조한다. 그런데, 그 일을 사주했던 사람들의 투서에 의해 간첩 혐의를 쓰고 피검이 되는데, "환자의 위탁이나 승낙 없이 낙태 중 치상시킨 죄에 해당되는 1년 징역과 3년의 자격정지"를 언도받는다. 이후 한영덕은 알콜 중독자로, 장의사 염꾼이 되어 늙어간다. 한영덕의 일대기에 들어있는 이러한 아이러니는 해방과 좌우 이데올로기 대립과 한국전쟁이라는 한국의 역사적 상황 위에서 만들어진 것이다. 이 상황에 대한 작가의 주석은 처음, 중간, 끝 중에서 에필로그격인 [끝]의 시작부분에 다음과 같이 서술되어 있다.

> 한 혜자는 단신 월남한 주정뱅이 고용 의사와 납북된 경찰관의 아내였던 전쟁 미망인 사이에서 태어났다. 그애는 뒷날 성숙한 처녀가 되었을 때에 자신의 별명을 <개똥참외>라고 지었다. 인분에 섞여 싹이 트고 폐허의 잡초 사이에서 자라나 강인하게 성장하는 작고 단단한 열매.[7)]

---

7) 황석영, 「한씨 연대기」, 『객지』, p.160. (< > 기호는 원문의 것임.)

이 부분을 서술자의 해석(주석)으로 판단할 수 있는 이유는 한영덕을 "단신 월남한 주정뱅이 고용 의사"로, 재혼한 배우자 한영덕을 무고하게 간첩으로 고발한 윤미경을 "납북된 경찰관의 아내였던 전쟁 미망인"으로 서술한 어휘에서 찾아볼 수 있다. 이 어휘의 선택은 한영덕에 대한 남한 사회의 보편적인 인식이 그렇다는 작가의 당대 현실 인식에서 기원한 것으로 보는 것이 타당할 것이다. 혜자가 자신의 별명을 "개똥참외"라고 지었다는 부분의 서술은 인물 시각적 특성이 강한 부분이다. [중간]과 별도로 서술되어 있는 [끝]의 마지막 문단에서 서술자는 "혜자는 아버지의 매장에 관한 따분한 기억을 갖고 싶지가 않았다"라고 말하면서 역으로 뛰어가는 혜자의 모습을 묘사한다. 아무리 외면하려고 해도 그럴 수 없는 것이 역사라는, 작가의 판단이 드러나는 부분이다. 이 결말에서 드러나는 서술 특성을 「객지」의 결말과 비교해 보자면 「한씨 연대기」의 서술 체계는 「객지」의 그것보다 객관 중립 서술의 폭이 넓어졌으나 중립적인 서술을 통해 제시해왔던 한영덕의 일대기에 대한 해석, 즉 세계의 아이러니에 대한 작가의 해석이 작품을 마무리 짓고 있다고 할 수 있다. 「객지」처럼 전망을 강조하지 않은 것에서 우리는 황석영이 이 세계의 아이러니의 해결 방식을 제시하고자 한 것이 아니라 그 아이러니 자체를 제시하고자 했음을 알 수 있다.

「삼포 가는 길」의 이야기는 처음, 중간, 끝으로 명료하게 나눠지는 않는다. 영달, 정씨, 백화의 여정이 고향을 찾아가는 심리 자체로서, 고향을 상실한 근대적 개인의 아이러니를 구현하고 있기 때문이다. 「삼포 가는 길」은 영달, 정씨, 백화 일행의 여로를 서정적으로 그려내고 있는데 이 소설에서 제시하고 있는 사회적 아이러니는 '삼포'라는 안주의 땅이 불도저에 의해 파괴되었다는 데에 있다. 어떤 노인으로부터 삼포의 상황을 전해 듣는 순간 영달과 정씨의 여정이 끝난다. 어디로 가야 할지 망연해진 그 길의 끝에서 영달은 잘됐으니 거기 가서 공사판 일이나 잡자고 한다. 이 말을 듣는 정씨의 심정에 대하여 서술자는 "그때에 기차가 도착했다. 정씨는 발걸음이 내키질 않았다. 그는 마음의 정처를 방금 잃어버렸던 때문이었다. 어느결에 정씨는 영달이와 똑같은 입장이 되어 버렸다."(p.277)고 서술한다. 「삼포 가는 길」의 서술 체계는 대체로 「한씨 연대기」의 그것과 유사한데 결말에서는 주석적인 평가가 완곡해지고 그 자리에 "기차가 눈발이 날리는 어두운 들판을 향해서 달려갔다."(p.277)라는 서정적인 자연 묘사가 등장한다.

「한씨연대기」, 「삼포 가는 길」에서 서술자가 주석을 가능한 한 배제하려고 하는 객관 중립 서술을 고수하려고 했다는 점은 작가의 의도가 상황의 해결책 제시가 아니라 상황 자체의 모습을 제시하는 데에 있었다는 것을 의미한다. 아이러니의 해결책을 제시하기 위하여 민중적 전망을 결말에 배치한 「객지」의 방식과 비교할 때에 달라진 점이다. 낭만성은 줄어들었고 그만큼 사실성의 폭이 넓어졌다고 해야 할 것이다. 객관 중립을 지향하는 서술법은 이후 황석영 소설의 주된 서술법이 되었다. 『무기의 그늘』, 『장길산』 등의 장편소설이 대표적인 경우이다. 이들과 현격하게 차이나는 1인칭 서술미학은 이러한 전제를 토대로 하여 규명되어야 한다.[8)]

8) 첫 창작집 『객지』에 수록된 1인칭 소설의 다양한 형식을 살펴보는 것은 황석영이 2000년대에 발표한 『오래된 정원』, 『손님』, 『심청』의 형식적 특수성을 살펴보는 것과 연계될 수 있다. 이 세 장편소설은 민중 중심의 세계인식 혹은 좌파적 현실 비판이라는 점에서 황석영 소설의 일관된 세계와 닿아 있다. 하지만 그 서술법을 살펴보면 객관 중립과는 거리가 먼 방식, 특히 작가의 주석이 서술의 대부분을 차지하고 있음을 볼 수 있다. 황석영은 북한 방문으로 인하여 피감되어 수감생활(1993~1998)을 마친 후, 형식적으로 특별한 세 편의 장편소설을 발표하였다. 『오래된 정원』(2000)에는 편짓글과 자기분석의 기록이 혼재되어 있다. 『손님』(2001)은 작가가 "'황해도 진지노귀굿' 열두 마당을 기본 얼개로 하여 씌어졌다"(황석영,

인칭의 선택과 플롯에 내재된 반 풍자적 성격 : 「섬섬옥수」

황석영이 「객지」, 「한씨 연대기」, 「삼포 가는 길」에서 각각 제시한 노동 문제, 분단 문제, 산업화 문제는 한국의 근대화를 해석하는 데에 필요한 키워드이다. 황석영이 제시한 세계는 한국의 아이러니적인 상황 그 자체일 수 있다. 자아와 세계 사이의 구별이 분명해지면서, 개인이 자아를 상실하게 된 것은 근대화의 결과로 받아들일 수 있는 보편적 특성 중 하나이다. 경제문제, 역사문제는 그것을 가시화할 수 있는 요소 중 하나이며 그것이 곧 소설의 사회성을 이룬다. 작가가 제시하는 발견의 대상 중에는 독자가 논리적인 언어로 문장화할 수 없는 것이 있다. 독자가 논리적인 언어로 문장화할 수 없는 세계의 신비나 아이러니에 대해서는 작가 역시도 명쾌하게 기술할 수 없다. 작가 역시도 독자와 마찬가지로 세계를 살아가는 한 개인이기 때문이다. 풍자 및 반어 등은 가시화하기 힘든 그 부분을 구체화해 보려고 할 때에 유효한 소설의 방법 중 하나이다.

풍자는 여러 방법 중에서 공격성이 매우 강한 양식으로 알려져 있다.

「작가의 말」, 『손님』, 창작과비평사, 2001, p.262)고 한 바 있다. 『손님』의 소설 본문이 모두 굿의 형태로 이루어져 있지는 않으나, 그 얼개는 굿의 진행 과정을 따르고 있다. 12개로 나뉘어진 소제목들은 그 12마당 굿의 절차를 반영하고 있다. 『심청』(2003)은 고전 소재를 패러디한 것이다. 이것은 이전에 발표한 『무기의 그늘』이나 『장길산』의 방식과는 현격히 차이나는 것이다. 앞서 인용한 『손님』의 「작가의 말」에서 황석영은 베를린 체류 시절의 노트를 공개하면서 "과거의 리얼리즘 형식은 보다 과감하게 보다 풍부하게 해체하여 재구성해야 된다. [……] 주관과 객관이 분리되어서도 안되고, 화자는 어느 누군가의 관점이나 일인칭 삼인칭으로 고정된 것이 아니라 등장 인물 각자의 시점에 따라 서로를 교차하여 그려서 완성시켜줄 수 있을 것이다. [……] 객관적인 서술방법도 삶을 그럴싸하게 그린다고 할 뿐이지 삶을 현실의 상태로 재현하는 것은 불가능한 노릇이다."(황석영, 같은 글, 같은 책, pp.260~261)라고 하였다.

시점이나 어조가 소설 전체에서 일관성을 유지한 채 처음부터 끝까지 이어지는 것이 아니듯 풍자는 소설 전체를 지배하는 방법이자 어조로 작용하기도 하고 소설의 부분을 이루기도 한다.[9] 시작부분에서는 풍자성이 농후했으나 플롯의 전개에 따라 그 풍자성이 소멸되는 경우도 존재한다. 「섬섬옥수」는 풍자적 요소를 갖춘 서두에서 시작하여 플롯의 전개에 따라 그 성격이 소멸하는 경우에 해당된다. 「섬섬옥수」의 서술 특성을 구체적으로 논하기 위해 서두의 한 문단을 예로 들어보기로 한다.

> 나는 스물 세 살의 여자대학교 문과대학 학생이다. 나는 실업가의 외동따님답게 아무 불편없이 자라났고, 얼굴도 남들이 말하는 대로 <드문 미모>에 속한다. 나는 지난 봄에 어떤 장래가 유망한 청년과 약혼을 했다. 집에서 골라준 상대였다.[10]

"외동따님답게"와 같은, 은근히 비꼬는 투의 수사는 소설의 어법이 아니라 일상회화의 어법에서도 어떤 주체가 다른 대상을 설명할 때에

9) 풍자의 일관성으로 우리에게 잘 알려져 있는 작품은 채만식의 「치숙」이다. 「치숙」의 서술은 모두 '나'의 '숙부'에 대한 소개 및 평가로 이루어져 있다. 풍자는 대부분 그 대상이 인물로 설정되어 있는 경우가 많지만 『소설의 수사학』의 저자 웨인 부스가 명명한 바대로 "신빙성 없는 서술자"로 설정되어 있는 경우도 있다. 「치숙」의 경우가 이에 해당한다. 공산주의자 삼촌을 바보 취급하는 「치숙」의 어린 '나'는 1인칭 서술자임에도 불구하고 풍자의 대상으로 설정되어 있다. 풍자의 대상이 반드시 인물(서술자와 구별되는)이어야 할 필요가 없는 것이다. 1인칭 서술자 '나'가 인물로서는 기능하지 않고 대부분 삼촌의 현재 상태와 과거 체험을 이야기하는 서술자로서만 기능한다는 것이 「치숙」에 내재되어 있는 풍자 구조의 특성이다. 이 때 서술자 '나'와 실제작가 채만식은 다른 어떤 소설에서보다 멀리 떨어져 있다고 할 수 있다. 채만식의 다른 소설인 「태평천하」의 윤직원이나 「논이야기」의 한생원은 작가가 인물의 됨됨이에 대한 비판적 시선을 독자와 공유하는 풍자적 방법론을 사용한 경우에 해당한다. 윤직원, 한생원은 인물로서 풍자적 기능을 수행하고 있다.

10) 황석영, 「섬섬옥수」, 『객지』, p.285. (< > 기호는 원문의 것임.)

사용하는 어휘이지 주체 스스로를 설명하기 위해 동원하는 어휘는 아니다. 위의 인용에서 서술자는 자신의 미모를 설명하면서 "<드문 미모>"라고 < >기호를 사용하여 강조까지 하고 있다. 이러한 서술의 특성과 더불어 소설의 첫번째 문단에서 '나'가 파혼을 선언했을 때 집안 사람들이 놀랐고, "그 무렵에 한 남자를 알게 되었다"고 한 '진지한' 고백 끝에서 '나'가 위의 인용부분에서처럼 외모에 대한 자만을 보여주며, 그 다음 아파트 수리공 상수를 만나 "심리적인 놀이"를 행하는 등의 이야기 전개 과정에서 구조의 풍자적 성격을 발견할 수 있다.

'나'는 상수를 "어릴 적 시골집의 턱없이 양순하기만 하던 잡종 개처럼 만만"하게 바라본다. '나'는 상수가 자기 집에서 일하는 식모 순자에게나 어울리지 자기 같은 여대생과는 절대로 어울리지 않으며 그런 상대가 자기를 넘보는 것은 "살아온 환경과 계층이 다른 사람들끼리 상대를 피차의 입장대로 인정해야 한다는 약속"을 파기하는 것으로 생각한다. '나'가 고안한 "심리적인 놀이"는 "끈이 매어진 개의 코 밑에 닿을까 말까 하는 거리에다 먹이를 던져 주고 즐기던 놀이"이다. 이런 인물이 맞게 되는 결말이 무엇인가. 작가가 설정한 발견의 대상은 '나'의 결말이 어떻게 되는가 하는 점에 있을 것이다.

'나'는 만만하다고 생각했던 상대가 자기 의지대로 움직여주지 않자('나'는 상수에게 약수터에서 만나자고 하는데 상수가 나오지 않는다. 그러자 '나'는 다음번에 상수를 만나 자기도 나가지 않았다는 말을 하면서 자존심을 내세운다.) 번번이 쓴맛을 느끼고 오기에 차게 된다. 이것이 풍자가 되려면 현진건의 「B사감과 러브레터」의 'B사감'이 그렇게 했듯이 '나'는 스스로를 만족시킬 수 있는, 상식 밖의 행동을 해야 할 것이다. 그런데, 「섬섬옥수」의 풍자적 특성은 '나'가 어느 날 상수가 아파트 일을 그만두겠다고 하자 새벽에 전화를 걸어 터미널로 나오라고 명령한 뒤로 소멸된다. '나'는 상수와 여행을 하면서 자기 세계의 허상을 깨닫고 반성을 하게 되는 것이다. 반성을 행하는 인물이 풍자적 기능을 수행할 수는 없다. 이 점을 들어서 「섬섬옥수」의 플롯에는 반 풍자적 성격이 내재되어 있다고 말할 수 있다. '나'가 반성에 이르는 진행과정 전체는 다음과 같이 도표로 정리할 수 있을 정도로 그 변화의 경계가 뚜렷하다. 상수를 만나게 된 다음부터의 서사진행을 처음, 중간, 끝으로 나누어 도표화해보자면 다음과 같다.

	처음	→	중간	→	끝
서사의 진행	상수에게 여행을 제안한다.	장환을 회상한다.	상수와 여행을 간다.	만오를 회상한다.	상수의 행동을 저지시킨다.
상대 남자에 대한 평가	상수는 천한 노리개다.	장환은 가난하고 터무니없는 사람이었지만 불쌍한 남자였다.	상수는 야비하지 않고 대담하며 천진하다.	만오는 오만하고 권력적이었다.	상수가 이러는 것은 당연하다.
'나' 스스로에 대한 인식	나는 우아하고 세련된 여자예요	나는 억울한 일을 당한 여자예요. 그래도 만오를 버렸으니까 양심은 있어요.	나는 지나치게 이기적이에요.	나는 만오와 같은 신분을 누리고 있지만 그것을 폭력으로 행사하지는 않을 거예요.	나는 참 보잘것없는 여자예요.

상수와 여행을 하는 동안 '나'는 과거에 겪었던 두 남자 장환과 만오를 회상한다. 장환은 '나'에게 정신질환자로 비치는 인물이다. 장환은 자기가 성공할 수 있는 길은 '나'와 결혼하는 것이라는 말을 했다가, '나'에게 접근한 이유는 결혼을 위한 것이 아니라 사랑이 문제였다고 고쳐 말한 다음 삼밭을 매어먹고 사는 어머니를 모시고 살기 위해 고

향으로 낙향한다. “일찌기 공대를 나와 유학가서 석사가 되어 돌아온 훌륭한 집안의 도련님”(p.285)인 만오와 대조적이게도 장환은 극심한 가난을 딛고 사범대학에 입학한 학생이다. 장환과 ‘나’가 처음 만난 것은 야학에서였다. ‘나’가 장환의 구애를 거절하는 것은 만오와 약혼을 했다는 자기의 조건 때문만은 아니었다. 그가 지니고 있었던 가난이 문제시 되었던 것이다. 장환은 그것을 참지 못하여 어느 날 새벽녘 ‘나’가 들어 있는 여학생 기숙사로 뛰어들 정도로 감정의 과잉상태에 도달한다. 장환은 마지막으로 한번만 만나달라는 부탁을 하고, ‘나’는 마지막 부탁이기 때문에 그것을 들어주러 간다. 그런데 그 자리에서 장환은 청혼의 내용이 들어 있는 글을 ‘나’에게 내민다. 장환이 대답을 강요하자 ‘나’는 만오에게 전화를 걸어 도움을 요청한다. 만오가 건설현장의 직원들을 동원해서 장환을 폭행하는 것에서 장환과의 사건은 일단락 지어진다. ‘나’는 만오의 행동이 몰인정하다고 판단한 다음 그와 파혼할 것을 결심하는데, 그 무렵 상수를 만나게 된다. ‘나’는 상수와 여행을 하면서 자신의 과거를 돌이켜보는 것이다.

‘나’는 장환의 일을 회상하면서 당시의 자기 심정을 “나는 얼마동안 그(장환-인용자)와 함께 생각의 공통점을 찾으려고 애써보기도 했었다.”(p.293) 혹은 “또한 나는 욕심이 많은 이기주의자기 때문에 내 꿈을 묻어버리고 싶지도 않다고 말해줬다. 하지만 내게 열을 올려 귀찮게 했을 때마다 나는 그를 원망하지는 못했다.”(p.293)라고 회고한다. 이런 진술은 오만으로 가득찼던 인물 성격의 일관성을 해치는 문장으로 보이기까지 한다. 그런데 장환의 괴벽스런 행동을 회고하는 것이 상수와 여행을 하면서 시작되었다는 것에 주목한다면 이 진술은 상수를 매개로 한 자기반성의 전단계로서 장환에 대한 인식의 변화에서 시작된 것임을 알 수 있다. 상수와 여행하면서 ‘나’가 스스로를 보잘것없는 여자로 인식하게 되는 과정 중에 장환의 일에 대한 회상이 놓여 있는 것이다. 장환은 '나'를 변화시키는 상수와 비슷한 부류의 사람이다. 상수와 장환, 그리고 반성하는 '나'의 반대편에 만오가 서 있다.

만오는 물화된 인간의 대표 유형이다. 여자를 소유물로, 액세서리쯤으로 여기는 남자이며, '나'가 장환의 일을 이야기했을 때 자기의 자존심이 해쳐졌다고 생각하고, 급기야는 공사장 사람들을 데리고 와서 장환을 폭행하는 사람이다. 황석영이 여러 소설에서 강조하는 인정(人情)이 없는 사람인 것이다. 상수라는 인물을 통해 '나'가 자기 반성에 이르는 플롯에 의하여, 황석영이 「섬섬옥수」에서 비판하는 것은 부루주아 자체가 아니라 인정을 잃은 부르주아, 즉 만오 형의 인물임이 드러난다. 만오는 인정을 잃은 부르주아, 반성하지 않는 부르주아의 대표적 인물이 된다.

터미널에서 홍천행 차표를 끊고 한가로운 여행을 시작한 후, '나'는 상수의 모습에서 관능을 느끼기도 한다. '나'는 휴게실에서 저 혼자 빵을 사와서 먹고 아무곳에서나 바지를 내리고 소변을 보는 상수의 당당함에 매료된다. '나'는 더 나아가 강간을 당하고 싶다고도 말하고[11] "머슴과 아름다운 양가 처녀가 아무도 모르게 화전이나 일구며 살아간다는 아름다운 이야기를 떠올"리기까지 한다. 다음의 인용은 그 일련의 과정을 거친 끝에 도달하는 「섬섬옥수」의 결말이다.

11) '나'가 강간을 당하고 싶다고 생각하는 것은 함축적으로 표현되어 있다. 다음의 인용으로 설명을 대체한다. "나는 창피했다. 비탈길을 재빨리 끌려내겨가며, 한편으로는 그에게 심하게 얻어맞고 싶은 나른한 기분에 빠졌다. 잠깐 나도 모르는 사이에 자고 싶다는 생각이 스쳐 지나갔다. 울창한 숲, 찢긴 옷, 상처난 다리, 달음박질, 짓눌림, 바람소리."(「섬섬옥수」, p.298)

> 나는 자기가 정말로 볼품없는 여자라는 걸 깨달았다. 그가 나의 속옷에까지 손을 댔을 때, 나는 서둘지 않고 그를 약간만 밀어냈다. 그가 고개를 들었다. 그의 표정은 지금도 생생하다. 너무나 무심했다. 입을 반쯤 벌리고 시선은 낯설었다. 일어섰다. 아찔, 현기증이 일어났지만 잠깐 뒤에 밝아졌다. 그가 얼결에 내 한쪽 다리를 잡았다. 운동화가 벗겨졌다. 나는 물가로 뛰어갔다. 배를 부르기 위해서였다. 멍청이 섰던 상수가 그제서야 벗겨진 신발을 던지며 투덜거렸다.
>
> 「똥치 같은 게 겉멋만 잔뜩 들어 가지구.」[12)]

밑줄 그은 두 문장에서 전자는 '나'의 진지한 반성을 표현한 문장이고, 후자는 상수의 건강한 냉소를 담은 문장으로서 그 두 가지가 정면으로 대조된다. "똥치같은 게 겉멋만 잔뜩 들어 가지구."라는 대화는 '나'와 상수 각각의 삶을 현실적으로 만드는 대화로서 이 작품의 백미가 된다. 상수는 이렇게 비아냥거림으로써 '나-미리'와의 게임에서 패하지 않게 되고, '나' 역시도 심리적인 패배는 겪으나 현실의 삶을 도외시하는 감상적 인물로까지 추락하지는 않게 된다. 상수는 '나'의 거절 앞에서 사랑을 구걸하지 않아야 하고, '나' 역시도 "찌꺼기"라고 표현되는 서울 삶의 실제요소들을 부정하지 않아야 한다는 것이 황석영의 판단이다. 떠나온 곳으로 다시 돌아가야 하는 것이 두 사람의 운명이며 현실의 삶인 것이다. 문명세계에서 비껴난, 자연상태에서 발견한 '나'의 깨달음은 여행지에서 느끼는 찰나적 감정이 아니라 현실에서 실천이 되어야 하는 명제로 부각된다. 자기를 보잘것없는 여자로 느낀 '나'가 어떻게 행동해야 할 것인가. 이런 반성의 촉구에서 「섬섬옥수」는 끝난다.

---

12) 황석영, 「섬섬옥수」, 『객지』, p.310. (밑줄-인용자)

다시, 플롯의 반 풍자적 성격으로 돌아가 보자. 위의 인용부분에서 "나는 내가 정말로 볼품없는 여자라는 걸 깨달았다"가 아니라 "나는 자기가 정말 볼품없는 여자라는 걸 깨달았다"라고 되어 있는 문장에 주의를 기울여야 할 것이다. 이 문장은 '나는'을 '그녀는'으로 바꾸는 것이 훨씬 더 자연스럽다. 작가가 제시하고자 했던 발견의 대상은 스스로를 볼품없는 여자라고 생각하게 되는 어떤 여자의 의식의 변화이다. 그런데 선택된 인칭이 왜 '그녀'가 아니라 '나'인가. 플롯이 작가에게 있어 발견의 대상을 공개하는 방식이라고 하였는데, 인칭의 선택은 넓게 보아 플롯의 설정 안에 포함되어 해결되는 문제이다. 플롯은 사건의 순서 및 전체적인 얼개와 관계를 맺고, 인칭의 선택은 서술자의 목소리를 결정짓는 데에 필요하다. 인칭의 선택은 말하고자 하는 내용, 즉 발견의 대상을 공개하는 목소리를 결정짓는 일인 것이다.[13] 어떤 목소리를 내세울 것인가의 문제가 인칭을 선택하는 기준이 된다. 작가가 '나'를 풍자의 대상으로 설정하지 않은 것은 작가에게 '나'를 공격할 의도가 존재하지 않았음을 의미한다. 「섬섬옥수」는 '나-박미리'라는 한 부르주아 여성의 세계인식에 대해 비판함과 동시에 그러한 여성에게 자신의 그릇된 세계인식에 대한 반성적 사유를 권유하고 있는 소설이다. 이렇게 됨으로써 「섬섬옥수」는 비판의 대상인 '너희들'에게 반성을 권유하는 권유형 서사의 대표 유형이 된다.

---

13) "인칭은 소설의 방법을 선택하는 척도들 가운데 하나이다. 소설을 쓰려고 할 때 작가는 1인칭 서술, 작가 주석 서술, 인물 시각 서술, 객관 중립 서술, 자유 간접 화법, 자기 반영 독백 중에서 하나를 선택해야 한다. 그는 무엇보다 먼저 1인칭으로 서술할 것인가, 그렇게 하지 않을 것인가를 선택해야 하고, 1인칭으로 서술하지 않을 경우에는 서술 관점의 전환을 허용할 것인가, 허용하지 않을 것인가를 결정해야 한다. 인칭은 소설의 형식을 규정하는 개념들 중의 하나인 것이다."(김인환, 『언어학과 문학』, 고려대학교출판부, 1999, pp.18~19)

1인칭 서술에 내재된 어조의 다양성과 예술적 변형 의도

황석영의 첫 창작집 『객지』에 수록된 1인칭 소설은 「섬섬옥수」를 포함하여 총 8편이다. 단편소설 「아우를 위하여」, 「낙타누깔」, 「이웃 사람」, 「잡초」, 「장사의 꿈」, 「탑」, 「입석부근」 등이 그것이다. 「객지」, 「한씨 연대기」, 「삼포 가는 길」에서 황석영은 3인칭 인물 시각 서술과 객관 중립 서술을 사용하면서 서술자의 주관적 판단을 배제하려고 하였다. 「객지」에서는 동혁의 말과 행동을 통해서 전망을 제시하였고, 「한씨 연대기」에서는 한영덕의 일대기를 통해 역사적 현실을 제시하였으며, 「삼포 가는 길」에서는 정씨와 영달의 여로를 통해 안주공간을 상실한 당대인의 풍경을 제시하였다.

'아름다운 편견'을 서술하는 데에 매우 유리한 1인칭 서술을 통해 황석영이 제시하고 있는 것은 선언과 절망과 한탄 등으로 나눌 수 있다. 이야기를 전개하는 방식인 그 어조가 이야기의 내용에 의해 결정된다는 것은 당연한 일이다. 「아우를 위하여」, 「입석부근」은 전망을 포함한 '나'의 선언의 형태로 끝난다. 「이웃 사람」, 「장사의 꿈」, 「탑」, 「낙타누깔」 등은 '나'가 세계에서 발견한 슬픔의 토로로 끝이 난다. 「잡초」의 '나'는 시적인 이미지를 주로 사용하여 유년의 풍경을 수기체로 서술하고 있다.

「탑」, 「낙타누깔」에서 황석영은 베트남 전쟁을 소재로 하여 미국의 세계지배전략을 비판하고 '국가주의'의 허상을 비판하였다. 그것은 '나'의 비애와 절망으로 제시되어 있다. 「탑」의 '나'는 베트남 전쟁에 투입되어 본토민이 신성시하는 작은 탑을 지키는 임무를 수행하는데 임무가 끝나자 그것을 밀어버리는 미군의 불도저를 보면서 비애를 느낀다. 「낙타누깔」의 '나'는 가난 때문에 진학을 포기하고 장교지원을 한 인물이다. “완전히 군이 나의 적성이 아니었음을 깨달을 즈음”(p.190) 나간 곳이 베트남 전쟁이었다. “5개월 동안의 연달은 작전 뒤에 수용 중대에 3개월 동안 입원했다가, 총근무 기간 중에서 4개월이 미달된 채로 조기 귀국 조처”를 당하고 귀국한 하룻밤이 이 소설의 현재를 이루고 있다. ‘나’는 베트남전에 참여한 것이 ‘국가의 요구’에 의한 것이었지만 그곳에 도착하여 본토민들을 보니 그들의 땅에 침입했다는 생각을 하게 되었고 모두가 ‘국가주의’의 희생이 되었음을 깨닫게 되었다. ‘나’는 귀국하면서 성행위 보조도구인 ‘낙타누깔’(소설 속에서 베트남 아이들은 그것을 ‘낙타누갈’이라는 한국말로 부른다)을 유일한 “전리품”으로 가지고 온다. 개선식이 있기 전날 외출을 했다가 공장 지대를 지날 때 ‘상사’가 폭행당할 위기에 있는 여자를 구해주는 척하다가 도리어 폭행을 시도하는 것을 보면서 배반감을 느끼는데, 그 상사가 ‘나’의 입에 낙타누깔을 불쑥 넣어주고 그것을 ‘나’가 뱉어내고 토악질을 하는 데에서 절망적 인식이 고조된다.

「잡초」는 예외적으로 과거의 풍경을 시적으로 기술하면서 여운을 주고 있는 작품이다. 서술자는 유년의 어느 날, 어머니가 시골 친지의 부탁을 받고 함께 살기로 한, 식모로 들어왔던 태금이에 대한 추억을 수기형식으로 기록하고 있다. “한번은 내가 그 방직공장 폐허의 기둥과 지붕 일부분만 남은 벽돌 건물 가까이 태금이의 모습을 살피러 갔던 적이 있었다. 참새들이 시끌작하게 울어서 나는 깊은 골짜기 안에 들어선 느낌이었다. 태금이는 깨진 벽돌쪼가리와 휘어진 철근 사이에 서서 천장을 올려다보고 있었다. 나도 태금이처럼 그곳을 올려다보았더니 새집이 여러 군데 뚫려 있었다. 태금이는 여러 줄로 꽂힌 햇살 가운데 그런 모습으로 서서 꼼짝도 하지 않았다.”(p.224)라는 문장이 대표적이듯 서술자는 이러한 시적인 진술을 통해 당시의 구체적인 상황보다는 당시를 회고하는 현재의 분위기와 여운을 강조하고 있다. 육이오 한국전쟁과 좌우 이데올로기 대립의 문제를 다뤘다는 점에서 「잡초」는 「한씨 연대기」와 닿아 있다. 태금이는 좌익 운동원이었던 뚝발이네 형에게 시집을 가서 전쟁 중에는 활기차게 보냈으나 전쟁이 끝난 다음에는 "미친 여자"가 되어서 폐허가 된 공작창 근처에서 나직하게 북한군대의 군가를 부르곤 한다. 그녀에 대한 '나'의 동정과 연민이 시적인 분위기 속에 들어 있는 작품이다.

어조의 개성이 강한 「이웃 사람」, 「장사의 꿈」, 「아우를 위하여」는 작중의 구체적인 상황이 감추어져 있다. 서론에서 언급한 바와 같이 이들 1인칭 소설들은 작품간의 상호관계에서 그 의미가 두드러진다. 「아우를 위하여」는 군대에 간 동생에게 부치는 편지글 형식으로 되어 있다. 「이웃 사람」의 서술은 살인을 저지르고 잡혀온 '나'가 수사기관의 기관원을 향해 격하게 항거하는 진술로 일관하고 있다. 「장사의 꿈」의 서술은 "-있었지", "-했지" 등의 어조로 일관하고 있다.

「장사의 꿈」의 고백체 어조는 도시 문화에 의해 거세당했다가 다시 성기능을 회복하고 도시를 떠나기로 하는 장사의 슬픔을 고조시키고 있다. 「장사의 꿈」의 '나'는 앞서 말한 「탑」, 「낙타누깔」의 '나'처럼 비관적 탄식에 도달한다. 대대로 장사 집안에 태어난 '나'는 시골 읍내의 씨름판에서 우승을 차지하는 것보다 텔레비전에서 본 레슬러가 되는 것이 좋다고 생각하여 부푼 꿈을 안고 상경한다. 그런데 레슬링의 세계가 거짓의 세계임을 알게 되고 목욕탕 때밀이를 하던 중 소개를 받고 포르노 배우가 된다. 그곳에서 '나'는 파트너 애자를 만나 사랑에 빠지고 살림을 차리지만 돈이 없어서 헤어지기로 한다. '나'는 남창이 되어 돈을 버는데, 어느 날 애자와 다시 만나기로 약속한 무렵이 되었을 때 성기능을 상실한다. 약속한 날짜에 애자가 나타나지 않자 '나'는 "내가 노예였다는 사실을 깨달았어. 나는 몇 근의 살덩이에 지나지 않았어.” 라고 깨닫는다. 이후 “내 살이여 되살아나라”라는 주문과 같은 말을 외치자 불구가 되었던 성이 살아난다. 주체할 수 없는 발기상태 때문에 걷기가 힘들어진 ‘나’는 “다리를 건너서 철뚝을 가로지르고 걸어갔지. 동네의 집집마다 불이 하나 둘씩 켜지데. 걷기가 불편해진 나는 조금씩 절뚝이면서 눈물을 철철 흘리면서 이 도시를 떠나가기 시작했지.” (p.325)라고 되뇌면서, 눈물을 흘리면서 절뚝거리며 도시를 떠난다. 이러한 이야기를 전개하는 데에 왜 1인칭 서술자가 선택되었는지에 대해서는 인물의 아이러니스트적인 성격이 강한 「이웃 사람」을 살펴보면서 함께 논하였다.

「장사의 꿈」의 ‘나’가 돈 많은 여성들에게 성을 팔았던 것과 「이웃 사람」의 ‘나’가 부잣집 노인에게 매혈(賣血)을 하는 것은 유사한 모티프이다. 「이웃 사람」의 ‘나’는 25세이고 베트남전에 나갔다가 돌아와 농촌의 가난이 지겨워 상경한 인물이다. 그런데 서울의 노동자 합숙소에서 잠을 자던 첫날 가진 돈을 도둑맞고 그 뒤로 날품을 팔다가 “쪼록”이라 불리는 매혈을 하고, 부잣집 노인에게 수혈하고 받은 돈으로 여자를 사고, 남은 돈으로 식칼을 산다. 빈혈증세로 비틀거리다가 ‘나’는 길가에 세워져 있는 자전거를 타고 달린다. 사창가에서 ‘나’는 자전거를 맡기면 잠을 잘 수 있게 해준다는 포주의 말에 응하여 여자와 잠을 잔다. 이튿날 ‘나’는 거리를 배회하다가 문득 자전거 값이 창녀를 사는 돈보다 많을 거라는 판단을 하고 그 차액을 찾으러 갔다가 충동적으로 살해를 한다. 여기까지 ‘나’는 세계의 질서를 이해하지 못하거나 그 질서에 역행하는 아이러니스트이다. 그런데, ‘나’는 살인 행위에 대하여 건강한 해석을 내림으로써 코믹한 아이러니스트에서 벗어난다. 황석영 식의 현실 타개책이 소개되는 부분이다. 「이웃 사람」의 ‘나’가

처해 있는 서술의 현재시점을 잘 보여주는 부분과, '나'의 건강한 해석이 암시되어 있는 부분을 함께 인용해 보았다.

> 이거 보소. 내 수갑 찬 손목이 조여서 아파 죽겠군요. 선생은 알록달록 근사한 넥타이를 목에 두르셨는데, 내 모가지에 굵다란 삼바줄이 걸리는 걸 상상해 보시지요. 덜커덩! 하면서 목뼈가 부러지는 장면을 말이오. 어쨌거나 죽는 놈은 불쌍하지 않습니까. 나두 그 새끼를 죽일 마음은 전혀 없었다구요. 정신을 차려 보니 자빠져 있데요. 그 녀석이 무슨 죄가 있었겠어요. 운이 나빴던 거죠. 나두 재수 옴 붙어 버린 놈이구요. 그러니 할 말두 별루 없구. 댁의 허여멀쓱한 얼굴을 대하기두 싫으니까 얼른 가보시요. 좀 쉬구 싶습니다.[14]

> 자, 이렇게 내가 사람 하날 죽이게 된 겁니다. 식칼은 그렇게 누군가를 쑤시고 말았죠. 헌데 노골적이지 나는 그 새끼에게 아무 감정도 없었읍니다. 이상하다, 그 말이죠. 그 놈은 나하구 똑같은 놈이거든요. 전장에서, 시골서, 서울 노동판에서, 또 피 병원에서까지 끈질기게 참아냈던 내가 그녀석에게 참지 못한다는 것이 이해할 수가 없다 그거예요. [……] 그놈은 나한테 죽은 게 분명하지만 어쩌면 나에게 죽지는 않았는지두 모르겠구, 나는 내가 찌르지 않은 것만 같단 말입니다. 저 딴 나라의 전장에서 휘두른 내 총부리가 그랬던 것처럼요. 죄를 짓구 나서 내가 배운 게 있다구 그랬지요. 우리는 언제까지 우리끼리 이래야 하는 건지 답답합니다. [……][15]

첫 번째 인용은 검사로 짐작되는 사내를 앞에 두고 '나'가 하는 말인데, 격앙된 심정이 잘 나타나 있다. '나'는 지금 수갑을 차고 수사기관에 잡혀 있는 것이다. 그런데 울분의 정체란 자기도 모르는 사이에 살인을 저질렀다는 데에 있지 않고, 아래의 인용 중 밑줄 그은 마지막 문

14) 황석영, 「이웃 사람」, 『객지』, p.197.
15) 황석영, 「이웃 사람」, 『객지』, p.211. (밑줄-인용자)

장 "우리는 언제까지 우리끼리 이래야 하는 건지 답답합니다"에 들어 있다. 여기서 우리란 처지가 똑같은 사람의 집단을 말한다. '나'의 칼에 맞은 사람을 '나'가 '우리' 안에 포섭시키는 기준은 모호하다. "변두리에 가 보니까 알 것 같더군요. 그렇죠. 너까지 이러기냐, 하는 마음이 잠깐 지나갔는지두 모르겠어요"라는 진술이 인용부분의 생략된 부분에 들어 있다. 그러니까 '그'는 '너'라고 부를 수 있는, '나'와 동류의 변두리 인생이라는 것이다. 늙은이에게 피를 팔아 받은 돈으로 여자를 사고, 남은 돈 3천원으로 식칼을 샀는데, 칼을 사고 나니 누군가 찌르고 싶어 답답하더라는 것이 '나'의 살해 동기이다. 그런데 '우리'여야 할, "나하구 똑같은 놈"인 '그'가 마치 적인 것처럼 나타나 포주의 편을 드니 불쑥 찌르고 말았다는 것이다. 그것이 답답하다는 것이 '나'의 반항의 근거이다. 「장사의 꿈」의 '나'가 눈물을 흘리면서 도시를 떠남으로써 아이러니스트에서 벗어난 것과 같이 「이웃 사람」의 '나'는 '우리' 사이의 연대를 촉구하면서 아이러니스트에서 벗어난다. '나'를 지칭하는 듯한 '이웃 사람'이라는 제목에는 '나'의 처지가 당대의 보편적인 장삼이사의 처지라는 작가의 판단이 들어 있음을 짐작케 한다. '나'의 답답증이 정치적·계급적 동류끼리의 연대가 이루어지지 않는 현실에 대한 비판에서 기인한 것이라는 알레고리적 해석이 가능하다면 '나'는 세계의 부랑자도 반항아도 아이러니스트도 아닌, 연대를 촉구하는 선언자가 된다.

「아우를 위하여」는 알레고리적 성격이 강하고, 작품들 간의 상호텍스트적인 성격을 해석의 근거로 삼아야 작품의 맥락을 이해할 수 있는 작품이다. '나'의 선언이 강한 어조로 서술되어 있는 결말의 한 부분을 인용해보자면 다음과 같다.

> 나는 노깡 속의 어둠을 생생히 기억하구 있다. 선생님과 헤어지기 며칠 전에 어머니에게 졸라서 그분을 집으로 초대한 적이 있었지. 그날 나는 부끄러워하면서 내 악몽의 비밀을 말씀드렸더니, 선생님은 말했어. "애써 보지도 않고 덮어놓고 무서워만 하면 비굴한 사람이 됩니다. 그래서 겁장이가 되어 끝내 무서움에서 놓여날 수가 없는 거예요." [……]
>
> 여럿의 윤리적인 무관심으로 해서 정의가 밟히는 일이 있어서는 안될 거야. 걸인 한 사람이 이 겨울에 얼어 죽어도 그것은 우리의 탓이어야 한다. 너는 저 깊고 수많은 안방들 속의 사생활 뒤에 음울하게 숨어 있는 우리를 상상해 보구 있을지도 모르겠구나. [……] 그이가 봄과 함께 오셨으면 좋겠다. 보이지도 않고 만질 수도 없어, 그이가 오는 걸 재빨리 알진 못하겠으나, 얼음이 녹아 시냇물이 노래하고 먼 산이 가까와 올 때에 우리가 느끼듯이 그이는 은연중에 올 것이다. 그 분에 대한 자각이 왔을 때 아직 가망은 있는 게 아니겠니. 너의 몸 송두리째가 그이에의 자각이 되어라. 형은 이제부터 그이를 그리는 뉘우침이 되리라.[16]

이것은 「아우를 위하여」의 결말 부분이다. 이 소설은 군대간 동생에게 쓴 편지 자체로 이루어져 있다. '나'는 유년시절 영등포 공장 뒷골목에서 놀던 '노깡' 속의 공포를 이야기하고, 그 공포 앞에서 굴복했을 때 공포의 노예가 되었다는 사실을 동생과 공유한 유년의 추억으로 이야기한다. 그리고, 피난 수도 부산의 교실 풍경을 이야기하면서 '그이'의 존재에 대해 들려준다. 그것은 공포를 이기는 방법과 관련되어 있다. '나'는 연약하지만 정직한 친구가 반장이었을 때와 미군부대 '싸전'의 입양아 영래가 반장이었던 때를 대비하고, 교생으로 '그이'가 왔을 때의 상황을 이야기한다. 영래는 학급비를 모아서 유용하고, 폭력으로 교실의 기강을 잡는다. 그리고 영래 패거리는 어느 날 교생으로 온 처

---

16) 황석영, 「아우를 위하여」, 『객지』, p.175.

녀 선생님인 '그이'를 성폭행하는 그림을 그려서 수업시간에 돌려보라고 하는 '도덕적' 범죄를 저지른다. '나'는 '그림을 본 다음에는 앞 사람에게 전달'이라고 적혀 있는 그 그림을 가지고 있다가 쉬는 시간에 영래 패거리로부터 사과를 받아내려고 한다. 그러나, '나'는 힘이 약하다. 영래 패거리에게 짓눌려 있던 아이들이 하나 둘 '나'의 편이 되지 않았다면 영래 무리로부터 사과를 받지 못했을 것이다. '나'는 그때의 경험을 이야기하면서 아우에게 "여럿의 윤리적인 무관심으로 해서 정의가 밟히는 일이 있어서는 안될 거야. 걸인 한 사람이 이 겨울에 얼어 죽어도 그것은 우리의 탓이어야 한다."라는 메시지를 전달하고 있다.

유년의 교실풍경을 권력구조의 알레고리로 설정한 다른 소설들(전상국의 「우상의 눈물」, 이문열의 「우리들의 일그러진 영웅」, 고원정의 「나의 아름다운 연사들」 등)처럼 「아우를 위하여」에서 '나'가 들려주는 피난시절의 교실풍경은 권력구조의 알레고리를 형성하고 있다. 편지를 받는 아우의 존재와 상황은 전혀 나타나 있지 않다. 소개되어 있는 아우의 정체는 '나'와 함께 어떤 '공포' 아래에서 함께 살아가고 있는 어떤 존재라는 것이 전부이다. 이 공포가 무엇이며 아우는 어떤 존재인지, 그리고 작가가 설정하고 있는 메시지의 수신인이 누구인지는 공포를 이겨내는 방식을 통해서 추론할 수 있다. '나'가 아우를 수신자로 설정하여 선언하고 권유하는 메시지는 "애써 보지도 않고 덮어놓고 무서워만 하면 비굴한 사람이 됩니다. 그래서 겁장이가 되어 끝내 무서움에서 놓여날 수가 없는 거예요."라는 선생님의 가르침에 들어 있는데 그것이 공포를 이겨내는 방식이라는 것이 작가의 판단이다. 영래 패거리와의 일화를 통해 드러나는 권력과 남한의 현실. 그것은 당대의 독재정권일 수도 있고(「아우를 위하여」는 1972년 『신동아』에 발표되었다.), 「객지」의 노동자들을 착취하는 사용자들일 수도 있다. 그래서, 「아우를 위하여」의 '나'의 선언과 전망은 「객지」의 결말에서 보여주는 동혁의 다짐과 닮아 있다고 할 수 있다. 「객지」와 「이웃 사람」과 「아우를 위하여」는 사회적 약자들 사이의 연대에 대한 촉구, 작은 힘의 규합에 대한 촉구라는 작가의 메시지를 중심으로 서로 연결되어 있는 것이다. 만약 「객지」의 동혁이 아이러니스트라면 「아우를 위하여」의 '나' 역시 아이러니스트가 된다.

1인칭 서술과 황석영 초기소설의 서술미학

지금까지 우리는 「섬섬옥수」의 서술 특성에 대한 탐구에서 시작하여 주로 황석영 초기소설 중 1인칭 소설의 서술미학을 살펴보았다. 어조의 개성이 두드러지지는 않는 「탑」, 「낙타누깔」은 세계 앞에서 좌절하는 '나'의 비애가 서술의 주를 이루고 있었다. 이 작품들은 전망 부재의 현실에서 느끼는 암담함을 '발견의 대상'으로 설정한 소설들이다. 아이러니를 제시하는 것과 아이러니의 해결책을 제시하는 것 중에서 이 작품들은 세계 자체의 아이러니를 제시하는 유형에 해당된다. 흔히 말하는 '예술적 변형'은 없는 셈이다. '예술적 변형'이 없는 이 소설에서는 아이러니적인 상황을 해결하려고 하고자 하는 작가의 열망이 발견되지 않는다. 이 점은 황석영 초기소설의 전체에서 의미하는 바가 크다. 어조가 개성적이거나, 서술자의 성격이 특별하여 '예술적 변형의 의도'가 느껴지는 소설들에서는 황석영 식의 낙관적인 전망이 발견되기 때문이다. 「섬섬옥수」, 「이웃 사람」, 「장사의 꿈」, 「아우를 위하여」 등이 그것이다.

「장사의 꿈」과 「이웃 사람」의 '나'는 코믹한 아이러니스트적 자질을 갖추고 있는 인물이다. 그런데, 왜 이 인물들을 '나'라는 1인칭 서술자로 설정하였는가. 무엇이 황석영으로 하여금 1인칭 서술자의 목소리로 말하게 하였는가. 소위 말하는 '예술적 변형'을 통해 황석영이 말하고자 한 것은 무엇이었는가. 대표작 「객지」, 「한씨 연대기」, 「삼포 가는 길」의 방식을 환기해 볼 필요가 있다. 그리고 비판적 대상이 될 수 있는 부르주아 여성을 1인칭 서술자로 삼은 「섬섬옥수」의 방식을 환기해 볼 필요가 있다. 현재의 형태가 아닌, 3인칭의 인물 시각 서술, 객관 중립 서술로 서술된 「이웃 사람」, 「장사의 꿈」을 상상해보자면, 그 세계는 아이러니스트의 코믹한 행동의 제시에 초점이 맞춰질 가능성이 크다. 그렇다면 작가가 제시하는 '발견의 대상'은 아이러니의 상황 자체로 남는다.

황석영은 그 방식을 택하지 않고, 일반적으로 작가의 육성과 거리가 가깝다고 여기는 1인칭 서술을 택하여 예술적 변형을 의도하였으며, 슬퍼하거나, 선언하거나, 반항하는 등의 감정적 서술을 통해 아이러니의 해결 방식을 우회적으로 제시하고자 하였다. 「객지」의 세계에 비추어본다면 이러한 판단은 과도한 추론이 아니다. 상황의 제시가 아니라 현재 상황을 해결할 수 있는 개선책의 제시 욕망, 그것이 황석영의 1인칭 소설에서 발견되는 특징이다. 오만한 여대생을 '나'라는 1인칭 서술자로 설정하여 자기 세계의 허상에 대해 깨닫게 하고 스스로 반성을 토로하게 한 「섬섬옥수」는 그 대표적인 예가 된다. 「섬섬옥수」에서 황석영은 비판 대상인 '너희들'을 비난하고 공격하는 대신 반성의 촉구를 온건하게 당부하였던 것이다. 그들은 배제의 대상이 아니라 포섭의 대상인 것이다. 비판적 인물을 1인칭 화자로 설정함으로써 풍자적 성격은 중간에서 소멸되었으나, 그 권유형 성격은 훨씬 더 강해졌다고 볼 수 있다. 「섬섬옥수」에 들어 있는 '너희들'에 대한 권유의 방식은 여타의 1인칭 소설에서는 '우리' 사이의 연대를 촉구하는 것으로 이어져 있다. 서사를 공격형이 아닌 권유형으로 만들고 있는 이러한 서술의 미학은 우리로 하여금 황석영 초기 소설에 제시되어 있는 전망에서 세계에 대한 작가의 포용과 낙관주의적 성향을 발견하게 한다.

참고문헌

소설 텍스트

황석영, 『객지』, 창작과비평사, 1974.

평론 및 논문

강용훈, 「황석영 소설의 낭만적 성격 연구」, 고려대학교 석사학위논문, 2005.

고명철, 「1970년대 황석영의 소설세계」, 『근현대문학의 사적전개와 미적양상 II』, 반교어문학회편, 보고사, 2000, pp.359～382.

권오룡, 「체험과 상상력」, 『존재의 변명』, 문학과지성사, 1989, pp.164～186.

김우창, 「밑바닥의 삶과 장사의 꿈」, 『시인의보석-김우창전집3』, 민음사, 1993, pp.361～387.

김주연, 「떠남과 외지인의 의식」, 『현대문학』, 1979, 5월호.

박영준, 『1960년대 한국 장편소설 연구』, 고려대학교 박사학위논문, 2006.

성민엽, 「작가적 신념과 현실-황석영론」, 『한국문학의 현단계 III』, 백낙청·염무웅 공편, 창작과비평사, 1984, pp.121～140.

오생근, 「개인의식의 극복」, 『문학과지성』, 1974, 여름호, pp.411～420.

최병우, 『한국 근대 일인칭 소설 연구』, 서울대학교 박사학위논문, 1992.

하정일, 「저항의 서사와 대안적 근대의 모색」, 『1970년대 문학연구』, 민족문학사연구소 현대문학분과 편, 소명출판, 2000, pp.15～41.

황광수, 「노동문제의 소설적 표현」, 『한국문학의 현단계 IV』, 백낙청·염무웅 공편, 창작과비평사, 1985, pp.81～107.

단행본
김인환, 『언어학과 문학』, 고려대학교출판부, 1999.
D. C. Muecke, 『아이러니』, 문상득 역, 서울대학교출판부, 1980.
게오르그 루카치, 『소설의 이론』, 반성완 역, 심설당, 1985.
노스럽 프라이, 『비평의 해부』, 임철규 역, 한길사, 2000.
웨인 부스, 『소설의 수사학』, 최상규 역, 예림기획, 1999.

패턴화된 모티프가 구조의 단위에서 주제적 메타포로 심화되는 과정

–『무정』의 강간 모티프 연구

· 강간 사건과 『무정』의 서사 구조
· 강간 – 악의 발견과 인식의 탈각 계기
· 삼랑진 수해와 강간 모티프
· 모티프의 상징과 작가의 관념의 구도

이광수가 『무정』을 연재하던 1917년 당시 기존 서사물에서 강간은 대개 여성의 도덕적 타락을 이야기하거나, 파탄 난 삶을 이야기하는 데에 동원되었던 사건이다. 그런데 『무정』에서는 "어떤 서사적 장치로도 돌이킬 수 없고 치유할 수도 없는, 죽음보다 더한 치욕적인, 그래서 그 이전의 소설적 문법에서는 결코 존재할 수 없었던, 전대미문의 사건"[1]인 강간이 해피엔딩의 근본적인 원인으로 작용하고 있다. 『무정』의 여주인공 박영채는 강간이라는 충격적인 사건을 겪고 자살을 하러 가는 도중 신여성 김병욱을 만나며, 이 만남을 통해 합리를 깨닫게 되고 개화된 여성으로 거듭난 이후 조선민족을 구원할 선구자 중 한 사람으로까지 성장한다. 정한숙은 "과거에 정절을 유린당한 여자들이 목숨을 견

1) 서영채, 「한국소설과 근대성의 세 가지 파토스」, 『문학동네』, 1999년 여름호, p.343.

지해 나감은 그저 '어쩔 수 없이 살아지는 신세'가 아니면, 아주 정신적 타락 내지 정신부재의 경우뿐이었다. 그러나 영채의 경우, 그 여자의 빼앗긴 정조란 이제, 보다 합리적인 윤리관에 의해 오히려 새롭게 살아갈 수 있게까지 된 것"2)이라고 말하며 이 점은 『무정』이 지닌 여러 새로운 면모 중 하나라고 말했다.

신소설에서 집을 나온 여주인공들의 행보에 대해 정리한 김동식의 논문을 참고하면 다른 서사물과 비교해 『무정』의 강간 사건이 서사전개의 기능 측면에서 어떻게 다르게 작용하는지, 박영채의 행보는 또 어떻게 다른지 그 윤곽을 살필 수 있다. 김동식은 신소설의 가장 진보된 여성상은 집을 나온 여성이라 말하고, "집을 나와 성적인 기호로 환원된 여성들은 겁탈의 위기라는 일반적인 상황에 노출된다. 겁탈의 위기에 처한 여성을 기다리고 있는 운명의 유형은 크게 세 가지다. 하나는 겁탈을 당하고 색주가로 팔려가는 타락의 플롯이다. 다른 하나는, 역시 인신매매의 일종이겠지만 브로커를 만나 기생의 길로 접어드는 것이다. [……] 마지막 유형은 학교나 종교단체 등과 연결되는 조력자를 만나 구원을 얻고 유학이라는 은총을 입는 경우이다."3)라고 말했다. 청량사에서 강간을 당하고 난 다음 김병욱을 만나 그녀의 도움을 받아 의식적 개혁을 이룬 다음 일본으로 유학을 가게 되는 박영채의 행보는 위의 세 가지가 변형되어 결합된 것이다. 강간 사건과 관련한 『무정』의 서사 구조는 신소설의 연장선상에 있으면서도 신소설의 일반문법을 넘어 섰다는 점에서 문학사적 의의가 있다. 이 강간의 의미에 대해 김경

2) 정한숙, 「사회적 인간과 인간적 사회-춘원의 『무정』과 『무명』을 중심으로」, 『현대한국작가론』, 고려대학교출판부, 1976, p.9.
3) 김동식, 「연애와 근대성-신소설과 계몽적 논설을 중심으로」, 『민족문학사연구』 18호, 민족문학사연구소, 2001, p.306.

수는 "강간이라는 사건은, 작가가 이런 징후를 의식했건 안 했건 상관없이, 격변기 우리 사회와 그 구성원들을 둘러싼 문화적 현실에 대한 솔직한 반영이라고 할 수 있"[4]다고 해석했다. 왜 『무정』의 작가는 기존 서사물의 일반 문법에 위반되게 여주인공의 각성의 계기, 합리를 깨닫는 계기, 삶의 전폭적 변화의 계기를 강간이라는 치명적인 사건으로 설정하였는가.

강간 사건과 『무정』의 서사 구조

많은 문학사가들은 『무정』을 한국 근대소설의 효시로 규정한다. 하지만 어떤 경우에도 전적으로 『무정』의 모든 요소가 근대소설의 성격에 부합한다고 주장하지는 않는다. 이는 『무정』에 내재해 있는 문제점과도 관련이 있지만 근대소설의 기준을 어떻게 설정할 것인지, 근대소설의 특성이 무엇인지를 명확히 규정할 수 없다는 점과도 관련이 깊다.

『무정』을 한국 근대 장편소설의 효시로 보는 초기의 논의에서는 (1)분량이 대단히 길다는 점, (2)문체가 새롭다는 점, (3)변화하고 있는 조선의 모습을 담았다는 점, (4)개인의 감정을 소설에 포함시켰다는 점, (5)자유연애가 다이나믹하다는 점 등 작품 자체의 특성에서 그 근거를 찾았다.[5] 이광수의 문학세계에 대해 비난을 한 것으로 유명한 김동인도 「춘원연

4) 김경수, 「현대소설의 형성과 겹탈-『무정』의 근대성 재론」, 『한국 현대문학과 근대성의 탐구』, 문학사와 비평연구회 편, 새미, 2000, p.135.
5) 대부분의 문학사에서는 『무정』을 근대소설의 효시로 규정한다. 이 글에서 참고한 대표적인 논의는 다음과 같다. 백철·이병기, 『국문학전사』, 신구문화사, 1957 ; 조연현, 『한국현대문학사』, 현대문학사, 1956 ; 정한숙, 『현대한국문학사』, 고려대학교 출판부, 1982 ; 김윤식·김현, 『한국문학사』, 민음사, 1973.

구」에서 이 내용은 『무정』의 대표적인 장점으로 인정한 바 있다.[6)]

근대성 담론을 방법론으로 삼고 『무정』의 문학사적 의의를 탐구한 논의는 비교적 후기의 작업에 해당한다. 이들 논의에서도 『무정』은 여전히 근대소설의 효시로 자리잡고 있다. 근대성 담론 중에서 개인의 욕망을 문제삼는 대부분의 논의에서는 전통사회로부터 이어져오는 당위보다 개인의 욕망을 우선시하는 것이 근대인의 한 특성인데 박영채를 버리고 김선형을 택하는 이형식은 우리 소설사에서 처음으로 등장한 근대적 개인이라는 해석에 동의한다.[7)] 근대성 담론 중에서 양식적 고찰을 한 김영민은 근대초창기의 단형 서사물을 '논설적 서사', '서사적 논설'로 나눈 바 있는데, 『무정』은 "<서사적 논설> 이후 한국 근대소설사의 주된 흐름이었던 논설과 서사의 가장 효율적인 만남의 모습을 보여준다"고 하며 최초의 근대적 장편소설이라고 하였다.[8)]

『무정』은 보는 관점에 따라 이형식의 성장사라고 볼 수도 있고 박영채의 성장사라고 볼 수도 있으며 양자가 결합된 이중의 성장사라고 볼

---

6) 김동인이 말한 『무정』의 장점은 다음과 같다. 양에 있어서 조선 사람이 보지 못하던 것이라는 점, 조선어 역사의 혁명을 이뤘다는 점, 과도기적 조선의 모습을 담아낸 점, 당시 조선 사회에 던진 파동이 컸다는 점, 개인의 새로운 감정을 소설에 포함시켰다는 점, 결말의 삼랑진 음악회 장면은 '적절한 삽입'으로 민족애를 한껏 고취시킬 수 있었다는 점. (「춘원연구」는 김동인이 『삼천리』(1934.12~1935.10), 『삼천리문학』(1938.1~1938.4), 『삼천리』(1939.1~1939.6) 세 차례에 걸쳐 연재와 중단을 거듭하며 발표한 글이다. 이 글에서는 『동인문학전집』(도서출판복지, 1986)을 참고하였다.)

7) 『무정』의 문학사적 위치와 관련하여 근대 정신의 중심을 이루는 이성의 지위를 논한 김우창은 박영채의 자살을 막기 위해 평양으로 떠난 이형식이 평양에 가서 기생과 유흥을 즐기다 오는 사건을 대표적인 예로 들며 『무정』의 이형식의 이데올로기를 "거짓 이성의 세계"라 명명하면서 『무정』의 문학사적 위치를 신소설과 3·1운동 이전의 문학의 중간지점에 배치했다(김우창, 「한국현대소설의 형성」, 『궁핍한 시대의 시인』, 민음사, 1977).

8) 김영민, 『한국근대소설사』, 솔, 1997, p.441.

수도 있다. 이형식의 스토리가 『무정』을 특징짓는 중요한 이야기이지만 "매일신보사에 신년소설 하나를 쓰라, 그 제호를 전보하라는 전보를 받고, 쓰다 말고 쓰다 말고 하던 원고뭉텅이에서 영채에 관한 원고를 내어서 동기방학 동안에 불면불휴(不眠不休)로 약 70회분을 써 보낸 것"[9]이라 밝힌 작가의 말에 기대면 전체 이야기를 박영채의 성장사라고 이해해야 작가의 창작 의도를 풍부하게 이해할 수 있는 측면이 많다. 『무정』을 박영채 중심으로 파악한 대표적인 논의는 정한숙[10]과 한승옥[11]의 연구에서 찾아볼 수 있다. 한승옥은 앞에 인용한 작가의 말을 해석하면서 "≪無情≫은 ≪英彩≫라는 구고를 개작하였다는 이야기가 되는데 과연 구고는 어떤 형태였을까가 관심의 대상이 된다"[12]고 하면서 박영채를 중심으로 『무정』을 이해하였고 활자본 소설 「채봉감별곡」과 '영채전'의 유사성을 대비하여 "『무정』은 계몽적인 의도에서 씌어진 것은 사실이지만, 그 기본 구조가 ≪채봉감별곡≫에 근거한, 계보상으로는 애정소설이며, 앞으로도 계몽소설보다는 애정소설로서 그 가치가 살아 남아 있거나 아니면 문제점이 제기될 수밖에 없으리라 사료된다"[13]고 하였다.

이 글에서는 강간 사건의 의미를 규명하기 위해 직접적 피해자인 박영채의 성장사를 중심에 두고 『무정』을 바라보고자 한다. 전체 연재 126회 중 박영채가 등장한 연재 4회 이후로 대부분의 분량을 차지하는 것은 박영채의 삶이다.

---

9) 이광수, 「다난한 반생의 도정」, 『이광수전집8』, p.452(김윤식, 『이광수와 그의 시대 2』, 한길사, 1986, p.541에서 재인용).
10) 정한숙, 앞의 글, 『현대한국작가론』, 고려대학교출판부, 1976, pp.7~25.
11) 한승옥, 「계보고(系譜考)」, 『이광수 연구』, 선일문화사, 1984, pp.167~189.
12) 한승옥, 같은 글, 같은 책, p.167.
13) 한승옥, 같은 글, 같은 책, p.188.

『무정』은 총 126개의 소절로 이루어져 있는데 각 소절의 분량은 대동소이하다. 각 소절의 주요 내용을 인물 중심으로 정리한 아래 <도표 1>에서 이형식이 김선형의 집에 영어 가정교사로 부임하는 도입부분을 제외하면 박영채는 모든 소절에서 등장한다. △ 표시를 한 소절에서 영채는 형식의 내적 갈등 속에 등장한다. 형식의 내적 갈등의 주 내용은 '선형과의 약혼 문제', '진정한 사랑이란 무엇인가라는 문제'이다. 『무정』이 형식이 선형과 영채 사이에서 갈등하는 애정의 삼각구도로 짜여져 있다라고 말할 수 있는 것은 이 때문이다.

〈도표 1〉

연재 번호	연재 회수	주요인물	중심사건	영채의 등장
1~3	3	형식, 우선, 선형	형식이 선형의 가정교사로 부임	×
4~17	14	형식, 영채	영채가 형식을 찾아감	○
18~25	8	형식, 영채, 배학감	배학감이 영채를 교주의 첩으로 들이려 한 사건 때문에 학생들이 스트라이크를 일으킴	○
26~29	4	형식, 선형, 영채	형식이 선형과 영채 사이에서 갈등함	○
30~35	6	영채	영채가 지나온 과거 회상함	○
36~42	7	형식, 우선, 배학감, 영채	영채 강간당함	○
43~49	7	형식, 노파, 우선, 영채	영채 자결하겠다는 편지 써놓고 사라짐	○
54~66	13	형식, 노파, 계향	형식이 영채 찾으러 평양에 감	○
67~74	8	형식, 배학감	배학감의 술수에 말려들어 형식이 학교에서 사퇴함	○
75~85	11	형식, 선형	형식과 선형 약혼함	△
86~94	7	영채, 병욱	영채와 병욱이 기차에서 만나 병욱의 집으로 감	○
95~99	5	형식, 선형	형식, 진정한 사랑에 대해 고민함	△
100~103	4	영채, 병욱	영채와 병욱 동경으로 유학가기로 결정	○
104~125	22	영채, 병욱, 형식, 선형, 우선	부산 가는 기차에서 만남. 삼랑진 음악회	○
126	1	에필로그. 모든 등장인물에 대한 총평		○

사정이 이러한데 박영채의 성장사는 대부분 『무정』의 '새로움'이 아닌 '낯익음'을 확인하는 자리에서 강조되는 경향이 있다. 『무정』은 '박영채전'의 변형된 형태로서 고소설, 신소설과 같은 전통 서사물의 계보위에 놓인다는 주장이 그것이다. 박영채의 성장사는 행복-고난-행복의 구조로서 과거 전통 서사물과 유사하다는 것이다.[14] 앞서 언급했듯, 강간 사건이 박영채의 삶을 획기적으로 변모시키는 계기로 작용한다는 점에 주목하여 서사구조상의 새로움을 지적한 정한숙의 논의는 박영채를 중심으로 이해하여 문학사적 새로움을 이야기한 특별한 경우라 하겠다. 『무정』의 새로움을 이야기하기 위해서는 이형식의 스토리를 강조하고 박영채는 구시대적 인물의 전형으로 간주한다. 어느 인물의 스토리를 강조하느냐에 따라 문학사적 평가가 엇갈린다는 것은 『무정』 연구사에서 발견할 수 있는 아이러니이다.[15][16]

---

14) 이들 논의는 대개 『무정』의 박영채의 서사를 '혼사장애 서사', '기생담'의 후속으로 보는 입장에 서 있는데 『무정』의 새로움에 대한 찬사를 폄하하고 있지만 이는 『무정』의 새로움이 우리 소설사의 연속적인 측면에서 이루어져 왔음을 증거하는 논의가 되기도 한다. 『무정』과 비교되는 전통 서사물은 「춘향전」, 「옥단춘전」, 「채봉감별곡」, 「청년회심곡」, 「부용상사곡」, 「은세계」 등이다. 대표적인 논의는 다음과 같다. 김종철, 「『무정』의 계보」, 『선청어문』(16・17합본), 서울대, 1988 ; 남상권, 「『무정』의 기녀담 수용과 후일담 소설의 성격」, 『어문학』 74, 한국어문학회, 2001 ; 한승옥, 「계보고(系譜考)」, 『이광수 연구』, 선일문화사, 1984.

15) 『무정』을 신소설로 보아야 한다고 주장한 송민호는 김동인이 지적한 여러 장단점을 혼합하고 있고, 백철과 조연현이 주장한 자유연애의 새로움에 대해서도 강력하게 비판하고 있다. 『무정』을 근대소설의 효시라고 주장하는 논의에서 새로움의 근거로 제시한 것들을 낯익은 것(신소설을 반복하고 있는 것)으로 치환해 놓은 것이라 할 수 있다(송민호, 「춘원 초기 소설의 문학사적 연구-『무정』, 『개척자』까지는 신소설이다」, 『고려대학교60주년 기념논문집 인문과학편』, 고려대학교, 1965). 『무정』에 대한 상반된 가치판단의 결과를 극명하게 볼 수 있다. 이는 『무정』이 우리 근대문학 초창기에 있었던 신소설과 밀접한 관련을 맺고 있음을 반증하는 논리로도 이해할 수 있다.

16) 이는 한국문학 연구 풍토에서 『무정』의 문학사적 위치에 대한 평가는 시대에 따라

신소설, 고전소설과의 연관성 아래서 『무정』의 서사 구조의 특성을 살피기 위해 행복–고난–행복의 변화 계기인 강간 사건을 중심으로 박영채의 삶을 정리해 보기로 한다. 작품 초반부에서 이형식과 박영채가 만나는 시점(時點)을 기준으로 한 박영채의 과거는 박영채가 이형식을 찾아가 지나온 삶을 이야기하거나, 집으로 돌아와 이형식에게 말하지 못했던 삶을 회고하는 형식으로 서술되어 있다. 박영채의 나이는 19세이다. 이형식과는 4살 터울이다. 박영채가 12세 때 두 사람이 헤어졌으므로 초반부의 만남은 7년만이다. 7년만에 만났다가 그 다음날 강간을 당하는 것이 박영채의 삶의 급격한 변화이다.

전체 서사는 "이제는 영채의 말을 좀 하자. 영채는 과연 대동강의 푸른 물결을 헤치고 용궁의 객이 되었는가. 독자 여러분 중에는 아마 영채의 죽은 것을 슬퍼하여 눈물을 흘리신 이도 있을지요 [……]"17) 하며 시작하는 연재 86회를 기준으로 전반부와 후반부로 나뉜다. 강간 사건은 전반부의 중간쯤인 연재 39회에 등장한다. 이후 박영채는 유서를 남기고 사라진다. 이형식은 박영채의 행방을 추적하며 평양으로 갔다가 돌아와 김선형과 약혼을 한다. 강간 사건은 전반부에서 박영채가 겪는

달라질 수 있고 이광수 문학의 전체 속에서 『무정』이 차지하는 위치와 의미를 함께 고려해야 함을 시사한다. 이에 대해서는 "1960년대 말 이후 춘원문학의 계몽성의 정체에 대한 재검토가 이루어지고 친일행동에 대한 비판이 구체화되면서 변경된다. 즉 신소설과의 단절성이 강조된 데서 신소설과의 연계성이 강조되는 양상으로 전환하고 작품의 현대성을 주목하는 데서 주제의 비현실적 측면이나 고전소설과의 계승관계가 새로이 조명받게 되는 국면을 맞이했던 것이다."(최유찬, 「욕망과 역사의 변증법」, 『리얼리즘 이론과 실제비평』, 두리, 1992, p.170)라는 지적으로 보충할 수 있겠다.

17) 이광수, 『무정』, 『이광수전집1권』, 삼중당, 1962, p.221, 연재86회. (이후부터 작품 본문 인용은 각주로 제목과 페이지를 밝히고 괄호 속에 연재 회수를 표시하기로 한다.)

마지막 사건이다. 그래서, 강간 사건은 전반부를 둘로 나누는 기준이 된다. 후반부의 시작 장면이 김병욱과 박영채의 만남이므로 박영채에게 기차를 타게 만들었던 강간 사건은 전반부와 후반부를 잇는 핵심 사건이라 할 수 있다.

『무정』전체 서사가 전반부와 후반부로 나뉘듯이 박영채의 삶도 전반부와 후반부로 나뉜다. 기준은 연대기적인 순서로 정리한 아래 <도표 2>에서 <1차 간격>이라고 표기한 5년간의 공백이다. 『무정』 전체 서술에는 월화가 자살을 한 다음부터 박영채가 평양을 떠나 서울로 올라오는 지점 사이의 이야기가 생략되어 있다. 그래서 마치 월화의 자살 직후에 박영채가 평양을 떠나 서울로 이동한 것처럼 보인다. 평양과 서울 사이의 심리적 거리라 할 수 있는 5년의 공백을 기준으로 박영채의 삶은 전반부와 후반부로 나뉜다. 전반부는 강간 미수 사건을 기준으로 다시 둘로 나뉘고, 후반부도 실제 강간 사건을 기준으로 둘로 나뉜다. 강간이 등장하는 두 사건이 박영채의 삶을 구획짓는 기준인 것이다. 시간구획과 장소이동을 쉽게 파악할 수 있도록 도표를 아래와 같이 정리하였다.

<도표 2>

나이	사건	장소
출생 직후	어머니 죽음	고향
8세	형식을 만남(형식12세)	고향
12세	아버지와 오빠들이 감옥에 갇힌다. 형식과 이별하고 외가로 간다.(형식 16세) 외가 식구들에게 핍방을 당한다.	고향 → 외가
13세	외가를 떠난다. **※동학잔당에게 납치되어 강간을 당할 뻔한다.** 평양에 도착한다.	외가 → 평양

	감옥에 가서 아버지를 면회한다. 아버지 구명을 위해 기방에 몸을 판다. 몸 판 돈을 사기당한다. 아버지가 절식 자살한다.	
14세	삶의 모델이었던 월화가 자살한다.	평양
<1차 간격>(5년)		평양
19세	5월 : 평양을 떠나 서울로 올라온다. 신우선에게서 형식의 소식을 듣는다. 6월 27일 : 형식의 하숙에 찾아가 형식을 만난다. **※6월 28일 : 김현수와 배명식에게 청량사에서 강간을 당한다.** 6월 29일 : 평양행 기차에 오른다. 기차에서 김병욱을 만난다. 평양으로 가지 않고 황주에서 내린다. 7월 : 황주 김병욱의 집에서 보낸다. ※8월 1일 : 유학을 떠나기 위해 기차를 탄다. 기차에서 이형식, 김선형, 등을 만난다. **※ 삼랑진 수해 장면을 목격한다. 수재민을 위로한다.**	평양 → 서울 황주 삼랑진
<2차 간격>(4년)		일본
23세	동경에서 음악학교 졸업예정. 동경 유명 음악회에서 피아노, 독창, 조선춤으로 대갈채를 받는다. 조선으로 돌아온다. (에필로그 4년여 후.)	조선

(월화의 자살 시기는 혼란스럽다. 어떤 대목에는 5년 전 일이라고 되어 있고, 3~4년 함께 살았다고 하는 말도 있는데 후자에 따르면 박영채가 13세에 월화를 만났으니까 월화의 자살 시기는 영채의 나이 16~17세 정도일 때이다.)

서울로 옮긴 다음의 박영채 삶은 이형식을 만나고, 강간 사건을 당하고, 김병욱을 만나는 순서로 진행된다. 각각 6월 27일, 28일, 29일에 일어나는 일이다. 시간의 흐름이 전반부에 비해 매우 급격하다고 할 수 있다. 공간은 서울에서 황주로 이동한다. 강간 사건은 위의 <1차 간격> 이후의 후반부 삶을 양분하는 계기이다.

『무정』의 서사 구조를 당시의 기존 서사물들과 비교할 때, 강간의 기능, 우연의 의미, 해피엔딩의 형태 등은 매우 다른 모습임을 알 수 있다. 박영채와 김병욱의 만남을 김동인은 “기차상의 기연(奇緣)”[18]이라고 비난한 바 있다. 이 우연적인 만남은 결말부에서 반복되어 나타난다. 박영채와 이형식의 만남이 그것이다. 이 만남은 행복-고난-행복의 도식인 남녀의 결합-이별-재결합의 구조에서 재결합의 가능성을 내포하고 있다. 유년의 행복을 함께 나눈 두 사람이 고난에 의해 헤어졌다가 우연한 기회에 다시 조우하므로 두 인물이 재결합할 수 있는 조건은 충분히 갖춰진 셈이다.

그런데, 삼랑진 음악회를 거친 두 인물의 직접적 만남에서 이형식은 교육으로 민족을 구원하자는 웅변을 하고, 박영채는 이형식의 웅변에 감화하여 조선민족을 구원할 선구자 중 한 사람이 된다. 두 인물의 재결합은 나타나지 않는다. 이형식이 박영채에게 돌아가지 않고, '행동하지 않고 다만 존재하면서 이상세계로서의 의미를 갖는'[19] 김선형을 선택한다는 것은 근대적 개인인 이형식의 욕망이 존중받는 결말이다. 『무정』이 고전 서사물의 서사 구조와 대별되는 중요한 지점이다. 그런데, 이형식과 박영채가 재결합하지 않는 이 만남에는 고전 서사물의 전통을 아주 효율적으로 이어받으면서도 근원적으로 위반하는 요소가 감춰져 있다. 이형식과 박영채가 외형적으로는 재결합하지 않지만 웅변과 감화를 통해 동일한 의식을 공유함으로써 정신적으로는 재결합을 이루고 있다는 것이 그것이다. 이는 『무정』의 주제와 밀접하게 관련되는데 행복-고난-행복, 결합-이별-재결합의 구도에서 일반적인 고전소설의 권선징악적인 주제와 비교하면 더욱 분명해진다.

고전 서사물에서 재결합은 주로 권선징악적인 주제와 맞물려 있었다. 결말의 재결합은 남녀를 헤어지게 만들었던 악을 처단하거나 악한

18) 김동인, 앞의 글, 앞의 책, p.306.
19) 송하춘, 『1920년대 한국소설연구』, 고려대학교 민족문화연구소, 1985, p.19.

상황을 극복한 후 다시 선을 회복한다는 데에 의미가 있었다. 『무정』의 결말이 권선적인 것은 의심할 여지가 없다. 징악적인 요소가 드물어서 권선적인 요소가 대조적으로 부각되지 않을 뿐이다. 유학을 통해 외국 문물을 배운 다음 귀국해서 무지한 민중을 계몽하겠다는 주인공들의 의지는 『무정』에서 추구하는 최고의 선이다. 물론 이형식이 우위에 있지만 조선민족을 구원할 선구자로서 이형식과 박영채가 동등한 자격을 갖게된다는 것은 무엇을 의미하는가. 정신세계 안에서의 완벽한 결합을 의미한다고 하지 않을 수 없다. 고전소설적 재결합의 논리가 비가시적 형태로 나타나 있는 것이라 하겠다. 이형식은 겉으로 김선형을 버리지 않음으로써 현실적 욕망을 실현하지만 속으로는 이미 박영채와 결합해 있는 것이다.[20] 이로써 『무정』은 아주 새로운 권선징악이 되었고, 이 때문에 『무정』은 고전소설적 흥미를 유지할 수 있었고 독자 대중들에게 파급적인 효과를 미칠 수 있었다.

강간-악의 발견과 인식의 탈각 계기

가부장적 윤리가 승하고 여성의 정절이 숙명으로 받아들여졌던 『무정』의 상황에서는 물론 성윤리가 상대적으로 자유로워진 현대에서도

20) 이 점을 정신분석학적 방법으로 궁구한다면 "그러므로 『무정』의 남녀주인공을 합하면 한 사람의 작자 이광수의 자전 자체가 오롯이 구성된다"(김윤식, 『이광수와 그의 시대2』, 한길사, 1986, p.562)는 지적처럼 박영채와 이형식의 동일성이 나타날 것이다. 결말에서 재결합이 나타나지 않는 것은 이미 정신세계에서의 재결합이 완성되어 있었기 때문임이 명확해질 것이다. 정신과 육체를 이분하는 작가의 이데올로기에 대해서도 깊이 탐구할 수 있는 부분이다.

강간은 특별하고 치명적인 폭력이다. 강간은 육체와 심리 모두를 상처내는 폭력이며, "상처의 아주 사적인 측면과 그 내밀하고 비밀스러운 부분, 개인의 육체를 침해함으로써 가장 비육체적인 부분을 침해하는"[21] 폭력이기 때문이다. 그런데 『무정』의 작가는 강간 장면을 세부적으로 묘사하며 그 폭력이 야기하는 소설적 흥미 추구에는 민감했지만, 그것이 야기하는 흥미가 아닌 피해자 내면의 복합적인 심리에 대해서는 무심한 듯하다. 위에서 보았듯이 서사 구조상 강간 사건은 박영채가 합리를 깨닫는 계기, 해피엔딩의 근본적 원인으로 작용하고 있다. 아래의 인용은 그것에 대한 작가 주석적 서술에 해당한다. 유년에 있었던 강간 미수 사건, 성년에 있었던 청량사 강간 사건 각각의 의미에 대해 다음과 같이 서술하고 있다.

> <인용 1>
>
> 또 외가에 가서 표종형댁의 학대와 조카네의 학대를 당하고, 거기서 도망할 때에 어느 촌중 아이들의 핍박을 당하고, 그날 저녁 숙천 땅 어느 주막에서 **그 변**을 당하고, 마침내 평양에서 자기의 몸이 기생으로 팔리게 되매, 어린 영채는 세상이 자기의 가정과 다르고 세상 사람들이 자기와 및 자기의 주위에 있던 사람들과 다름을 깨달았다.
>
> **다시 말하면, 세상에 악이란 것이 있고, 세상에 악인이란 것이 있는 줄을 깨달았다.**[22] (강조: 인용자)

> <인용 2>
>
> 그러다가 **이번 사건**에 그 집(정절이라는 집 : 인용자)이 다 깨어지고 영채는 비로소 넓은 세상에 뛰어나왔다.

21) 조르쥬 비가렐로, 『강간의 역사』, 이상해 역, 당대, 2002, p.9.
22) 『무정』, p.80. (연재30회)

> 더구나 기차 안에서 병욱을 만나매 자기가 지금껏 유일한 세상으로 알아 오던 세상이 기실 보잘 것 없는 허깨비에 지나지 못하는 것과, 인생에는 자유롭고 즐거운 젊은 세상이 있는 것을 깨닫고, **이에 비로소 영채는 자유로운 사람이 되고, 젊은 사람이 되고, 젊고 어여쁜 여자가 된 것이다.**[23] (강조 : 인용자)

밑줄 그은 "그 변", "이번 사건"이라는 표현부터 살펴보자. 박영채의 순결 여부에 대해 궁금증을 유발하는 다른 문장들에서는 인물시각 서술, 작가 주석적 서술을 막론하고 "강간"이라는 어휘를 매우 빈번하게 사용해 왔다. 그런데 그 의미를 규정하는 위의 인용부분에서는 "그 변", "이번 사건"이라 명명하고 있다. 이러한 명명법의 전환은 육체적인 폭력이면서 동시에 내면에 상처를 내는 폭력이라는 강간의 특성을 고려하여 피해자의 내면 변화를 이야기하는 단계로 접어들기 위해 마련한 일종의 정서적 환기 절차로 보인다. 그만큼 강간이란 물리적, 도덕적인 면에서 피해자에게는 치욕적인 사건이기 때문이다. 하지만 의미를 확정하는 어조는 '즐거운 비명'으로 여겨질 정도로 희열에 가득 차 있다. 이 '즐거운 비명'은 악의 발견(<인용1>)과 합리의 발견(<인용2>)이라는 정신적 변화에 대한 감탄의 결과이다.[24]

<인용 1>, <인용 2>에서 분명하게 드러난 것처럼 강간이라는 폭력의 특수성을 고려하지 못하고 악의 발견의 계기, 합리의 발견의 계기로만 설정한 것이 『무정』의 문제이다. 죠르쥬 비가렐로의 언급과 같은 현

---

23) 『무정』, p.241. (연재94회)

24) <인용 1>에서는 악의 발견을, <인용 2>에서는 합리의 발견을 이야기하고 있다. 두 가지는 근대사회에서 개인이 성장하면서 겪는 일반적 사회화 절차이다. 여주인공이 유년에 강간 위기를 넘기면서 악을 발견한다는 것은 세상의 악을 발견하면서 입사과정initiation을 거치는 여타의 성장소설에서 일반적으로 발견할 수 있는 부분이다. 성년이 되어서 악의 무리에 의해 강간을 당하는 것 또한 여성의 수난을 이야기하는 소설들에서 자주 발견할 수 있는 사건이다.

대적 의미에서의 강간 사건을 다루려 한다면 강간 피해자의 내면을 고려해야 하고, 피해자로서의 개인적이고 존재론적인 심리까지 고려해야 할 것이다. 유년에 겪은 강간 위기는 충분히 심리적 트라우마로 작용하면서 내면으로 끝없이 침잠할 수 있는 사건일 것이다. 그런데 『무정』에서 이 사건은 개인의 내면으로 침잠하지 않고 '악의 발견'이라는 외부 세계에 대한 깨달음의 계기로 설정된 데에서 그친다. 성년에 겪은 실제적인 강간, 청량사 사건에서도 마찬가지다. 강간은 박영채가 김병욱을 만나 서구적 합리를 깨닫게 되는 호기로 설정되어 있다. 강간 사건에 대한 이런 태도는 결말의 해피엔딩이 작가가 기획한 계몽의 도식에 의한 것이며 실제적인 계몽의 내용이 매우 피상적인 것임을 증거한다. 때문에 박영채의 인식 전환은 내면 변화라기보다는 행동의 변화를 촉구하는 육체성 농후한 탈각의 일종인 것이다. "작품 『무정』은, 강간으로 인해 영채가 내면에서 겪었을 심리적인 갈등 내지는 그로부터 비롯되는 윤리적 고뇌의 과정을 극히 피상적으로 묘사함으로써 궁극적으로는 이후 영채의 변모과정에서 그녀의 주체적 역할을 축소한 치명적인 허점을 드러내고 있는 것은 사실이다."[25]는 지적은 이런 점에서 타당하다. 이와 같은 강간 사건에 대한 작가의 태도는 근대소설로서의 자격과 관련하여 『무정』을 논할 때 포함시켜야 할 일반적인 약점이다.

삼랑진 수해와 강간 모티프

박영채가 경험한 유년의 강간의 위기, 성년의 강간 사건의 상황을

25) 김경수, 앞의 글, 앞의 책, p.128.

살펴보면 각각 피해자, 가해자, 조력자, 그리고 결과적인 삶이 있다. 유년기 숙천에서는 괴한이 덮치고, 개가 구해준다. 그리고 월화를 만나 동정을 지키며 기생 생활을 한다. 성년기 청량사에서는 김현수와 배학감의 완력에 정조를 유린당한다. 가해자를 저지하기 위해 신우선과 이형식이가 달려가지만 도와주지 못한다. 이후 김병욱을 만난다. 피해자 : 박영채, 가해자 : 괴한, 김현수와 배학감, 결과적인 삶 : 악의 발견, 합리의 발견이라는 구도로 정리할 수 있다.

박영채가 유년에서 성년으로 자라듯 유년의 모티프와 성년의 모티프에 관여하고 있는 여러 조건들은 당시 조선의 사회 문화적 변화와 밀접하게 연관되어 있다.[26] 유년에 박영채를 강간하려고 했던 가해자가 '의식이 말유한' 동학잔당이었고, 청량사에서 박영채를 강간하는 배명식과 김현수가 '어용' 학원자본가라는 사실은 강간모티프 속의 피해자인 박영채를 민족적 차원에서 논해야 할 필요성을 입증하는 대표적인 예이다. 두 사건은 모두 가해자들의 성적 욕망이 근본 동기로 설정되어 있고, 박영채가 언제든지 그런 상황을 맞이할 수 있는 기생 신분으로 설정되어 있는데, 소설적 흥미를 배가시키는 이 욕망은 작가가 무의식적으로 설정한 계몽 구도의 결과에 의한 것일 가능성이 크다.

---

26) 일반적으로 모티프라는 술어는 사건적 차원에서 사용되는 경우와 주제적 차원에서 사용되는 경우가 있다. 모티프를 창작 의도와 관련이 깊은, 작품 전체의 동기로 사용하는 경우에는 주제적 차원의 술어가 되고, 서사의 전개에서 다른 사건이나 인물의 변화를 야기하는 내적인 힘의 원리로 사용하는 경우에는 사건적인 측면이 강하다. 서사학자 토마체프스키는 "더 이상 쪼갤 수 없는 부분들"이라고 하여 서사의 최소 서술단위를 모티프로 부르기도 하고, "기나긴 문학사에 걸쳐서 해체되지 않은 채로 남아 있는, 그리고 이 작품에서 저 작품으로 옮겨져서 사용되는 동안에도 그 통일성을 유지하고 있는 요소들"을 모티프로 부를 것을 제안했다. 한 작품 안에서 서사 진행에 동일한 방식으로 영향을 미치고, 사건 자체에 내적인 유사성이 있다면 동일한 모티프로 분류할 수 있을 것이다.

김현수는 배명식의 말에 조종당하는 조선 귀족 김남작의 아들이다. 그밖에 세부적인 설명은 나타나 있지 않다. 대신 배명식에 대해서는 자세하게 언급되어 있다. 배명식은 건전한 이상을 지녔던 교장과 학감을 내쫓고 새로 부임한 학감이며, 경성학교 교사 중에서 이형식을 제외하고는 유일한 일본 유학자이다. 그는 이형식이 "페스탈로치", "엘렌 케이"라고 부르는 교육이론의 권위자들을 "푸스틀", "얼른키"라 부르면서도 유식한 체하는 어용 교육자이다. 암범, 여우, 개라는 별명은 그의 인격을 잘 말해준다. 학생들이 그의 퇴진을 요구하며 동맹퇴학운동을 벌일 정도로 그의 인격은 '보편적인' 결함을 갖고 있다.

김현수의 인격에 대해서는 소략하면서, 배명식의 인격에 대해서는 신랄하게 비난하는 작가의 목소리는 『무정』 전체에서 나타나는 특성인, 건전한 교육의 필요에 대한 항변이라 하겠다. 배명식은 왜곡된 인식을 가진 개화꾼, 어용 교육자를 대표하는 인물이다. 이 둘은 악착같이 부합한다. 정신과 육체가 결합하여 한 몸이 되는 것처럼 김현수와 배명식은 당시 학원 자본가의 육체와 정신을 이루는 두 부분이다. 따라서 청량사 사건의 가해자는 둘이지만 하나이다. 김현수는 돈을 가진 자, 교주 김남작의 아들로서 존재 자체로 물질적 조건, 자본의 소유주를 상징한다. 『무정』의 작가는 배명식의 인격을 비난함으로써 당시 학원 자본가들의 정신을 비난하고 있는 것이다. 비난의 초점이 가장 강력하게 맞추어져 있는 대상이 학원 자본가라는 사실에서 우리는 『무정』의 시대에서 작가가 가장 시급하다고 생각했던 것이 교육의 문제였다는 것임을 추론할 수 있다.[27]

27) 이 강간 사건의 가해자에 대해서는 조금 더 확대 해석해 볼 여지가 있다. 숙천 사건에서 어린 영채를 유괴하여 강간하려고 했던 인물은 동학 잔당이고, 청량사 사

이러한 해석의 가능성을 확장하여, 무지한 조선민중의 운명을 상징하는 것으로 유명한 결말의 삼랑진 수해 사건을 강간 모티프가 변형되어 나타난 것으로 이해해 보자는 것이 이 글의 제안이다.

삼랑진 수해 사건은 가해자와 피해자가 있다는 것, 피해자를 도와 새로운 세계를 만나게 하는 조력자가 있다는 것, 그리하여 피해자가 새로운 삶을 살게 된다는 점에서 위의 강간 모티프와 같은 패턴으로 서사가 진행된다. 그리고, 주민들의 전체 삶을 완벽하게 무화시킨다는 점에서 수해는 박영채가 당한 강간과 비유적 동일관계에 있다고 할 수 있다.

삼랑진의 강간 모티프 전개에는 박영채가 조선민족의 일원이면서 동시에 조선민족을 선도할 지도자로 급부상하는 과정이 내포되어 있으므로 주의 깊게 살펴보아야 한다. 피해자 속에도 박영채가 들어가 있고, 조력자 속에도 박영채가 들어가 있는 것이다. 먼저 피해자 측면을 살펴보자. 아래 <인용 5>에서 요약하고 있는 것처럼, 노파는 많은 고생을 하던 끝에 겨우 삶의 "재미"를 누릴 수 있게 된 시점에서 삶의 전 터전을 잃는다. 불우한 유년을 보내고 이형식을 만나기 위해 정절을 지키다가 오매불망 기다리던 이형식을 만났는데 이튿날 강간을 당한 박영채의 비극과 유사하다. 김병욱에게 "속아 살았다"는 말을 듣기 전까지 박영채에게 정조는 삶의 전(全)의미였다. 그래서 홍수의 피해자는 김병욱

건에서 박영채를 강간한 인물은 학원자본가라는 것을 확대 해석하면 어떻겠는가. 『무정』의 시대, 20세기를 전후한 조선 반도에서 민족의 운명을 결정지을 수 있는 강력한 세력을 『무정』의 작가가 1894년의 난리로 세력이 약화된 동학도이며 국권을 상실한 이후로 제국주의에 부화뇌동한 초기자본가들이라고 보았다는 해석이 가능할 수 있겠는가. 물론 이 두 세력이 전부인 것은 아니지만, 시대적 사명을 가져야 했던 세력임은 분명할 것이다. 묘하게도 두 세력의 세대 교체는 박영채의 삶에서 유년과 성년이라는 시간차와 맞물려 있다.

을 만나기 이전의 박영채, 여러 박영채들인 무지한 조선민중이다. 수해는 거대 자연의 폭력이기에 저항할 수 없는 위력을 지니고 있다. 박영채를 강간하는 김현수와 배현식 무리도 박영채에게는 그런 재앙적인 힘을 지니고 있는 존재였다.

> <인용 5>
> 노파의 말을 듣건댄, 노파는 젊어서 과부가 되어 아들 하나를 데리고 갖은 고생을 다 하다가 아들이 점점 자라서 며느리도 얻게 되고 남의 땅일망정 농사를 지어 이럭저럭 재미있게 살만치 되어 자기 손으로 조그마한 집도 짓고 밭도 한 쪽 사게 되었다.
> 또 며느리가 태중이므로 어서 손자를 안아 보았으면 남부러울 것이 없으리라 하였다. 그랬더니 어저께 물에 농사지은 것은 말끔 물 속으로 들어가고 오늘 새벽에는 집까지 물에 들어가고 말았다.[28]

이 과정 이후, 박영채가 강간을 겪고 비관해 기차를 탔을 때 김병욱이 나타났듯이 망연자실하고 있는 삼랑진 주민들에게는 '선구자'들이 나타난다. 박영채, 김병욱, 이형식, 김선형, 신우선 등의 일행이 그들이다. 박영채가 이 선구자의 대열에 끼게 되는 것은 이형식의 웅변에 의해서이다.[29] 이후 박영채는 피해자가 아닌 조력자가 된다.

수재의연금을 마련하기 위한 음악회에서 박영채가 부르는 노래의 제

28) 『무정』, p.306. (연재 122회)
29) 김윤식은 결말에서 "교육의 힘"을 강조하는 이형식의 웅변에 다른 주인공들이 감화하여 결의하는 장면을 대표적인 예로 들며 『무정』의 모든 인물은 이형식을 최상위에 두고 사제관계로 얽혀있다고 하였다. 강간 모티프에서 조력자와 피해자의 관계는 이 사제관계의 유형을 따르고 있다. 김윤식은 사제관계의 견고성에 『무정』의 계몽적인 성격이 집약되어 있으며, 이것은 『무정』이 지닌 가장 큰 힘이라고 하였다(김윤식, 「『무정』의 문학사적 성격」, 『김윤식선집』 2, 솔, 1966).

목은 "지난 일 생각하니 부끄럽도다"이다. 이 노래는 박영채가 고난을 먼저 겪고 현명하게 대처해 성공한 사람으로서 현재 고난을 겪고 있는 사람들에게 보내는 위로와 격려라는 점에서 의미가 크다.

박영채가 김병욱을 만난 것은 우연에 의해서였지만 주민들이 '선구자'들을 만나는 것은 '선구자'들의 의지, 그들을 도와줘야 한다는 의지에 의해서다. 우연과 의지의 차이는 운명과 운동movement의 차이일 수 있다. 이형식이 주도하는 이 운동의 결과는 어떻게 될 것인가. 주민들의 삶은 선구자들의 운동으로 새로워질 것이다. 이 운동의 결과로 예측되는 미래가 강간 모티프에서 피해자로 분류되는 삼랑진 주민들이 맞는 결과적인 삶의 모습이다. 김동인이 "사족"이라고 말한 연재 최종회 에필로그에 그 모습이 소개되어 있다.

<인용 6>

아아, 우리 땅은 날로 아름다워 간다. 우리의 연약하던 팔뚝에는 날로 힘이 오르고 우리의 어둡던 정신에는 날로 빛이 난다. 우리는 마침내 남과 같이 번쩍하게 된 것이로다.[30)]

이와 같은 에필로그의 낙관적 전망은 『무정』의 서사 진행의 시점(時點)에서 보자면 먼 미래에 있을 화려한 조선민족의 삶에 대한 동경의 표현이라 할 수 있다. 낙관적 전망의 실현 가능성은 누구도 짐작할 수 없다. 그런데 작가는 선언하듯이 확신에 찬 어조로 말하고 있다. 피해 대상인 수재민은 외국 문물을 접한 다음(그러해야 한다는 당위는 강력하지만 그 방식에 대해서는 소개되어 있지 않다) "남과 같이 번쩍하게

30) 『무정』, p.318. (연재 최종회, 126회)

된" 것이다. 왜 이런 화려한 삶은 강간 혹은 수해를 겪은 다음에야 가능한 것인가. 고난은 부활의 계기이니 모든 과거를 잊자는 것이 작가의 판단이었음은 추측하기 어렵지 않다. 강압에 의해 동정을 잃을 수밖에 없었던 박영채에 대한 작가의 애착과 비판은 결국 당시 조선적 상황과 운명에 대한 이광수의 판단이었던 것이다.

모티프의 상징과 작가의 관념의 구도

박영채는 1차 강간 모티프(강간 미수 사건) 이후 월화를 만나고, 2차 강간 모티프(강간 사건) 이후에는 김병욱을 만나며, 3차 강간 모티프(삼랑진 수해 사건) 이후에는 외국의 문물을 만난다. 3차 강간 모티프에서 박영채는 개인이면서 동시에 조선민족 전체를 대표하는 개인이다. 그리고 조선민족을 선도하는 특별한 개인이기도 하다. 세 사건을 동일한 강간 모티프로 명명하자는 이 글의 제안이 유효하다면 수해의 피해자인 조선민족 전체는(김병욱을 만나기 이전의 여러 박영채들은) 앞으로 외국의 문물을 접하게 될 것이다. 마지막 과정은 '미래'의 형태로 제시되어 있는데 박영채의 변화를 토대로 외국 문물 수용의 방법론적인 논리를 짐작해 볼 수 있다.

박영채는 정조를 지키다가 자살한 월화의 전철을 따르지 않고, 기초학문을 전공으로 택한 김병욱의 선택을 답습하지 않은 채 그들을 스승으로만 받아들인다. 자살할 자리에서 자살을 하지 않음으로써 월화와 달라졌고 기초학문이 아닌 예술 영역을 선택함으로써 김병욱과 달라졌다. 이제 박영채에게 월화는 죽은 스승이고 김병욱은 공동의 운명을 만들어 나가는 동료이다. 그렇기 때문에 박영채는 구시대적 윤리를 따르는 인물의 전형이 아니라 구시대적 윤리를 버린 후 새시대의 문물을 학습하고, 앞으로 조선민족을 계몽해야 할 선구자로 성장하는 사람의 전형이다. 이는 외국 문물을 주체적으로 수용해야 한다는 작가의 웅변이기도 하다.

1차 강간 모티프, 2차 강간 모티프에서 강간은 박영채라는 특수한 개인에게만 해당하는 폭력이었다. 3차 강간 모티프에서 강간은 민족 전체의 규모를 대상으로 한 폭력으로 나타난다. 이러한 해석은 삼랑진 주민이 무지한 조선민족 전체를 상징한다는 전제를 바탕으로 한 것인데, 강간과도 같은 수해는 당시 조선반도를 유린하던 제국주의 세력이거나 『무정』의 작가가 공포스러울 정도로 거대하다고 인식한 어떤 힘의 주체가 행사할지도 모르는 폭력적 상황을 상징한다고 할 수 있다. 피해자가 박영채에서 조선민중 전체로 확대되었듯이 가해자 역시 민족 내부의 어용 학원자본가라는 악적 존재에서 공포스러울 정도로 거대하지만 그 실체가 파악되지 않는 악적 존재로 확대된 것이라 할 수 있다. 그래서 유년의 강간 모티프, 성년의 강간 모티프에서는 악의 세력이 구체적으로 명명되었지만 민족적 규모로 확대된 삼랑진의 강간 모티프에서는 자연재앙이라는 형태로 나타나게 된 것이다.

돌려 생각하자면, 거대 자연의 폭력 앞에 저항할 수 있는 인간이 없듯이 제국주의 세력에 저항하는 것은 무의미하다는 것, 그래서 박영채의 변화 경로를 따라야 한다는 것이 조선민족의 운명과 상황에 대한 작가의 인식이라 할 것이다. 신학문을 배운 자들에게는 계몽을 유도하고, 무지한 자들에게는 재앙이 닥치기 전에 자발적으로 변해야 한다고 권고하는 것이 『무정』의 작가가 기획한 교훈이다. 덧붙여, 작가가 강간이라는 폭력의 성격을 고려치 못한 채 흥미유발의 차원에서 무의식적으로 택한 것이 강간 사건이었다면 작가의 무의식 심층에는 제국주의의식민지 시대에서 피식민지민의 일원으로서 겪어야 했던 공포의식이 자리 잡고 있었을지도 모른다는 가능성도 상정할 수 있다.

참고문헌

소설 텍스트

이광수, 『이광수전집 1권-무정, 개척자, 초기논설』, 삼중당, 1962.

단행본

김영민, 『한국근대소설사』, 솔, 1997.
김윤식, 『이광수와 그의 시대1』, 한길사, 1986.
김윤식, 『이광수와 그의 시대2』, 한길사, 1986.
김윤식, 『이광수와 그의 시대3』, 한길사, 1986.
김윤식 · 정호웅, 『한국소설사』, 예하, 1993.
김윤식 · 김현, 『한국문학사』, 민음사, 1973.
백철 · 이병기, 『국문학전사』, 신구문화사, 1957.
송하춘, 『1920년대 한국소설연구』, 고려대학교 민족문화연구소, 1985.
정한숙, 『현대한국문학사』, 고려대학교출판부, 1982.
조연현, 『한국현대문학사』, 현대문학사, 1956.
한승옥, 『이광수 연구』, 선일문화사, 1984.
조르쥬 비가렐로, 『강간의 역사』, 이상해 역, 당대, 2002.

논문

김경수, 「현대소설의 형성과 겁탈-『무정』의 근대성 재론」, 『한국 현대문학과 근대성의 탐구』, 문학사와 비평연구회 편, 새미, 2000, pp.117~137.
김동식, 「연애와 근대성-신소설과 계몽적 논설을 중심으로」, 『민족문학사연구』 18호, 민족문학사연구소, 2001, pp.299~326.
김동인, 「춘원연구」, 『동인문학전집』, 도서출판 복지, 1986, pp.287~386.
김영민, 「춘원 이광수 문학의 근대성 연구」, 『민족문학과 근대성』, 문학과지성사, 1995, pp.337~364.

김윤식, 「『무정』의 문학사적 성격」, 『김윤식선집』 2, 솔, 1966.
김종철, 「『무정』의 계보」, 『선청어문』(16 · 17합본), 서울대, 1988, pp.789～808.
남상권, 「『무정』의 기녀담 수용과 후일담 소설의 성격」, 『어문학』 74, 한국어문학회, 2001, pp.219～247.
서영채, 「한국소설과 근대성의 세 가지 파토스」, 『문학동네』, 1999(여름호), pp.336～362.
송민호, 「춘원 초기 소설의 문학사적 연구-『무정』, 『개척자』까지는 신소설이다」, 『고려대학교60주년 기념논문집 인문과학편』, 고려대학교, 1965, pp.91～117.
정한숙, 「사회적 인간과 인간적 사회-춘원의 『무정』과 『무명』을 중심으로」, 『현대한국작가론』, 고려대학교출판부, 1976, pp.7～25.
최유찬, 「욕망과 역사의 변증법」, 『리얼리즘 이론과 실제비평』, 두리, 1992, pp.168～186.
황종연, 「문학이라는 역어 : 『문학이란 何오』 혹은 한국 근대 문학론의 성립에 관한 고찰」, 『동악어문논집』 32, 1997, pp.457～480.

관념소설에서 창조하는 언어의 개념성과 상징성

–『광장』에 나타난 '광장'의 의미 층위

·'광장'의 출현 형태와 분포 상황

·플롯의 진행과 '광장'의 의미 층위

·시민의 '광장'에서 개인의 '광장'으로

·'광장'의 변화와 이명준의 의식지향

최인훈의 『광장』은 대략 200자 원고용지 730여 매 분량으로 이루어져 있다. 일반적인 장편소설보다 분량이 짧다고 할 수 있는 이 『광장』에는 제목 '광장'이 본문 속에서 69회 등장한다. 『광장』에서 '광장'은 출현 빈도수가 많을 뿐만 아니라 그것이 가리키는 대상도 너무나 다양하다. 『광장』에서 '광장'의 의미가 무엇이냐는 논의에서 결말이 시원스럽게 나지 않는 것은 이러한 상황 때문이다. 조사해본 바에 따르면, 지금까지 『광장』 연구자들이 정치적 의미에 한정하여 남한, 북한, 중립국이라고 주장해온 공간적 의미는 '광장'의 메타포가 지닌 여러 가지 의미 중에서 두드러지는 일부에 해당되는데 '광장'이 가리키는 대상을 파악하고 정리하면서 그것의 개념과 상징을 층위별로 나누어보면 전체적인 의미를 파악할 수 있다.

현재 『광장』의 판본은 여덟 종류이다. 판본에 따라 줄거리와 플롯이

다르기도 하고 어휘와 문장 상의 차이가 나타나기도 한다. 어휘와 문장의 수정까지 개작 범주에 포함한다면 『광장』은 일곱 차례 개작되었다고 할 수 있다.[1] 개작과정에서 이명준의 사랑과 관련하는 갈매기의 상징은 윤애와 은혜를 상징하던 것에서 은혜와 그녀의 딸로 서술되는 은혜 배속의 아이로 바뀌었다.[2]

『광장』이 발표된 시기에 대해 큰 의미를 두는 문학사회학자들은 『광장』이 처음 발표되었던 1960년이 4·19혁명이 일어났던 바로 그 해라는 점을 강조한다. 그들의 논리에 따르면 『광장』은 팔일오, 육이오, 사일구라는 한국현대사의 큰 봉우리들을 소설 속에 포함하고 있는 것이 된다. 팔일오와 육이오는 작품 속에 들어 있고 사일구는 작품이 발표된 시기와 관련을 맺는다고 하는 것이 대개의 논리이다. 그래서, 사일구를 겪은 세대가 평가한 팔일오, 육이오, 남북분단의 문제가 『광장』에 들어 있다고 하는데 이는 다분히 상황의 논리에 의한 것이다.

『광장』 연구 중에서 가장 많은 부분을 차지하는 것은 이명준의 행로와 관련한 것이다. 남, 북, 중립국 행 배 위로 옮겨가는 이명준 행로의 도식이 남과 북의 이데올로기를 공히 비판하는 틀이라는 점에 대해서

---

1) 『광장』 개작에 대해서는 김욱동의 『광장을 읽는 일곱 가지 방법』(문학과지성사, 1996)을 참고하였다.

2) 『광장』의 여덟 가지 판본은 다음과 같다.
1. 최인훈, 「광장」, ≪새벽≫, 1960년 11월호, pp.238~295.
2. ______, 『광장』, 정향사, 1961.
3. ______, 『광장』(현대 한국 문학 전집 제16권), 신구문화사, 1968.
4. ______, 『광장』, 민음사, 1973.
5. ______, 『광장』(최인훈 전집 제1권), 문학과지성사, 1976.
6. ______, 『광장/구운몽』(최인훈 전집 제1권, 개정 2판), 문학과지성사, 1989.
7. ______, 『광장/구운몽』(최인훈 전집 제1권, 개정 3판), 문학과지성사, 1994.
8. ______, 『광장/구운몽』(최인훈 전집 제1권, 개정 4판), 문학과지성사, 1996.
이 글에서는 현재 최종 판본인 8을 텍스트로 사용했다.

는 이견이 없는 듯하다. 그런데, 이명준이 북으로 가는 과정이 우연적이라는 것과 이명준의 자살의 근거가 모호하다는 점은 『광장』 비판론자들이 주로 지적하는 소설적 결함이다. 이 점에 대한 지적은 이명준의 정치의식이 미미하다는 비판으로 연결되어, 이명준이 월북하는 의미가 모호하므로 자살 동기 또한 모호하다는 결론으로 나아간다.

『광장』의 '광장'에 대한 논의는 대부분 '광장'을 역사의 현장, '밀실'과 대조되는 공간이라고 보았다. 이명준은 '광장'에서 '밀실'로 이동했다고 보는 견해들이 많다. 그런데 소설 본문에서 이명준은 자기가 서 있는 공간을 한번도 '밀실'이라고 명명하지 않고 모두를 '광장'이라 부른다. 총 69회 사용된 '광장'은 수식어를 통하여 성격과 규모를 결정할 수 있는데 '광장' 수식어는 43가지로 다양하다. 이 수식어들을 총괄하면 '광장'은 '삶이 이루어지는 곳'이라는, 너무나 많은 것을 가리켜 아무것도 가리키지 않게 되는 추상적인 어휘이다. 삶 전반을 가리키는 시공을 '광장'이라고 명명하는 주인공 이명준의 의식은 무엇이며, 작가의 의식은 무엇인가. 그리고, '광장'의 본질적 의미는 무엇인가. "운명을 만나는 자리를 광장이라고 합시다", "현장에 있으려고 한 우리의 친구 이야깁니다", "광장은 대중의 밀실이며 밀실은 개인의 광장이다" 등 『광장』의 작가가 서문에서 밝힌 내용은 하나의 단초가 될 수 있으나 '광장'이 지니는 의미의 모호함을 덜어주지는 못한다.

김인환은 '광장'의 내포적 의미가 방대하다는 점을 전제하고 '광장'을 두 가지 영역으로 구분하였다.[3] 첫째는 "사회적 공간으로서의 광장"이고 둘째는 "극단적으로 좁혀져 있는 광장"이다. 사회적 공간으로서의 광장은 정치, 문화, 역사가 이루어지는 공간으로 '광장'을 역사의 현장

3) 김인환, 「파국의 의미」, 『비평의 원리』, 나남출판사, 1994, pp.211~252.

이라고 규정한 논의들과 유사하다. 이 영역의 '광장'의 의미를 "사회적 규범"으로 일반화한 것과 정신분석학적 견지에서 이 공간을 "아버지의 공간"으로 명명한 것이 특징적이다. 문제는 둘째 "극단적으로 좁혀져 있는 광장"이다. 첫째 '광장'은 사회적 공간이라고 하여 '광장'을 풀이했으나 두번째에서는 "극단적으로 좁혀져 있는 광장"이라고 서술하여 '광장'을 '광장'이라는 말로 풀이하고 있기 때문에 그 의미가 확실치 않은 것이다. 많은 논자들이 밀실이라고 말하는 공간을 김인환은 "좁은 광장"이라고 하였다.

이 글에서 주목하는 것은 김인환이 "좁은 광장"을 "밀실"이라 말하지 않고 뭐라 규정할 수는 없지만 사회적 공간과는 다른 "좁은 광장"이라고 말한 데에 있다. "밀실은 적어도 인간과 세계, 집과 일터처럼 광장과 대립되는 맞짝 개념은 아니다. 이러한 맞짝 개념에서는 한 쪽이 소멸하면 다른 쪽도 소멸하기 때문이다. 밀실은 광장이 없어져도 남아 있는 여분인 듯하다. 그러면 극단적으로 좁혀져 있는 광장이란 무엇일까?"[4] 이 물음에 다음과 같은 물음을 덧붙일 수 있다. 과연 주인공 이명준이 "사회적 공간으로서의 광장"의 '광장'과 "극단적으로 좁혀져 있는 광장"의 '광장'을 '광장'이라는 하나의 어휘로 명명하는 이유는 무엇인가. 이 두 '광장'을 하나의 카테고리로 묶을 수 있는 기준은 과연 있는 것인가. '밀실'과 맞짝 개념이 되지 못하는 '광장'의 총괄적 의미는 무엇인가. 삶이 이루어지는 곳 모두를 '광장'이라는 어휘로 명명하는 주인공 이명준의 의식지향은 무엇인가. 이 글에서는 '광장'의 메타포를 총체적으로 밝히기 위해 다음과 같은 순서로 고찰하였다.

이야기의 작은 단위인 화소를 중심으로 '광장'이 출현하는 분포를

4) 김인환, 앞의 책, p.245.

조사해 보면 '광장'은 전체 29개의 화소 중 17개의 화소에 고르게 분포하고 있음을 알 수 있다. 이 '광장'의 분포가 주인공 이명준이 관념적 선회를 행하거나, 실제 행동의 결단을 내릴 때와 깊은 관련을 맺고 있다는 점에 착안하여 이 글에서는 '광장'의 분포와 플롯 간의 관계를 규명하여 '광장'의 의미를 부각시켰고, '광장'을 수식하고 있는 어구들을 기준으로 하여 '광장'의 개념을 계열화하였으며, 이명준이 사용하는 '광장'의 개념에서 시민의 존재가 사라지는 과정을 조명함으로써 '광장'의 확대 축소 과정을 살폈다.

'광장'의 출현 형태와 분포 상황

『광장』 본문에서 '광장'이 사용된 회수는 총 69회이다. '광장'은 대화에 25회, 지문에 44회 등장한다. 분포를 살펴보면 아래에서 정리한 것처럼 대화 속에서 '광장'은 1), 9) 두 차례에 25회가 집중적으로 들어있고 지문 속에서 '광장'은 15 차례에 걸쳐 고르게 분포한다.

이야기의 작은 단위인 화소를 정리하면 다음과 같다. '광장'이라는 어휘가 사용된 화소에 번호를 매기고 빈도와 페이지를 밝혔다.

정리 1.

* 석방포로 이명준은 타고르 호 위에 있다.
* 이명준은 타고르 호를 따라오는 갈매기 두 마리를 보고 과거를 떠올린다.
* 이명준은 댄스 파티에서 윤애를 소개받는다.
* 1) 이명준은 고고학자 정선생을 찾아간다. <23회> : p.55, 56, 57.
* 2) 이명준은 아버지가 대남방송에 나온 다음 S서에 끌려가 고문을 받은 다음 윤애에게 간다. <1회> : p.59.

* 3) 이명준은 아버지와 어머니를 추억한다. <7회> : p.63.
* 4) 이명준은 인천에서 배회한다. <6회> : p.78, 79.
* 5) 이명준은 윤애와 산책한다. <1회> : p.81.
* 이명준은 인천에서 고기잡이 배를 타고 월북한다.
* 6) 이명준은 타고르 호가 홍콩에 정박했을 때 상륙시켜달라는 옆방의 김과 싸운다. <4회> : p.93, 96, 103.
* 7) 이명준은 윤애에게 구애한다. <1회> : p.110.
* 8) 이명준은 북한을 꿈꾼다. <2회> : p.111.
* 9) 이명준은 아버지에게 북한의 허상을 따진다. <2회> : p.115.
* 10) 이명준은 만주의 조선인 꼴호즈에서 실태 보고 기사를 작성한다. <2회> : p.123, 124.
* 11) 이명준은 꼴호즈 기사 때문에 신문사 편집실에서 자아비판을 강요받는다. <2회> : p.128.
* 12) 이명준은 자아비판을 끝내고 자취방에 돌아와 은혜와 이야기한다. <1회> : p.129.
* 13) 이명준은 자취방에서 은혜를 돌려보내고 외로워한다. <3회> : p.137.
* 은혜는 모스크바로 떠난다.
* 육이오가 발발하자 이명준은 정치보위부원 자격으로 서울에 내려온다.
* 이명준은 변태식을 고문한 다음 윤애를 능욕하려다 포기한다.
* 이명준은 전투대원으로 육이오에 참가한다.
* 이명준은 낙동강 전선에서 우연히 은혜를 만난다.
* 14) 이명준은 동굴을 발견해서 휴식처로 삼는다. <4회> : p.162, 163, 164.
* 15) 공산군 포로가 된 이명준은 포로 석방 때에 중립국 행을 결심한다. <3회> : p.165, 168.
* 16) 이명준은 타고르 호의 뒤쪽 난간에서 바다를 바라본다. <4회> : p.179.
* 17) 이명준은 두 마리의 갈매기가 은혜와 그녀의 딸이라고 생각한다. <3회> : p.187, 188.
* 타고르 호 선장은 이명준이 없어졌다는 사실을 보고받는다.
* 갈매기는 보이지 않는다.

이상의 화소 배열은 플롯의 진행 순서에 따른 것이다. 플롯을 과거, 현재로 구획하고 '광장'이 언급되는 부분을 그 구획에 맞춰 배열하면 다음과 같은 표가 만들어진다.

〈표 1〉

이명준의 위치	타고르 호 →	남한 →	타고르 호 →	북한 →	육이오 →	타고르 호
시간	<현재 1>	<과거 1>	<현재 2>	<과거 2>	<과거 3>	<현재 3>
화소번호		1)~5)	6)	7)~13)	14)~15)	16)~17)

1)에서 17)까지의 화소는 모두 이명준이 심리적 변화를 겪는 부분이다. "보람있는 삶"에 대해 고민하다가 정선생을 찾아간 1), 월북하기 전에 인천에서 배회하는 4), 조선인 꼴호즈의 운영방식을 보고 북한의 실상에 대해 냉소하는 11), 중립국 행을 결심하는 15), 자살하기 전에 은혜를 추억하는 17) 등은 이명준이 심리 변화를 겪으면서 '광장'을 떠올리는 대표적인 예이다.

1)부터 17)까지의 순서가 6)을 빼면 스토리의 흐름과 일치하는 것이 흥미롭다. 6)을 포함하여 '광장'에 대한 이명준의 생각을 이야기의 순서에 맞춰 배열하면 1)~5), 7)~15), 6), 16), 17)이 될 것이다. 1)에서 17)까지의 화소는 이명준이 심리 변화를 겪는 부분이고, 이명준이 심리 변화를 겪을 때마다 '광장'을 떠올리는 것은 플롯의 순서, 이야기의 순서와 일치하여 나타난다. 『광장』은 '광장'에 대한 이명준의 사고의 흐름을 기록한 소설이라고 할 수 있다. 순서상 1)은 이명준이 생각하는 최초의 광장이고 17)은 이명준이 생각하는 최후의 광장이다. 최초 이명준이 생각하는 '광장'의 개념과 최후 이명준이 생각하는 '광장'의 개념이 다르기 때문에 '광장'을 중심으로 이해할 때에 『광장』의 플롯은 이명준이 생각하는 '광장'의 개념이 변하는 과정이라 할 수 있다.

플롯의 진행과 '광장'의 의미 층위

플롯의 진행에 따라 최초 이명준이 생각하는 '광장'과 최후 이명준이 도달하는 '광장'의 성격은 어떻게 달라지는가. 그리고 달라지는 계기는 무엇인가. 이명준이 사용하는 '광장'의 개념이 변화하는 것을 살피기 위해 최초 1)의 '광장'과 최후 17)의 '광장'을 대조해 보기로 하자. 이명준이 최후로 '광장'을 떠올리는 것은 자살하기 직전이다. 자살하기 직전에 이명준이 자신의 삶을 부채에 비유하여 정리하는 부분이 17)에 있으므로 편의상 17)의 '광장'을 먼저 살피기로 한다.

> **인용 1. [17) 자살하기 전, 타고르 호의 뒤쪽 난간에서.]**
>
> ……펼쳐진 부채가 있다. 부채의 끝 넓은 테두리 쪽을, 철학과 학생 이명준이 걸어간다. 가을이다. 겨드랑이에 낀 대학신문을 꺼내 들여다본다. 약간 자랑스러운 듯이. 여자를 깔보지는 않아도, 알 수 없는 동물이라고 여기고 있다. 책을 모으고, 미라를 구경하러 다닌다.
>
> [……]
>
> 그는 지금, 부채의 사북자리에서 있다. ①삶의 광장은 좁아지다 못해 끝내 그의 두 발바닥이 차지하는 넓이가 되고 말았다. 자 이제는? 모르는 나라, 아무도 자기를 알리 없는 먼 나라로 가서, 전혀 새사람이 되기 위해 이 배를 탔다. [……]
>
> 돌아서서 마스트를 올려다본다. 그들은 보이지 않는다. 바다를 본다. 큰 새와 꼬마 새는 바다를 향하여 미끄러지듯 내려오고 있다. ②바다. 그녀들이 마음껏 날아 다니는 광장을 명준은 처음 알아본다. 부채꼴 사북까지 뒷걸음질친 그는 지금 핑그르르 뒤로 돌아선다. ③제정신이 든 눈에 비친 푸른 광장이 거기 있다. (『광장/구운몽』, pp.186~188, 강조-인용자)

삶의 여정을 부채에 비유하는 이명준은 가장 넓은 곳과 가장 좁은 곳 모두를 '광장'이라는 동일어로 명명한다. 이명준은 부채의 넓은 부분을 남한에서 대학을 다니던 시절이라 생각하고 부채의 안쪽 가장 좁은 자리를 자살하기 직전의 상황이라고 생각한다.

이명준이 위의 인용부분 ①에서 "삶의 광장"이 "두 발바닥이 차지하는 넓이가 되고 말았다"고 자신의 상황을 서술하는 데에서 알 수 있는 것은 '광장'이란 심리적 공간이라는 점이다. '광장'은 일상어법에서 '넓은 장소'를 뜻하기 때문에 가장 좁은 자리를 '광장'이라고 부르는 것은 모순어법을 활용한 역설적 표현이다. 역설어법에서 말해지는 대상은 말하는 사람의 심리에 의해 그 모습이 달라진다. ①의 '광장'은 심리적 공간이다. ②의 '광장'은 바다라는 넓은 장소를 가리키는 실재적 공간이다. ③의 '광장'은 실재에 심리가 투여된 공간이다. "푸른 광장"은 갈매기가 날아다니는 넓은 바다를 뜻하면서 이명준이 ①에서 느꼈던 심리적 공간의 협소함을 극복하고자하는 의지를 투여한 공간이라 할 수 있다.

최후 17)에서 이명준은 자신이 갈매기처럼 자유롭게 날아다닐 수 있는 공간을 '광장'이라고 부른다. 갈매기처럼 자유롭게 날아다닐 수 있다고 생각하는 것은 이명준이 생각하는 '광장'의 고유한 특성이다. 광장의 보편적인 특성은 사라지고 이명준의 의식의 특수성이 지배적이므로 이 공간은 <이명준의 광장>이라 부르기로 하자.

위의 <인용 1>에서 이명준은 삶을 부채살에 비유하고 그 부채살 테두리를 철학과 대학생 시절이라고 생각한 다음 "책을 모으고, 미라를 구경하러 다닌다"라고 했다. 1)은 바로 이명준이 미라를 구경하기 위해 정선생을 찾아간 대목이다. 이것은 1)이 '광장'에 관한 이명준의 언급이 처음으로 나오는 부분으로서 의미 있는 것이며 이명준의 생각 속에서 1)의 '광장'이 최초의 '광장'임을 드러내는 증거로서 의미 있다. 이는 1)부터 17)까지의 과정이 '광장'에 관한 이명준의 생각의 진행 과정이라고 말할 수 있는 근거로서도 의미 있다. <표 1>로 돌아가면, 『광장』의 플롯과 스토리가 1)에서 17)까지의 순서에 맞춰져 있음을 확인할 수 있다.

1)의 '광장' 개념에서 두드러진 특징은 시민이라는 존재가 등장한다는 점이다. 이명준과 정선생의 관계, 이명준의 정치의식, '광장'의 여러 종류를 파악할 수 있는 부분이므로 길게 인용해 보기로 한다.

인용 2. [1) 고고학자 정선생을 찾아가서.]

"알아요. 그러나 저는 반드시 연애여야만 하겠다는 게 아니에요. 아무것이든 좋아요. 갈빗대가 버그러지도록 뿌듯한 보람을 품고 살고 싶다는 거예요…"

"정치는 어때?"

"정치? 오늘날 한국의 정치란 미군 부대 식당에서 나오는 쓰레기를 받아서, 그 중에서 깡통을 골라 내어 양철을 만들구, 목재를 가려 내서 소위 문화주택 마루를 깔구, 나머지 찌꺼기를 가지고 목축을 하자는 거나 뭐가 달라요? 인간은 그 자신의 밀실에서만은 살 수 없어요. 그는 ①광장과 이어져 있어요. 정치는 ②인간의 광장 가운데서두 제일 거친 곳이 아닌가요? [……] ③한국 정치의 광장에는 똥오줌에 쓰레기만 더미로 쌓였어요. [……] 한국의 정치가들이 정치의 광장에 나올 땐 자루와 도끼와 삽을 들고, 눈에는 마스크를 가리고 도둑질하러 나오는 것이지요. 그러다가 착한 길 가던 사람이 그걸 말릴라치면 멀리서 망을 보던 갱이 광장에서 빠지는 골목에서 불쑥 튀어나오면서 한칼에 그를 해치우는 거예요. [……] ④추악한 밤의 광장. 탐욕과 배신과 살인의 광장. 이게 한국 정치의 광장이 아닙니까? [……] ⑤시장, 그건 경제의 광장입니다. 경제의 광장에는 도둑 물건이 넘치고 있습니다. [……] ⑥문화의 광장 말입니까? 헛소리의 꽃이 만발합니다.

[……]

시인들은 알아볼 수 있는 막끝까지 말을 두들겨 패서 사디즘 충동을 카타르시스합니다. 그들은 가난 하니까 진짜 대상, 여자를 쓸 수 없기 때문입니다. 비평가들은, 아니 자네가 정말 카프카와 똑같은 겪음을 했단 말이야? 거짓말

말아, 저놈은 가짭니다. 이런 식으로 국산 카프카를 엉망진창이 되게끔 두들겨 팹니다. 비평가란, 자기만은 박래품이라는 망상에 걸린 불쌍한 미치광이의 별명이지요. ⑦이런 광장들에 대하여 사람들이 가진 느낌이란 불신뿐입니다. 그들이 가장 아끼는 건 자기의 방, 밀실뿐입니다.

[……]

오, 좋은 아버지. 인민의 나쁜 심부름꾼. 개인만 있고 국민은 없습니다. 밀실만 푸짐하고 ⑧광장은 죽었습니다. 각기의 밀실은 신분에 맞춰서 그런 대로 푸짐합니다. 개미처럼 물어다 가꾸니깐요.

좋은 아버지, 불란서로 유학 보내 준 좋은 아버지. 깨끗한 교사를 목자르는 나쁜 장학관. 그게 같은 인물이라는 이런 역설. 아무도 ⑨광장에서 머물지 않아요. 필요한 약탈과 사기만 끝나면 ⑩광장은 텅 빕니다. ⑪광장이 죽은 곳. 이게 남한이 아닙니까? ⑫광장은 비어 있습니다."

[……]

정 선생이 그때 선생에서 친구로 내려오는 것을 명준은 어렴풋이 깨닫는다. 자랑스러우면서 서운하다. 우상을 부순 다음에 오는 허전함.

"그 텅 빈 ⑬광장으로 시민을 모으는 나팔수는 될 수 없을까?"

"자신이 없어요, 폭군들이 너무 강하니깐."

"자네도 밀실 가꾸기에만 힘쓰겠다는……."

"그 속에서 충분히 준비가 끝나면."

"나와서."

"치고 받겠다는 거죠"

"그 얘기가 부도가 되면?"

"부도나는 편이 진실이겠죠"

또 말이 끊어진다. 말할수록 정선생의 자리는 내려가고, 그는 자꾸 건방져지는 게 선하다. (『광장/구운몽』, pp.54~58, 강조-인용자)

위 인용문의 대화에서 '광장'이 처음 언급되는 이명준의 대화는 세 페이지에 걸쳐 길게 서술되어 있다. 아버지에게 북한의 허상을 따지는 9)의 대화와 함께 가장 긴 대화이다. 아버지에게 자신의 심정을 토로하는 대화의 분량 역시 세 페이지이다.

1)에서 등장하는 '광장'의 종류를 살피기 위해 수식어를 계열화해 보기로 하자. 1)에서 '광장'을 수식하는 말은 많은데 층위를 나눌 수 있는 성격의 수식어를 사용하여 '광장'의 종류를 나열하면 ②"인간의 광장", ②"정치의 광장", ③"한국 정치의 광장", ⑤"경제의 광장", ⑥"문화의 광장"이다. 정치, 경제, 문화는 인간활동의 하위 카테고리이므로 "정치의 광장", "경제의 광장", "문화의 광장"은 "인간의 광장"에 포함된다. "한국 정치의 광장"은 "정치의 광장"의 하위어이다.

수식어 없이 사용된 ①과 ⑧~⑬의 '광장'은 가리키는 대상이 다르다. ①은 "인간의 광장"이다. ⑧~⑬은 모두 "한국 정치의 광장", 한국 "경제의 광장", 한국 "문화의 광장"을 말한다. "빼앗기고 피흘린 스산한", "추악한 밤의", "죽은", "텅 빈" 등 이명준의 부정적 가치판단이 가미된 수식어가 꾸미는 '광장'은 ⑧~⑬의 '광장'이다. "뒷골목에 차려진 작은 지붕 달린"은 "캬바레"를 수식한다. 이명준은 캬바레를 '광장'이라고 부르기도 한다. 이명준이 죽었다고 말하는 '광장'은 "인간의 광장" 일반이 아니라 "인간의 광장"의 부분인 한국의 "정치, 경제, 문화의 광장"이다.

이명준은 한국의 정치, 경제, 문화의 '광장'이 죽었다고 말한다. '광장'이 죽었다는 말은 이명준이 한국에도 '광장'은 존재하지만 '광장'이 올바르지 못한 방법으로 사용되고 있다고 생각하기 때문에 나온 표현이다. 그렇다면 이명준의 생각 속에는 올바른 방법으로 사용되고 있는 '광장'이 있다는 얘기가 된다. 이명준이 긍정하는 '광장'의 성격은 이명준이 부정하는 한국의 '광장'의 특성 과 대조되는 '광장'일 것이다. "그 텅 빈 광장으로 시민을 모으는 나팔수는 될 수 없을까?"라고 말하는 정 선생의 말을 통해 죽은 '광장'을 살리는 길은 "텅 빈 광장으로 시민을 모으는" 것임을 알 수 있다.

1)에서 이명준이 부정하는 '광장'의 특성을 통해 이명준이 긍정하는 '광장'의 특성을 추출하면 다음 세 가지로 정리된다. 첫째, '광장'의 주인은 시민이다. 둘째, '광장'에서 이루어지는 활동은 인간활동 모두이다. 셋째, 사람은 '광장'에서 살 수밖에 없다. 이상 세 가지를 하나로 묶어 개념화하면 1)의 '광장'은 시민사회에서 시민이 주인이 되어 살아가는 장소이다. 그래서 17)의 '광장'을 <이명준의 광장>이라고 부를 수 있다면 최초 1)의 '광장'은 <시민의 광장>이라 부를 수 있다.

최초 1)의 '광장'과 최후 17)의 '광장' 사이에서 발견되는 가장 중요한 특징은 17)의 '광장'에는 시민의 존재가 사라졌다는 점이다. '광장'을 사용하는 주체를 기준으로 구분하면 17)의 '광장'은 <이명준의 광장>이고 1)의 '광장'은 <시민의 광장>이다. 이명준이 살았던 근대사회에서 개인은 시민의 구성원이다. 개인은 시민이고 시민은 개인의 집합체이다. 그러므로 『광장』의 개인인 이명준이 시민으로서의 개인이라면 <이명준의 광장>과 <시민의 광장>은 가리키는 대상이 동일하다. 이명준이 과연 시민으로서의 개인을 대표할 수 있는가 하는 문제는 이러한 이유 때문에 중요하게 부각된다. 이명준이 시민으로서의 개인을 대표할 수 있는가 하는 문제는 이명준이 타인들과 관계맺는 방식을 살펴봄으로써 관찰할 수 있다.

이명준이 시민의 구성원이라면 『광장』에 등장하는 모든 인물 또한 시민의 구성원이어야 정상이다. 이명준이 시민을 대표할 수 있는 개인이기 위해서는 이명준이 다른 인물들을 자신과 동등한, 시민의 단위로서 인정해야 한다. 그런데 이명준은 타인들을 자신과 동등한 존재로 인정하지 않는다. 이것은 『광장』 도처에 나타나는데 이 점은 이명준이 '광장' 개념을 공유하는 사람이 정선생과 아버지 두 인물로 한정된다는 데에서 두드러진다.

우리는 앞 절 <'광장'의 출현 형태와 분포 상황>에서 '광장'이 서술된 형태를 대화와 지문으로 나누고 대화 속에서 '광장'은 25회 등장한다고 하였다. 이명준이 정선생에게 남한 현실을 비판하는 부분에서 이명준의 입을 통해 등장하는 것이 22회이고 이명준이 아버지에게 북한 현실을 비판하는 부분에서 이명준의 입을 통해 등장하는 것이 2회였다. 정선생의 입을 통해 '광장'이 등장하는 것이 1회이다. 『광장』에서 대부분의 대화는 주인공 이명준이 윤애, 은혜, 정선생, 아버지, 북한 노동당원, 타고르호 선장 등 부수적 인물과 일대일로 만나 나누는 것으로 이루어져 있다. 영미가 연 댄스파티에서 은혜를 만나는 상황, 타고르 호 위에서 옆 방의 김과 다투는 상황, 신문사에서 자아비판을 강요당하는 상황을 제하면 이명준은 언제나 누군가와 일대일 대화를 나눈다. 정선생의 입을 통해 '광장'이 등장하는 1회는 매우 이례적인 경우이다.

지문은 일반적으로 인물 외부의 세계를 그리는 서술과 인물 내부의 세계를 그리는 서술로 나누어진다. 인물 외부의 세계를 이루는 주요 요소는 배경setting과 다른 인물의 행동action이다. 인물 내부의 세계를 이루는 주요 요소는 심리이다. 『광장』은 인물의 행위보다 심리가 압도적인 소설이다. 이명준이 타고르 호 위에 있는 작중 현재의 상황을 소개하는 『광장』의 서두는 비교적 객관적인 시점으로 서술되어 있다. 이명준이 과거를 회상하면서 주인공 이명준과 서술자의 거리는 가까워지고 이명준은 초점화의 주체focalizer로서 서술자 역할을 겸하기도 한다. 『광장』의 지문은 이명준이 만나는 인물들의 외양과 행위를 그리기도 하지만 대부분 이명준의 심리를 기록하고 있다. 따라서 정선생 입을 통해 나오는 1회를 제외하면 69회 등장하는 '광장' 중 68회는 모두 이명준의 입을 통한 말이다.

『광장』의 대화 양상은 일상회화의 논리와 다르지 않다. 일상회화에서 말을 건네는 사람이 어휘의 개념에 대해 새롭게 정의를 내리지 않고 말을 할 경우에 말을 건네는 사람은 말을 받는 사람이 자신과 같은 개념의 어휘를 사용하고 있다고 전제한다. 『광장』의 대화에서 이명준은 '광장'에 대해 새로운 정의를 내리지 않고 '광장' 어휘를 사용한다. 이명준은 정선생과 아버지가 자신이 사용하는 '광장'의 개념에 동의할 것이라 판단하고 '광장'에 대해 말한다고 할 수 있다. 그렇기 때문에 이명준이 '광장' 개념을 공유하는 인물은 정선생과 아버지 두 사람인 것이다. 『광장』 전편에서 이명준이 아닌 다른 인물의 입을 통해 '광장'이 언급되는 것은 정선생의 대화가 유일한데 이는 정선생이 지적인 면에서 이명준보다 뛰어나다는 정선생의 위상과 걸맞는다. <인용 2>에서 이명준은 "정 선생이 그때 선생에서 친구로 내려오는 것을 명준은 어렴풋이 깨닫는다. 자랑스러우면서 서운하다. 우상을 부순 다음에 오는 허전함."이라고 자기의 심리를 고백했다. 이명준은 자기가 사랑했던 윤애, 은혜에게도 '광장'에 대해서는 이야기하지 않는다. 이것은 이명준이 윤애, 은혜를 비롯한 많은 인물들(영미, 태식, 변성제, 노동당 간부, 기타)로부터 지적 우월감을 느끼고 있음을 드러내는 증거이다. 이명준은 스스로를 특수한 존재라고 인식하고 보편적 개인으로부터 자신을 분리시킨다. 이명준의 고민이 시민 일반의 고민으로 확대되지 못하는 것은 이 때문이다.

이명준이 타인을 대하는 태도는 타고르 호가 홍콩에 기항했을 때에 석방 포로들이 육지에 오르려고 도모하는 6)의 상황에서 "한 사람 한 사람 따지지 않는, 그 광장에서, 움직임은 낱이 아니라, 더미로 이루어진다. 이명준도 그 광장에 있다. 그러면서 거기서 벗어나려고 애쓴다. 살기마저 띤 이 소용돌이가 걱정스러웠기 때문이다."라고 말하며 "처음부터 우리에겐 뚜렷한, 함께 설 광장이 없었던 게 아니냐."하고 자조하는 모습에서도 나타난다. "살기마저 띤 이 소용돌이"를 걱정하는 존재는 타인과 동등한 개인이 아니라 "영웅"이다. 그렇기 때문에 포로 인솔자와 포로들 사이의 통역관인 자기를 "남들이 멋대로 자기를 영웅으로 만들어 버린 게 짜증스러웠다."라고 말하는 것이다. 지도자가 되기 싫다라고 말하면서 지도자 흉내를 내는 사람의 심리에는 스스로를 지도자 쪽에 위치시키려는 경향이 다분하다. "살기마저 띤 이 소용돌이"를 걱정하면서 "남들이 멋대로 자기를 영웅으로 만들어 버"렸다고 생각하는 이명준의 심리 또한 마찬가지이다. 이명준은 개성을 존중받고자 하는 시민의 한 사람이기 보다는 자기가 영웅으로 불리는 상황을 인정하는 특별한 개인이다.

『광장』의 개인인 이명준이 시민으로서의 개인이라면 <이명준의 광장>과 <시민의 광장>은 가리키는 대상이 동일하며 이명준이 시민으로서의 개인이 아니라면 최초 1)에서 최후 17)까지의 흐름은 <시민의 광장>에서 <이명준의 광장>으로 변화하는 과정이라고 했다. 스스로를 "영웅"에 가까운 특별한 개인으로 생각하는 이명준에게서 시민을 구성하는 단위로서의 개인의 특성을 발견하기는 힘들다. <인용 1> 17)에서 이명준은 자살하면서 심리적인 공간으로 자신의 영혼을 투여했다. 그 공간에는 은혜와 그녀의 딸일 것이라고 생각하는 아이의 영혼이 있다. 『광장』의 결말이 너무 낭만적이고 지나치게 개인적인 것은 은혜가 개인이므로 모든 개인 속에 포함되는 은혜와 그녀의 딸 또한 시민의 구성원이라고 이명준이 전제하고 있다고 이해하기에는 단서가 부족하다고 느껴지는 이유이기도 하다. <시민의 광장>에서 <이명준의 광장>으로의 변화는 이명준의 '광장' 개념에서 시민이 배제되어 가는 과정이다.

시민의 '광장'에서 개인의 '광장'으로

최초 1)에서 '광장'은 시민이 주인이면서 자유롭게 활동하는 사회적 공간이었다. 그 '광장'의 성격이 유지되는지 살피기 위해 '광장'이 수식어 없이 단독으로 사용된 예를 살펴보기로 한다.

인용 3. [3) 아버지와 어머니를 추억하며]

[……] 나의 방에는 명준 혼자만 있다. ①나는 광장이 아니다. 그건 방이었다. 수인의 독방처럼, 복수가 들어가지 못하는 단 한 사람을 위한 방. 어머니가 살아 있대도 그녀와 한방에 있을 수는 없었을 것이며, 그들이 서로 만날 수 있는 광장은 지금 와서는 사라졌다. 어머니는 죽었으므로. 살아 있는 사람과 죽은 사람이 더불어 쓰는 광장이 아직은 없기 때문에. 아버지와 만날 수 있는 광장으로 가는 길은 막혀 있다. 아버지가 모습을 나타내는 광장은 다른 동네에 자리잡은 광장이다. 그리고 그 사이에는 기관총이 걸려 있다. 애당초 그리로 갈 염을 내지 말아야 했고, 가고 싶다고 생각한 일도 없다. ②왜냐하면 그는 광장을 믿지 않기 때문이다. 갑자기 나타난 아버지는 어떻게 맞이했으면 좋을지 어리둥절한 어떤 풍문과 같다. (『광장/구운몽』, p.63, 강조-인용자)

인용 4. [8) 북한을 꿈꾸며]

[……] 그럴 즈음 선술집 주인의 귀띔이 있었다. 잡은 고기를 넣어 두는 자리였던 모양으로, 비린내가 메스꺼운 갑판 및 어두운 뱃간에서, 그는 때묻지 않은 새로운 광장으로 가는 것이라고 들떴다. 그런 서슬에도 잠은 어쩔 수 없었다. 그는 꿈을 꾸었다. ③광장에는 맑은 분수가 무지개를 그리고 있었다. 꽃밭에는 싱싱한 꽃이 꿀벌들 잉잉거리는 속에서 웃고 있었다. 페이브먼트는 깨끗하고 단단했다. [……] (『광장/구운몽』, p.111, 강조-인용자)

①의 '광장'은 심리적 공간으로 산 사람과 죽은 사람이 만나는 장소인데 그런 공간이 없다는 점에서 실재적 공간이기도 하다. ②의 '광장'

은 아버지가 있는 북한을 가리킨다. 북한을 믿지 않는다는 말은 북한이 자신을 받아줄 거라 믿지 않았다는 것인지, 사회주의 혁명의 가능성을 믿지 않았다는 것인지 판단의 기준이 애매하다. ③의 '광장'에는 시민의 존재가 들어있는 듯하다. 시민의 존재에 대한 고려가 없는 ①의 맥락으로부터 이어져서, 그 의미가 모호한 ②에 다다르면 이명준이 '광장'에 시민을 포함하고 있는지의 여부는 심리 속에 은폐되어 있어서 그 존재를 상정하기 힘들다. ③은 이명준이 북한을 꿈구면서 "새로운 광장"의 모습을 그리는 것인데 <시민의 광장>에 있어야 할 시민은 보이지 않고 "꽃"과 "꿀벌"이 분위기를 연출하고 있다. 이명준이 1)에서 진정으로 <시민의 광장>을 동경했는지 의심이 간다.

<인용 2> 1)을 분석하면서 '광장'이 수식어 없이 단독으로 사용될 경우 문맥에 따라 그 '광장'의 층위가 달라진다고 했는데, '광장'이 언제나 꾸미는 말에 의해 그 의미한다는 것은 위의 밑줄 그은 어구들에서도 확인할 수 있는 사실이다. 『광장』 전편에서 '광장'을 꾸미는 말을 정리하면 다음과 같다.

<표 2> (번호는 <정리 1>에서 화소에 붙였던 번호임.)

a.
1) 정치의 광장 / 갱이 칼을 품고 나오는 광장 / 추악한 밤의 광장 / 탐욕과 배반의 광장 / 한국 정치의 광장 / 시장, 경제의 광장 / 문화의 광장 / 뒷골목에 차려진, 바, 캬바레 같은 낮은 지붕의 광장 / 죽은 광장 / 아무도 머무르지 않는 광장 / 텅 빈 광장 /
3) 다른 동네에 자리잡은 광장
4) 검은 해가 비치는 어두운 광장
6) 사람과 짐승이 섞이는 광장
9) 더럽고 처참한 광장
10) 꼭둑각시뿐 사람은 없는 광장
12) 빈 터로 돌아갈 광장

13) 플래카드와 구호만 있는 광장 / 혁명의 광장 / 밀림 속 광장 /
15) 광장 아닌 광장
6) 한사람 한 사람 따지지 않는 광장

* 인간의 광장

b.
3) 아버지와 어머니가 만날 수 있는 광장 / 산 사람과 죽은 사람이 더불어 쓰는 광장 / 아버지와 만날 수 있는 광장 /
4) 밀실과 맞닿은 광장 / 그 속에 목숨을 묻고 싶은 광장 /
7) 나란히 서 있다고 생각한 광장
8) 때묻지 않은 광장 / 분수, 무지개가 있는 광장 /
9) 보람을 느끼면서 살 수 있는 광장
10) 마침내 그가 이른 마지막 광장
6) 함께 설 광장
14) 원시의 광장 / 원시의 작은 광장 / 접은 지름 3미터의 반달꼴 광장 / 살아있음을 다짐하는 마지막 광장
16) 저 혼자만 쓰는 광장 / 한 뼘의 광장 /
17) 두 발바닥이 차지하는 좁은 광장 / 마음껏 날아다니는 광장 / 푸른 광장

이상 43개의 '광장'을 단일 기준으로 계열화하기란 매우 어려운 일이다. 이명준은 남한의 정치가 이루어지는 곳, 북한의 정치가 이루어지는 곳, 윤애와 함께 있는 곳, 은혜와 함께 있는 곳, 어머니가 있는 곳, 아버지가 있는 곳, 혼자 있는 곳, 마음으로 느끼는 공간, 인간 모두가 살고 있는 공간, 이 모두를 '광장'이라고 부른다. 43개의 '광장'을 포괄하는 가장 큰 단위의 '광장'은 <표 2>의 a와 b 사이에 있는 "인간의 광장"이다. 인간의 광장이란 사람이 살아가는 곳 일반을 지칭하는 말이다. 『광장』의 '광장'을 모두 포괄하기 위해서는 '광장'을 삶이 이루어지는 곳이라는 넓은 의미로 풀이하지 않을 수 없다. 『광장』의 '광장'을 삶이 이루어지는 곳이라고 명명한 것은 이러한 점을 근거로 하였다. 수식어로 제한하지 않으면 장소 일반을 모두 가리킨다는 면에서 『광장』의

'광장'은 꾸밈말의 도움을 받아야 뜻이 정해지는 우리말의 <것>과 같은 의존명사적 성격을 갖는다고 볼 수 있다.

<표 2>에서 '광장'을 a그룹과 b그룹을 나누었는데 이명준이 부정하는 '광장'을 a에 넣었고 이명준이 긍정하는 '광장'을 b에 넣었다. a는 주로 이명준이 남한과 북한의 사회현실을 비판하는 부분에 등장하고 b는 주로 이명준이 외로움을 느끼면서 생각하는 '광장'이거나 자신의 처지를 서술하는 부분에서 등장한다. a의 '광장'은 사회비판을 하는 부분에 등장하는 '광장'이므로 이명준이 긍정하는 '광장'은 최초 1) '시민이 주인이면서 시민이 자유롭게 활동하는 공간'을 뜻한다. 시민의 존재는 이명준이 사회현실을 비판하는 부분에서만 등장한다.

b그룹의 '광장'은 주로 이명준이 외로움을 느끼면서 생각하는 '광장'이거나 자신의 처지를 서술하는 부분에서 등장한다고 하였다. a그룹에 비해 규모가 작고 심리적인 것이 특징이다. b그룹에서 이명준이 몸으로 체험하는 '광장'은 14), 16), 17)의 '광장'이다. 3), 4), 7), 8), 9), 6)의 '광장'은 이명준이 있을 것이라고 기대하거나, 찾으려고 했지만 그런 '광장'은 자기 삶에서 없다고 확인한 '광장'이다. 어머니가 죽었기 때문에 아버지와 어머니가 만날 수 있는 공간<3)의 경우>은 현실적으로 있을 수 없다. 밀실과 맞닿은 '광장'<4)의 경우>은 고대 그리스 사회로 부터 역사가 진전되어 온 작중 현재에서는 있을 리 없다.[5] "때묻지 않은 광장"<8)의 경우>의 부재는 이명준이 북한에 가서 확인한 바이

5) 이명준이 헤겔의 변증법에 환호하고, 스스로를 "관념철학자의 달걀"이라고 명명하는 것으로 보아 개인의 밀실과 광장이 일치했을 때란 헤겔 철학에서 이야기하는 고대 그리스 사회를 가리키는 듯하다. 4)의 광장에 대한 이명준의 동경은 영혼과 형식이 괴리되기 이전, 나와 너의 구분이 없던 시절, 자아와 피아·세계의 구분이 없던 시절에 대한 노스탤지어이다.

다. "보람을 느끼면서 살 수 있는 광장"<9)의 경우>은 최초 1)의 '광장', '시민이 주인이면서 시민이 자유롭게 활동하는 공간'이다.

이명준의 심리 속에서 '광장' 개념에 시민이 배제된 경우는 10), 14), 16), 17)의 '광장'이다. 10)은 이명준이 북한에서 "마지막으로 도달한 광장"이라고 말한 광장이다. 그것은 은혜와의 사랑을 통해 만든 심리적 공간이다. 14), 16), 17)은 이명준이 낙동강 전투에서 동굴을 발견하여 그곳을 '광장'이라고 부르고, 타고르 호 위에서 자신의 처지를 '광장' 비유로 서술하는 부분이다. 16)에는 이명준의 '광장' 개념에서 시민이 배제되는 과정을 이명준의 유년의 기질과 관련하여 살필 수 있다.

인용 5. [16) 타고르 호의 뒤쪽 난간에서]

[……] 소학교 때, 교사 담벼락에 기대어 햇볕을 쬐던 일이 생각난다. 그토록 호젓했다. 여러 사람이 북적거리는 데를 비켜 늘 이런 자리를 찾아오는 마음. ①남하고 돌아선, 아무리 초라해도 좋으니까 저 혼자만이 쓰는, 그런 광장 없이는 숨을 돌리지 못하는 버릇은 무엇일까. 그것은 아무래도 약한 자가 숨는 데였다. 낙동강 싸움터에서 찾아낸 굴도 그렇다. 그는 거기에 아무도 데리고 가지 않았다. 데리고 가면 그 동굴이 주는 거룩한 호젓함을 잃어버릴 것 같아서였다.[……] 다만, 나에게 한 뼘의 광장과 한 마리의 벗을 달라. 그리고, ②이 한 뼘의 광장에 들어설 땐, 어느 누구도 나에게 그만한 알은 체를 하고, 허락을 받고 나서 움직이도록 하라. 내 허락도 없이 그 한 마리의 공서자를 끌어가지 말라는 것이었지. 그런데 그 일이 그토록 어려웠구나. (『광장/구운몽』, pp.178～179, 강조-인용자)

16)의 '광장'은 이기적이고 개인적인 공간이다. 이명준은 그러한 '광장'에 대한 바람이 자신의 유년기부터 자기에게 있어온 습관이라고 생각한다. 대학생 시절 이명준은 시민들이 자유롭게 활동하는 곳에 있기를 원했다. 이명준이 "보람있는 삶"이라고 생각한 것은 1)의 <시민의

광장> 속에서 사는 삶이었다. 이명준이 자살하기 전에 동경하는 공간은 갈매기처럼 자유롭게 날아다니는 공간, 17)의 <이명준의 광장>이었다. 이명준이 내세와도 같은 17)의 '광장'에 자신의 영혼을 투여하는 까닭은 다음 인용에서 알 수 있듯, 10)에서 이명준이 현실에서 마지막으로 다다랐다고 생각한 '광장'으로 가기 위해서이다.

> **인용 6. [10) 조선인 꼴호즈 실태 보고 기사를 작성하며]**
>
> 개인적인 '욕망'이 터부로 되어 있는 고장. 북조선 사회에 무겁게 덮인 공기는 바로 이 터부의 구름이 시키는 노릇이었다. 인민이 주인이라고 멍에를 씌우고, 주인이 제 일 하는 데 몸을 아끼느냐고 채찍질하면, 팔자가 기박하다 못해 주인까지 돼버린 소들은, 영문을 알 수 없는 걸음을 떼어 놓는다. [……] ①광장에는 꼭두각시뿐 사람은 없었다. 사람인 줄 알고 말을 건네려고 가까이 가면, 깎아 놓은 장승이었다. 그는 사람을 만나야 했다. 그러다 운이 좋아 은혜를 만났다. 명준이 스스로 사람임을 믿을 수 있는 것은 그녀를 안을 때뿐이었다.
>
> 그는 만년필을 손에 낀 채, 두 팔을 벌려서 책상 위에 둥글게 원을 만들어, 손끝을 맞잡아 봤다. ②두 팔이 만든 둥근 공간. 사람 하나가 들어가면 메워질 그 공간이, 마침내 그가 이른 마지막 광장인 듯했다. [……] (『광장/구운몽』, pp.123~124, 강조-인용자)

10)에서 생각한 "그가 이른 마지막 광장"이 환상으로 덧칠되면 17) <이명준의 광장>이다. ②의 "그가 이른 마지막 광장"이라는 진술에 맞추면 이명준은 <시민의 광장>을 찾으러 다니다가 결국 <이명준의 광장>에 도달했다라고 정리할 수 있다. 이명준은 월북 체험을 통해 '광장' 개념에서 시민을 배제한 것이다. 이명준은 유년시절부터 "남하고 돌아선, 아무리 초라해도 좋으니까 저 혼자만이 쓰는, 그런 광장"을 원했다고 했다. 유년시절의 동경과 대학생 시절의 동경이 심리 속에 혼재

하는 것이라면 이명준이 진정으로 원하는 '광장'이란 시민이 주인이어야 하며 시민이 그 속에서 정치, 경제, 문화를 정의롭게 실현해야 하고 이명준 자신 역시 자유롭게, 모든 권리를 향유할 수 있는 공간이다. 이 형태의 '광장'을 다른 표현으로 하면 "개인의 밀실과 광장이 맞뚫렸던 시절", 4)의 '광장'이다.

이명준은 <인용 5>의 ②에서 "허락을 받고 나서 움직이도록 하라"라고 하여 '광장'에 대한 권리를 갖고자 하며 <인용 4>의 ①에서 이명준은 "저 혼자만이 쓰는 광장"이라고 하여 자아와 피아를 구분해야 성립하는 소유권을 주장한다. 이명준이 고대 그리스 사회로 돌아가려고 안간힘 쓰는 시대착오적 인물이라면 자아와 피아의 구분을 무화시키고 소유제도의 철폐를 주장할 것이다. 그러나, 이명준은 그런 무모한 시도를 하지 않는 근대사회의 지식인이다.[6)] 이명준의 이동경로와 광장 개념의 변화를 도식화하면 다음과 같다.

〈표 3〉

한국 역사의 시기	이명준의 위치	광장의 성격	시민의 존재 유무	광장에 대한 의식의 형태
팔일오 이전	중국(유년시절)	남하고 돌아선, 아무리 초라해도 좋으니까 저 혼자만이 쓰는, 그런 광장	(−)	동경
팔일오 이후 육이오 이전	남한(대학생)	시민이 주인이면서 자유롭게 활동할 수 있는 광장	(+)	동경

6) 우리는 1) <시민의 광장>을 최초의 '광장'이라고 했는데, <인용 5>를 이해하는 과정에서 최초의 '광장'은 <시민의 광장>이 아니라고 할 수도 있다. 그러나, <인용 5>는 이명준이 타고르호 위에서 자신의 삶을 반추하는 부분이다. '광장'이라는 어휘는 작중 현재에서 유년을 회고하는 과정에서 등장한다. 따라서 이명준의 의식 속에서 최초의 '광장'은 대학생 시절이었던 1)의 '광장'이다. 이명준의 유년시절은 이명준이 팔일오 이후 아버지를 따라 월남했다는 배경을 설명하는 부분과 위 <인용 4>에 언급된 짤막한 진술에만 나와 있다.

	북한(신문 기자)	사람 하나[은혜]가 들어서면 메워질 광장	(−)	확인
육이오 이후	중립국 행 선상 (공산군 석방포로)	갈매기처럼 자유롭게 날아다닐 수 있는 광장	(−)	동경

위의 표에서는 이명준이 대학생이 된 이후 자신이 동경하는 '광장'에 시민의 존재를 포함했음을 알 수 있다. 시민의 존재 유무는 이명준의 의식 속에서 (−) → (+) → (−) 순서로 진행된다. 그 과정과 이명준의 위치 이동을 연결하면 이명준은 북한 시절의 경험을 통해 '광장' 개념에서 시민을 배제한 것처럼 보인다. 이는 최후 <이명준의 광장>이 유년에 동경하던 '광장'의 모습으로 돌아가는 형태이다. 결국 시민의 존재는 이명준의 의식 속에서 한 때 등장했다가 사라진 것이라 할 수 있다.

'광장'의 변화와 이명준의 의식지향

이명준이 북으로 옮겨간 이유와 이명준이 스스로 목숨을 끊는 행위의 동기를 '광장'과 관련하여 이해하기 위해서는 이명준이 최초 1)에서 '광장'을 왜 언급하는지를 살펴보아야 한다. <표 3>에서 이명준이 시민을 '광장' 개념에 포함시키는 것도 1)이 처음이었다.

이명준의 월북의 한 의미는 이명준이 정선생, 아버지와 맺는 삼각구도로 이야기할 수 있다. 이 구도에 의하면 이명준은 정선생이 자신에게 비전을 제시하지 못한다는 데에서 느낀 공허감 때문에 아버지를 찾아 북으로 갔다고 할 수 있다. 이명준이 아버지에게서 발견하는 것은 사회주의 혁명의 불가능성에 대한 확인이다. 이명준과 정선생과의 관계는 물음과 답변의 형식으로 이루어져 있고 이명준과 아버지와의 관계는 회의와 확인의 형식으로 이루어져 있다. 이명준이 정선생과 아버지와 맺는 관계의 형식은 다르지만 정선생과 아버지는 이명준이 원하는 것을 주지 못하는 존재라는 점에서 이명준에게는 같은 존재이다. 이명준은 정선생에게서 "그리스 노예 에테"와 사는 "몬테그리스토 백작"을 떠올린다. 아버지는 인민을 지휘하는 지도자이다. 이명준이 '광장' 개념을 공유함으로써 이명준이 그들과 동일한 위치에 있고자 하는 두 인물은 <시민의 광장>에 사는 시민이 아니다.

<인용 2>에서 이명준은 정선생에게 "보람있는 삶"에 대해 물었다. 정선생이 정치에 관해 묻자 '광장'에 관한 장광설을 늘어놓았다. 이명준의 말 속에는 '광장'에 관한 개념진술이 없었다. 이명준이 '광장'을 생각하게 되는 계기를 이명준이 처한 상황을 통해 추론해 볼 수밖에 없는 이유는 이명준이 '광장'에 관해 언급하는 계기가 생략된 심리진술 형태로 은폐되어 있기 때문이다.

<인용 2>에서 이명준이 '광장'을 언급하기 이전, 이명준이 보람을 느낄 때는 "이층 4조 반짜리" 그의 방에서 창문을 통해 세상을 내려다 볼 때였다. 그는 "어떤 책에서고 Dialektik의 D자만 보아도 반한 여자의 이름 머리글자를 대하듯 가슴이 두근거리는 것을, 은근히, 늙은 군인이 훈장 자랑하듯 보람을 느낀다."고 생각했으며 자신이 읽은 책을 꽂아둔 "책장을 대하면 흐뭇하고 든든한 것 같았다"라고 느꼈다. 이명준은 "누리와, 삶의 뜻을 더 깊이" 알고자하고, "신, 이 일을 풀지 않고는 모두 쓸데없다"라고 생각했다. 자신이 "요즈음 그 숱한 정치 모임의 어느 하나도 모르고 지내온" 이유를 정치란 너무 큰 일이고, 북한의 "민족통일전선" 활동 요원인 아버지 때문이라고 말하고는 있지만 "관념철학자의 달갈"이라고 말하며 철학하는 행위에 긍지를 느끼는 이명

준이 <시민의 광장>을 동경하는 것은 아무래도 이해하기 힘들다. 그러나 우리의 삶에서 의식의 질적 비약은 짧은 한 순간에도 충분히 이루어질 수 있다. 중요한 것은 계기이다. 이명준의 의식의 질적 비약의 계기가 감추어져 있다는 것은 『광장』의 가장 큰 단점이다.

<인용 3>에서 이명준은 "광장을 믿지 않았기 때문이다"라고 하여 북한에 대한 기대를 품지 않았다. <인용 4>에서 이명준은 북한을 "때묻지 않은 새로운 광장"이라고 했다. 이러한 모순적인 심리를 근거로 우리는 이명준의 캐릭터가 통일성을 갖지 못한다고 지적할 수도 있고 이명준은 팔일오 이후 육이오 이전의 당시 한국 상황에서 북한에 대해 기대와 회의를 함께 가졌던 사람 중의 한 사람이었다고도 말할 수 있다. 월북의 계기가 감추어진 형태는 1)의 경우와 동일하다.

이 글의 가설은 이명준이 삶이 이루어지는 곳을 '광장'이라고 칭하는 명명법에서 이명준의 의식 지향을 발견할 수 있다는 것이었다. 광장이란 기본적으로 많은 사람들이 모일 수 있는 공간이다. 일상어법에서 광장은 넓은 장소를 뜻한다. 사회개혁이 운동이 활발하던 당대에서 광장은 흔히 대중의 집회장소로서 정치적 의미를 띄었다. 『광장』의 '광장'을 통괄할 수 있는 의미는 '삶이 이루어지는 곳'이라는 넓은 뜻이다. 발화자의 어휘사용에는 발화자의 선호도가 개입된다. 선호도는 의식 지향과 불가분의 관계를 맺는다.

이명준은 개인 혼자 있는 '밀실'의 존재를 상정하고 있지만 스스로 처한 상황에 대해 단 한 번도 '밀실'이라고 말하지 않는다. '밀실'은 『광장』에서 총 10회 나온다. '광장'이 등장하는 화소 중 3개의 화소에 들어 있다. <1) 정선생과의 대화>에 6회, <4) 인천에서 배회하며>에 3회, <7) 윤애에게 구애하며>에 1회 들어 있다. 7)은 은혜가 이중적인 태도를 보이며 사회적 금기의 틀로 가는 것을 이명준이 '밀실'이라고 명명했다. 1)에서는 한국의 정치가들이 사는 이기적인 공간을 '밀실'이라고 명명했다. 이명준의 입을 통해서는 "인간은 그 자신의 밀실에서만은 살 수 없어요."라고 '밀실'이 소개된다. 1)에서의 '광장'이 이명준이 긍정하는 <시민의 광장>이기 때문에 '밀실'은 이명준에게 부정적인 공간이다. 정선생의 입을 통해 이명준이 있는 곳이 '밀실'이라는 언급이 있지만 이것은 정선생의 말이지 이명준의 말이 아니다. 이명준은 자기 개인의 심리를 이야기할 때 언제나 "방"에 비유한다. 자아비판을 받을 때에도 이명준은 "마음의 방"이라고 표현했다. 이명준은 혼자 있는 공간을 '광장'이라고 부른다. '광장'과 대조하면 '밀실'일 것이 분명한 동굴에 대해서도 이명준은 아래와 같이 '광장'이라고 부른다.

인용 7. [14) 낙동강 전선의 동굴 속에서]

> 너희가 한푼을 속이면, 어김없이 한푼을 속히 우리라. 전차와 대포를 지키라고 너희들이 데려다 놓은 자리에서, 우리는 원시의 **광장**을 찾아가고 있다. 이렇게. [……]
>
> 누워서 보면, 일부러 가리기나 한 듯, 동굴 아가리를 덮고 있는 여름풀이, 푸른 하늘을 바탕 삼아 바닷풀처럼 너울너울 떠 있다. 접은 지름 3미터의 반달꼴 **광장**. 이명준과 은혜가 서로 가슴과 다리를 더듬고 얽으면서, 살아 있음을 다짐하는 마지막 **광장**. (『광장/구운몽』, pp.162~164, 강조-인용자)

'광장'이라는 명명법 속에서 시민과 함께 더불어 살고자 하는 이명준의 의식 지향을 발견하지 않는다면 위의 진술들은 모두 허위가 된다. '광장' 개념에서 시민이 배제되는 원리를 "전차와 대포를 지키라고 너희들이 데려다 놓은 자리에서, 우리는 원시의 광장을 찾아가고 있다. 이렇게."라고 말하여 역사적 사건 탓으로 돌리는 이명준의 의식은 회의론자의 목적 없는 비난이라고 할 수밖에 없다.

<시민의 광장>과 <이명준의 광장>의 '광장' 개념에 들어 있는 시민의 존재 유무에 의해 이명준의 의식 지향은 큰 차이를 빚어낸다. 최후 <이명준의 광장>에 시민의 존재가 배제되는 것은 이명준이 <시민의 광장>을 찾고자 했던 행위의 진실성을 판가름할 수 있는 중요한 기준이다. 월북의 동기와 자살의 동기가 모호하다는 것은 <시민의 광장>을 찾고자 하는 이명준의 행위가 필연적이지 못하고, 단순한 동경이었을 뿐이라는 비판의 근거이다. 그러나, 이명준이 삶이 이루어지는 모든 곳을 광장이라는 동일어로 명명한다는 자체에서 여러 사람들과 어울려 살고자 하는 지향이 있다고 하지 않으면 월북의 의미를 규정할 수 없고 자살을 비극적인 것으로 받아들일 수 없다. "삶의 광장은 좁아지다 못해 끝내 그의 두 발바닥이 차지하는 넓이가 되고 말았다."라고 하여 극단적으로 좁혀져 있는 공간까지를 '광장'이라고 부르는 이명준의 의식에는 여러 사람과 어울려 살고자 하는 바람이 있는 것으로 보아야 한다.

『광장』은 이명준이 남에서 북으로 가거나, 자살을 택하는 동기가 생략되어 있어서 소설 전체가 너무나 완강한 도식이라고 알려져 있는데, 삶의 공간 자체를 사람들이 어울릴 수 있는 '광장'이라는 단어로 명명한다는 것 자체에서 타인들과 더불어 살고자 하는 이명준의 의식지향을 발견한다면 이 도식은 하나의 유연한 논리로 받아들일 수 있다. 이명준은 자기가 서 있는 공간 모두를 '광장'이라 명명하고, '광장'과 대조되는 '밀실'이라고는 한번도 명명하지 않기 때문이다. 그러나, 최초 이명준이 <시민의 광장>을 찾아 월북을 감행했는가 하는 것과 관련된 진정성 여부는 여전히 의문으로 남는다. 플롯의 진행에 따라 이명준의 의식 속에서는 타인에 대한 배려와 관대가 점차 사라져가고 있기 때문이다. <시민의 광장>을 지향했던 이명준이 점차 시민을 대표할 수 있

는 개인으로서의 자격을 상실해 가는 것은 『광장』에 내재되어 있는 큰 약점이다.

<이명준의 광장>에 시민의 존재는 없지만 은혜와 그녀의 딸이라는 타인이 있다. 이명준, 은혜, 그녀의 딸이 시민을 구성하는 단위로서의 의미를 갖지 못하는 것은 이명준의 의식의 한계이다. 그러나, <이명준의 광장>에서 시민의 존재를 상정하지 않는다면 이명준의 자살은 사후 복락을 희구하는 운명론자의 유쾌한 승천이다. 이명준의 자살이 비극적인 이유는 우리가 보편적으로 부르는 광장이 '사람들이 많이 모일 수 있는 넓은 곳'을 뜻하기 때문이고 이명준이 삶이 이루어지는 곳 모두를 그 '사람들이 많이 모일 수 있는 넓은 곳'을 뜻하는 광장이라는 어휘로 부르기 때문이다.

이명준이 『광장』의 시대를 살던 시대 시민의 대표가 되지 못하고 『광장』의 주인공으로서만 기능한다는 것은 『광장』의 한계이다. 맑스주의 역사철학자의 논법으로 말한다면 이는 시민의 존재가 인정받지 못하던, 이명준이 살던 한국적 상황의 역사적 한계이다. 『광장』이 발표된 시기와 관련하여 문학사회학적 연구자들은 『광장』이 발표되었던 1960년이 사일구가 일어났던 해라는 점을 염두에 두고 있는데 『광장』이 팔일오, 육이오, 사일구라는 한국현대사의 큰 봉우리들을 소설 속에 포함하고 있다고 본다. 팔일오와 육이오는 작품 속에 들어 있고 사일구는 작품이 발표된 시기와 관련을 맺는다고 보는 것이다. 이들 논자들의 견해에서 『광장』은 사일구를 겪은 세대가 바라본 팔일오, 육이오, 남북 이데올로기라는 평가가 가능한데 사일구를 언급하는 것은 다분히 상황의 논리에 의한 것이다. 같은 방식으로, 이명준의 '광장'이 시민의 광장으로 확대될 수 있는 가능성 또한 상황의 논리에 의지해야 한다.[7]

맺음말

이 글의 목적은 최인훈의 『광장』에 등장하는 '광장'이라는 어휘를 고찰하는 것이었다. 총 69회 등장하는 '광장'은 이명준이 수식하는 말에 의해 성격과 규모가 결정된다. '광장'을 수식하는 말의 종류는 43가지이다. 43가지의 수식어를 계열화하여 층위를 구별할 수 있는 '광장'에는 "인간의 광장", "정치의 광장", "경제의 광장", "문화의 광장", "한국 정치의 광장" 등이 있고 그밖에 층위를 구별할 수 없는 여러 심리적 '광장'들이 있다. 이러한 여러 '광장'은 최초 <시민의 광장>에서 최후 <이명준의 광장>으로 변화하는 과정 속에서 등장한다. 이명준이 최초로 생각했던 '광장'은 시민사회에서 시민이 주인이 되어 살아가는 장소였다. 이명준이 최후로 도달하게 된 '광장'은 갈매기처럼 자유롭게 날아다닐 수 있는 상상의 공간이다. 어떻게 하여 <시민의 광장>을 꿈꾸던 이명준이 상상의 공간을 동경하게 되었는가. 그것은 자칫 현실사회에서 희망을 발견하지 못한 채 자살을 택하는 주인공의 비관적 세계인식의 결과라고 도식화될 수 있다. 이 도식은 『광장』을 이해하기 위해서는 어쩔 수 없이 받아들여야 하는 틀이다. 그런데, 삶의 공간 자체를 사람들이 어울릴 수 있는 '광장'이라는 단어로 명명한다는 것 자체에서 타인들과 더불어 살고자 하는 이명준의 의식지향을 발견한다면 이 도

7) 명명법에서 이명준의 의식지향을 발견하는 같은 방식으로 우리는 이명준의 중립국 행의 추상성을 확인할 수 있다. 이명준은 포로 교환 시기부터 자기가 가고자 하는 곳을 "중립국"이라고 반복할 뿐이다. 타고르 호의 목적지를 "갈 데"라고 하며, 선장과 대화하는 도중에는 "생판 다른 나라"라고 말한다. 이는 이명준이 가고자 하는 곳이 모호하다는 증거이다. 이는 이명준이 잠시 중립국에서의 생활을 설계하는 내용이 매우 추상적인 것과도 연결된다.

식은 하나의 유연한 논리로 받아들일 수 있다. 이명준은 자기가 서 있는 공간 모두를 ‘광장’이라 명명하고, ‘광장’과 대조되는 ‘밀실’이라고는 한번도 명명하지 않기 때문이다.

『광장』의 모든 ‘광장’을 포괄하는 뜻은 ‘삶이 이루어지는 곳’이라는, 너무나 많은 것을 가리키고 있어서 아무것도 가리키지 않는 것과 같은 추상적 의미이다. <‘광장’의 출현 형태와 분포 상황>에서 우리는 이명준의 생각 속에 들어 있는 ‘광장’ 개념을 최초 <시민의 광장>과 최후 <이명준의 광장>이라 명명했다. 최초의 광장에 대해서는 <시민의 광장>이라고 일반화할 수 있지만 최후의 광장을 <이명준의 광장>이라고 특수화할 수밖에 없는 것은 이명준이 시민을 대표할 수 있는 개인으로서의 자격에 결함이 있기 때문이었다. 이명준 캐릭터가 시민을 대표할 수 있는 개인으로서의 자격에 결함이 있다는 것은 <플롯의 진행과 ‘광장’의 의미 층위>, <시민의 ‘광장’에서 개인의 ‘광장’으로>에서 확인했다. <‘광장’의 변화와 이명준의 의식지향>에서 살펴본 바처럼 이명준이 ‘광장’을 떠올리는 계기를 상황을 통해 추론하지 않으면 발견할 수 없을 정도로 은폐되어 있다는 점은 『광장』이 갖는 관념소설적인 특징이면서 동시에 부정적 의미에서의 도식적이라는 평가를 가능케 하는 요소이다.

개인은 시민이고 시민은 개인의 집합체이다. 『광장』의 개인인 이명준이 시민으로서의 개인이라면 <이명준의 광장>과 <시민의 광장>은 가리키는 대상이 동일해야만 한다. 그런데 최후 <이명준의 광장>으로 가는 과정에서 이명준은 타인들을 자신과 동등한 존재로 인정하지 않고, 지적 우상인 정선생과 정치적 우상인 아버지 두 인물과만 ‘광장’ 개념을 공유함으로써 스스로 시민의 자격을 버리고 만다. 그렇기 때문에 최초 이명준이 <시민의 광장>을 찾고자 했던 행위의 진실성은 관념의 당위로만 존재하게 된다. 플롯의 진행에 따라 이명준의 의식 속에서는 타인에 대한 배려와 관대가 점차 사라져가고 있기 때문이다. <시민의 광장>을 지향했던 이명준은 점차 시민을 대표할 수 있는 개인으로서의 자격을 상실해 가는 것이다.

참고문헌

소설 텍스트

최인훈, 「광장」, ≪새벽≫, 1960년 11월호, pp.238～295.

______, 『광장』, 정향사, 1961.

______, 『광장』(현대 한국 문학 전집 제16권), 신구문화사, 1968.

______, 『광장』, 민음사, 1973.

______, 『광장』(최인훈 전집 제1권), 문학과지성사, 1976.

______, 『광장/구운몽』(최인훈 전집 제1권, 개정 2판), 문학과지성사, 1989.

______, 『광장/구운몽』(최인훈 전집 제1권, 개정 3판), 문학과지성사, 1994.

______, 『광장/구운몽』(최인훈 전집 제1권, 개정 4판), 문학과지성사, 1996.

논문과 단행본

김 현, 「사랑의 재확인」, 『광장/구운몽-최인훈 전집 1』, 문학과지성사, 1996.

김병익, 「다시 읽는 "광장"」, 『광장/구운몽-최인훈 전집 1』, 문학과지성사, 1996.

김욱동, 『"광장"을 읽는 일곱 가지 방법』, 문학과지성사, 1996.

김인환, 『비평의 원리』, 나남출판사, 1994.

김종수, 『최인훈 소설의 관념표출방법 연구』, 고려대학교 석사학위논문, 1998.

양윤모, 『최인훈 소설의 '정체성 찾기'에 대한 연구』, 고려대학교 박사학위논문, 1999.

이동하, 「최인훈의 "광장"에 대한 재고찰」, 『우리 文學의 論理』, 정음사, 1988.

이인숙, 『최인훈 소설의 담론 특성 연구』, 고려대학교 박사학위논문, 1998.

이태동 편, 『최인훈』, 서강대학교출판부, 1999.

천이두, 「밀실과 광장」, 『한국소설의 관점』, 문학과지성사, 1980.

기록적 사실에 대한 해석 및 허구화에 개입하는 작가의 현실관
–『사반의 십자가』에 나타난 김동리의 현실 순응적 운명론

· 김동리와 『사반의 십자가』
· 판본 검토를 통해 본 개작의 맥락
· 병치 플롯에서 형성되는 대결 구도
· 사반과 두 개의 성
· 운명론의 두 방향

김동리와 『사반의 십자가』

『사반의 십자가』는 김동리가 1955년 11월부터 1957년 4월까지 18개월 동안 ≪현대문학≫에 연재한 장편소설이다. 1955년 1월호를 창간호로 내면서 월간지로 출발한 ≪현대문학≫은 창간호에서부터 6월호까지(4월호 결) 염상섭의 『지평선』을 첫 장편소설로 연재했고, 같은 해 11월 김동리의 『사반의 십자가』를 두 번째 장편소설로 연재하기 시작했다. 전후(戰後) 우리 문학계에서 변변한 작품발표 공간이 없는 현실을 비판하면서 출발한[1] ≪현대문학≫이 과거 계급주의 문학론과 대립하며

1) 「창간사」, ≪현대문학≫, 1955.1, pp.12~13. (≪현대문학≫의 편집주간은 우익 보수진영에서 김동리와 경쟁적 동반관계를 맺고 있던 조연현이었다. 김동리는 창간호에 「흥남철수」를 발표했다.)

민족주의 문학론을 내세웠던, 노장 염상섭의 작품을 첫 장편소설로 연재하고 이어 내용은 다르지만 명칭은 유사한 민족문학론을 내세우며 당시 문단권력의 중심을 차지하고 있던 김동리의 작품을 연재했다는 것은 당시 우리 문단의 지형을 살펴보기에 좋은 상징적인 사례이다.[2)]

'동서양 정신의 창조적 지양'을 통해 세계문학의 보편성을 견지한다는 것으로 요약할 수 있는 김동리의 민족문학론은 1939년부터 '생의 구경 탐구'라는 주제로 기성문단과 대립하면서 '순수문학'을 주장하고, 해방기의 좌우익 이데올로기 대립장에서는 문학의 자율성에 대한 옹호를 내세우며 '본격문학'을 주장한 이후 그 규모를 세계사적으로 확장하여 과거의 휴머니즘과는 다른 '제3휴머니즘'을 우리의 현실에서 구현해야 한다는 개성적인 세계관을 내세우며 펼친 그의 비평활동 과정에서 탄생한 것이었다.[3)] 김동리가 적극적으로 맞섰던 좌파 이데올로기가 현실에서의 행동을 전제로 한 것이었기 때문에 그에 맞서서 내세운 그의 문학론 역시 행동을 전제로 한 것이었다. 김동리의 비평활동과 연계하여 『사반의 십자가』를 이해하려 할 때에는 이러한 저간의 사정을 염두에 두어야 한다.

창작집 『실존무』(1958년)의 후기에서 서술한 내용, 즉 "내가 나의 歷史小說 가운데서 特히 이 세 편을 여기 넣은 데는 理由가 있다. 「旅

---

2) 1925년 염상섭이 계급주의 문학에 맞서며 민족주의 문학을 옹호했던 요지는 "예술은 어느 종교나 계급이나 경향이나 파벌에 예속되지 않고 오직 작가의 자질 능력에 의해 창작되는 것인 만큼 창작과정을 문제삼는 마당에서는 계급문학 시비란 일어날 수가 없다는 것"이었다. 계급문학을 전적으로 부정하지 않으면서 부분적으로 승인하였다는 점에서(김윤식, 『염상섭 연구』, 서울대학교출판부, 1987, pp.290~292) 좌파 문학을 적극적으로 부정한 김동리의 그것과는 본질적인 차이가 있다.

3) 김종익, 『김동리의 비평활동 연구』, 홍익대학교 박사학위논문, 1995 ; 최택균, 「김동리의 제3휴머니즘과 『사반의 십자가』」, 『성균어문연구』 제30집, 성균관대학교 어문학회, 1995, pp.163~179.

愁」의 主人公 「崔致遠」과, 「龍」의 主人公 「姜太公」, 「木工요셉」의 主人公 요셉은 내가 着手하여 있는 <第三人間主義> (또는 新人間主義)의 第二, 第三, 第四, 무대인 古代新羅, 古代中國, 古代 유대의 三個 東方地區를 各各 背景으로 한 인물들이기 때문이다"[4]라고 밝힌 내용은 김동리의 소설 창작이 비평가적 논리를 보강하기 위한 방법적 측면으로 작용했으며 비평가적 논리가 창작세계를 규율하고 있었음을 직접적으로 보여주는 예이다. 『사반의 십자가』는 이 논리에서 "古代 유대"를 배경으로 하여 성경에서 예수의 행적을 취재하고, 사반이라는 인물의 행적을 허구적으로 구성한 소설이다. "신인간주의라고도 하는 작자의 이 주제의식이 장려한 스케일 속에 웅휘롭게 용해 전개된 것이 이 「사반의 십자가」다"[5]라고 하는 감상은 이 맥락에서 이해할 수 있다.

『사반의 십자가』를 전후하여 김동리는 유년 시절의 예수를 그린 「목공요셉」(1955년), 성모 마리아의 임신을 그린 「마리아의 회태」(1953년), 예수의 부활을 그린 「부활」(1962년)을 발표한 바 있다. 고대 신라가 배경인, 『삼국유사』와 『삼국사기』에서 취재하여 기록한 작품들은 『김동리 역사소설-신라편』[6]으로 묶어 간행했다. 『김동리 역사소설-신라편』에 실려 있는 소설들은 짤막한 단편이고 상상보다는 역사기록에서 취재한 내용이 많다. 『사반의 십자가』는 성경의 기록에 의지하면서도 사반이라는 인물을 창조하여 독자로부터 기독교적 세계관에 대한 해석을

4) 김동리, 「후기」, 『실존무』, 인간사, 1958, p.281.
5) 이수화, 「제3휴머니즘 구현의 작품」, 『사반의 십자가』(삼중당 베스트문고28), 삼중당, 1983, p.362.
6) 1977년 도서출판 지소림에서 간행한 이 책에는 「기파랑」, 「최치원」, 「수로부인」, 「김양」, 「왕거인」, 「강수선생」, 「눌기왕자」, 「원화」, 「우륵」, 「미륵랑」, 「장보고」, 「양화」, 「석탈해」, 「호원사기」, 「원왕생가」 등이 수록되어 있다.

유도했다는 점에서 제3인간주의, 혹은 신인간주의를 구현하는 것을 목표로 한 여타 소설보다 더 큰 의의를 갖는다. 연작으로 분류될 수도 있는 『김동리 역사소설-신라편』의 미흡함이 과거 역사적 사실을 구현하기에는 부적절한 짧은 단편이라는 장르 특성에서 기인했다고는 볼 수 없다. 김동리는 공자의 『춘추』를 토대로 하여 동양의 고대를 무대로 펼친 장편소설 『춘추』(1956년 4월~1957년 2월 평화신문에 연재)를 발표했는데 이는 교훈적인 경세론(經世論)에 그치고 있어서 문학적 성과를 거두지 못하고 있다. 『김동리 역사소설-신라편』이 단편들이어서 과거 역사적 사실을 문학적으로 형상화하는 데에 부적절했고 『사반의 십자가』는 장편이기 때문에 가능했던 것은 아님을 시사한다. 『사반의 십자가』는 김동리의 소설세계에서 특별한 하나로서 장편소설 중에서는 유일하게 성공작으로 평가받는 작품이면서 제3인간주의, 신인간주의를 구체화한 유일한 작품이다.[7)]

기독교와 무속신앙을 대립시켜 근대와 전근대를 대비적으로 그린 「무녀도」(1936년 발표, 1947년 개작)[8)]의 세계, 어찌할 수 없는 떠돌이

7) 김동리 소설 전반에서 『사반의 십자가』의 위상을 확인하기 위해서는 장편소설에서의 위치도 정리할 필요가 있다. 김동리는 『사반의 십자가』 이후 몇 년 동안 계속 장편을 발표했다. 위에서 말한 『춘추』 외에 『자유의 역사』(1959년), 『애정의 윤리』(1959년), 『이곳에 던져지다』(1960년), 『해풍』(1962년)이 있다. 『춘추』가 교훈적 경세론(經世論)에 가까웠다면 『자유의 역사』, 『애정의 윤리』, 『이곳에 던져지다』, 『해풍』은 공허한 대중소설이다. 그러므로 『사반의 십자가』는 「무녀도」를 개작한 『을화』(1976년)를 제외하면 김동리의 장편소설 중에서 성공작으로 평가되는 유일한 작품이다(최규익, 「김동리의 장편소설 연구」, 『국민어문연구』 제5집, 국민대학교국어국문학연구회, 1997 ; 이동하, 『한국문학의 전통지향적 보수주의 연구』, 서울대학교 박사학위논문, 1988 참조).

8) "「무녀도」는 처음 1936년 5월 『중앙』에 발표되었다. 그리고 1947년 5월 작품집 『무녀도』가 을유문화사에서 나오면서 1차 개작이 이뤄졌다. 다음으로 1953년 을유문화사의 재판에, 그리고 1963년에 작품집 『등신불』(정음사)에 수록되면서 개작

의 운명을 근친상간적 모티프를 통해 그려낸 「역마」(1948년)의 세계, 설화적 공간을 배경으로 설정하여 운명론의 세계를 희극적으로 그려낸 「황토기」(1937년)의 세계가 김동리의 소설세계에서 대표성을 가장 강하게 띈다는 데에는 이의가 있을 수 없을 것이다. 현실사회의 공간을 배경으로 하는 「실존무」(1955년), 「흥남철수」(1955년), 「귀환장정」(1951년) 등의 세계는 또 하나의 부류이지만 앞의 세계에 비하면 그 의의가 미미하다. 『사반의 십자가』는 김동리 자신이 앞의 세계(설화적 세계)와는 다른 제3인간주의를 구현한 작품이라고 말하고 있지만 그 세계의 영향을 지대하게 받고 있으면서 뒤의 세계(현실적 세계)를 교묘하게 얽고 있다. 이는 예수의 행적을 이적 중심으로 서술하여 김동리가 기독교를 샤머니즘 색채로 윤색했기[9] 때문에 나타난 결과이기도 하고, 김동리 문학의 저류에 있는 완강한 현실주의 원칙, 현실의 변화 가능성에 대한 철저한 부정의 입지가 『사반의 십자가』에서도 여전히 나타나며 그것이 운명의 형태로 형상화되어 있다는 데에서 기인한다.

판본 검토를 통해 본 개작의 맥락

김동리는 1955년 11월호부터 1957년 4월호까지 ≪현대문학≫에 연재한 후 1958년 일신사에서 단행본으로 간행하였고, 24년 후인 1982년에 홍성사에서 '김동리 개작 장편소설'이라는 부제를 붙여 개작본을 간

이 이뤄지고 있다. 이 가운데에서 1947년 개작 때 가장 많은 개작이 이뤄지고, 1947년과 1953년 을유문화사에서 나온 초판과 재판에서 개작이 제일 미미하게 나타난다."(김주현, 「무녀도」 개작에 나타난 작가의식 고찰」, 『어문논총』 35호, 경북어문학회, 2001, pp.41~42)

9) 김병익, 『상황과 상상력』, 문학과지성사, 1979, pp.44~55.

행하였다. 단독 단행본으로 출간된 이 외에 『사반의 십자가』는 30여 종류의 전집과 선집류에 수록되었다.[10]

개작으로 유명한 「산화」, 「무녀도」에서는 초간본과 개작본 사이에 인물의 성격이나 작품 자체의 줄거리 변화로 인한 주제의식의 변모가 나타나 있지만[11] 『사반의 십자가』의 개작에서는 큰 틀의 변화는 나타

10) 일신사판과 홍성사판을 포함하여 『사반의 십자가』가 간행된 출판사와 전집, 선집의 제명을 간행 연대순으로 소개하자면 다음과 같다. 일신사, 1958 ; 민중서관, 1958(한국문학전집19) ; 삼성출판사, 1967(김동리대표작선집2) ; 삼중당, 1970(한국대표문학전집5) ; 삼성출판사, 1970(한국삼대작가전집;김동리편2) ; 삼중당, 1972(한국대표문학전집39) ; 삼성출판사, 1972(한국문학전집14) ; 삼중당, 1972(한국대표문학전집17) ; 삼중당, 1975(삼중당문고66) ; 태극출판사, 1976(한국문학대전집9) ; 동서문화사, 1977(동서문고130) ; 어문각, 1980(신한국문학전집23) ; 어문각, 1982(신한국문학전집26) ; 문공사, 1982(자이언트문고131) ; 홍성사, 1982 ; 삼중당, 1983(삼중당문고 100권의 책 28) ; 마당문고, 1983(마당문고098) ; 민중서적, 1983(한국문학전집15) ; 삼성당, 1983(한국문학전집15) ; 마당문고사, 1984(진중문고166) ; 동서문화사, 1984(에버그린한국문학전집20) ; 양우당, 1986(에버그린한국문학전집20) ; 학원출판공사, 1986(한국문학대전집 19) ; 동서문화사, 1987(동서한국문학전집10) ; 삼성당, 1988(한국문학전집15) ; 어문각, 1988(정통한국문학대계11) ; 학원출판공사, 1993(학원한국문학전집10) ; 송정문화사, 1994(한국대표걸작선2) ; 민음사, 1995(김동리 전집 5) ; 하서출판사 1998(하서명작선 68)

11) 「산화」는 1936년 동아일보 신춘문예 당선작이다. 지주의 병든 소를 끓인 곰국을 먹고 임부가 죽은 아이를 낳는다. 병 걸린 소를 싼값에 판 지주에 대한 증오로 인해 마을 사람들이 지주의 집으로 쳐들어가는 결말이 마을 사람들이 모여 원인 모를 산불을 바라보는 것으로 끝난다. 개작을 통하여 가난을 비롯한 모든 현실의 상황이 인재가 아닌 천재로 변모한 것이다. 김동리의 사회현실에 대한 의식을 논하는 자리에서는 반드시 거론되어야 하는 특징이다. 산불은 자연의 일부로서 김동리 소설에서는 그 자체가 신과 동격인 운명을 상징하기도 한다(송하춘, 「김동리의 인간과 자연과 신」, 『탐구로서의 소설독법』, 고려대학교 출판부, 1996, pp.189~191 ; 이동하, 『한국문학의 전통지향적 보수주의 연구』, 서울대학교 박사학위논문, 1988, pp.78~79).

「무녀도」의 초간본에서는 욱이가 단지 한 살인범에 불과하며 작품 속에서 그가 차지하는 비중도 지극히 약했지만 개작이 되면서 기독교도가 되고 이 소설은 전근대적 샤먼의 세계와 근대적 기독교의 세계의 대립관계가 어머니와 아들의 대립 구도로 설정된다(이동하, 같은 글, pp.80~82).

나지 않고 수정, 보완된 내용이 많으며 예수의 부활에 대한 해석이 추가되어 있다. 판본을 비교하면서 확인해 보기로 한다.[12][13]

①제1장 메시아를 찾는 사람들, 제2장 도둑과 물귀신 :

줄거리의 틀은 유지하면서 장 구별에 상관없이 서술의 순서가 바뀌어 있으므로 두 개의 장을 함께 이야기하기로 한다. 사반이 세례 요한의 소식을 기다리다가 예수의 출현에 대해 전해듣고, 점성술사이자 혈맹단 단사(團師) 하닷의 딸인 실바아와 결혼하는 동시에 물귀신이라 불리는 막달라 마리아를 찾아가 내연의 관계를 맺는 것이 주 내용이다. 메시아가 나타나면 혈맹단이 무장봉기를 일으키기로 한 것, 세례 요한이 메시아일 수 있지만 예수가 더 메시아에 가깝다는 것, 사반이 무장봉기를 계획하게 된 내력 등이 소개되어 있다.

『사반의 십자가』 개작 전체에서 인물의 성격이 변화하는 경우는 극히 드문데 사반의 부하로서 사반의 배를 노 저어주는 인물로 처음 등장하는 야일이 그 인물이다. 초간본에서 그는 단순 무식한 성격이었으나 개작본에서는 이성적 논리를 갖춘 인물로 변한다. 그래서, 초간본에

12) 경미하게 수정된 부분을, 총 8개의 장으로 이루어져 있는 소설 전체에서 제1장에서 발췌하여 예를 들면 다음과 같다. 인명 라헬을 야일로, 지명 마켈라스를 마키러스로 바꾸는 등의 표기상의 변화, '낯선'을 '이색의'로, '대척적'을 '대조적'으로 수정하는 등의 어휘 변화, '암별(牝星)'을 '암별[雌星]', '숫별(牡星)'을 '수별[雄星]'로 한자를 바꾸는 등의 변화, '젊었을 때는 그의 아버지가 생계를 돌보아야 했고, 그 뒤는 그의 아들이 또한 살림을 맡아 살고 있었다'를 '젊었을 때는 그의 아버지가 집안 살림을 돌보아야 했고, 그 뒤는 그의 아들이 또한 꾸려나가고 있는 형편이었다.'로 바꾸는 등 의미 변화 없이 문장을 다듬은 경우 등이 있다.

13) 비교, 대조가 필요한 부분의 내용은 초간본(일신사판, 1958.)과 개작본(홍성사판, 1982.) 각각의 페이지를 밝히고, 그렇지 않은 부분의 내용은 개작본(홍성사판) 페이지를 판본 표시 없이 밝히기로 한다.

서는 세례 요한의 일(유대 나라의 분봉왕 헤롯 안디바가 동생의 아내를 취한 것을 세례 요한이 비난하고 다닌 죄로 감금된 일)이 도마의 진술을 통해 소개되지만 개작본에서는 야일의 진술을 통해 소개된다. 혈맹단의 정체에 대해 상술하는 역할도 야일이 수행하고 있다. 서술분량도 대폭 증가했다.(초간본 pp.7~8 : 개작본 pp.12~23) 또 초간본에서 야일은 실바아를 두고 마리아를 찾아가는 사반을 못마땅하게 바라보지만 개작본에서는 사반이 원래 호색한임을 강조하고(p.59) 마리아를 찾아가는 사반의 심정을 혈맹단의 공적인 것이 아닌 사반 개인의 사적인 것으로 구분한다. 이로써 마리아를 찾아가는 사반의 행위는 사적인 성욕에 의한 것으로 정당화되어 윤리적 가치판단으로부터 자유로워진다. 개작본에서는 또 과거 사반이 로마 군인을 쏘아 죽인 화살과 관련한 일을 막달라 마리아가 알고 있다는 사실을 삽입하여(p.69) 그녀와 사반 사이가 특별한 인연을 암시하고 있다. 둘의 관계가 동복남매지간임이 밝혀지면서 파국을 맞는 후반부의 비극에 대한 복선이 강화된 것으로 요약할 수 있다.

사반의 행위가 윤리로부터 자유로워진 반면 세례 요한이 감금된 이유인, 윤리적 책무에 대한 강조는 심화된다. 초간본과 개작본 둘 다 유대 나라의 분봉왕 헤롯 안디바가 동생의 아내를 취한 것을 세례 요한이 비난하고 다녔다는 것은 공통적이다. 개작본에서는 헤롯 안디바의 행동에 대한 윤리적 책무와 관련하여 그것이 '불의(不義)'한 것임을 강조하고 있다(초간본, pp.11~12 : 개작본, p.22).

예수와 관련해서 변한 것은 크게 두 가지이다. 사반이 세례 요한을 함께 구출하자는 나바티야의 왕의 제안을 보류하기 위해 자기를 찾아온 밀사 아굴라를 두 번째로 만나러 가는 대목은 없던 것인데 개작본에서는 4페이지 분량으로 삽입되어 있고(pp.39~43) 협공 제안에 대한 망설임 또한 더 부각되어 있다(개작본 pp.47~49). 초간본에서보다 예수가 메시아일 수 있다는 가능성이 더 커졌다고 할 수 있다.

예수와 관련된 변화의 두 번째는 성경에 기록되어 있는 예수의 행적과 관련한 것이다. 사반에게 보고하는 유다의 말 중에서 예수가 성전에서의 장사행위를 불경스럽다고 하며 상인들을 내쫓은 일, 가르침을 받으러 온 니고데모에게 예수가 거듭남의 필요성을 이야기하는 대목, 사마리아 여인에게 물을 청하며 생명수의 비유로 거듭남의 필요성을 이야기하는 대목 등을 죽은 자를 살려낸 일, 옥중에 있는 세례 요한의 제자들이 예수를 만나 메시아인지의 여부를 묻는 내용으로 교체하여 예수의 이적을 불가해한 것으로 기적화 하고 있으며 예수가 메시아일 수 있다는 가능성을 확장시키고 있다(초간본 pp.36~38 : 개작본 pp.52~54).

사반의 본명이 바나바에서 도비야로 변했는데 이것은 결말부분에서 등장하는 바라바라는 도적과의 구분을 확실하게 하기 위한 수정으로 보인다.

② 제3장 사반과 예수 :

이 장에서부터는 서술의 순서 변화 없이 수정과 보완이 이루어지고 있다. 이 장에서 사반은 예수를 찾아간다. 예수는 땅위에서 구원을 이루게 해 달라는 사반의 부탁을 거절한다. 사반은 부하 참모 도마를 나바티야 왕의 밀사인 아굴라에게 보내 세례 요한의 구출작전을 더 미루자고 한다(pp.122~124). 초간본에는 없던 내용이다.

예수와 관련하여서는 예수가 "회개하라. 천국이 가까왔나니라" 하는 세례 요한의 가르침에 대해 확신하지 못하던 것이 확신으로 바뀌었고, "그것이 곧 <광야의 소리>요, <하나님>의 말씀이었을 것이다"라는 문장이 "그것은 세례 요한이란 일개 인간의 소리가 아니었다. <광야의

소리>요, 하나님의 소리였다."로 바뀌었다. 예수가 모세의 홍해 기적을 회고하는 것은 초간본에서 없었던 내용이다(p.117). 전체적으로 세례 요한을 만난 예수의 심리변화가 상술되어 있는데 신성(神性)보다 인성(人性)이 강조된 형국이다.[14)]

③ 제4장 실바아와 마리아 :

주 내용은 사반을 중심에 두고 연적관계에 있는 실바아와 마리아가 사반의 어머니 집에서 사반의 중재로 만나는 것이다. 마리아는 사반의 사랑을 독차지하지 못한다는 사실을 원망스러워하며 고향인 막달라로 가고, 실바아는 사반의 어머니에게서 냉대를 받다가 본부로 가던 중 납치를 당한다.

개작본에서 달라진 것은 나바티야 왕의 제안에 대한 사반의 입장이 결정되지 않았음이 상세화 된 것(pp.126~127), 실바아를 납치하는 아굴라의 입장이 상세화 된 것(pp.139~141)이다. 그리고 초간본에서는 사반이 실바아를 구출하기 위해 나바티야 성안으로 들어간다고 하자 마리아가 반대하여 사반이 그녀의 뜻을 따르는데(초간본 p.139) 개작본에서는 마리아가 만류하자 사반은 더 이상 마리아와 이야기를 하지 않고 부하 참모 도마를 찾아가 상의한다(pp.157~158). 마리아의 입지가

14) 이 외에 이 장에서 달라진 점은 "호기심이 없었던 바가 아니다"(초간본 p.77)가 "호기심이 없었던 바는 아니었다"(p.98)로, "이것이 그들의 생각이었다"(초간본 p.80)가 "이것이 그날 그들에게 내리어진 결론이었다"로, 사반이 땅 위에서의 구원을 요구하자 예수가 하늘의 영광과 복을 이야기하는 대목에서 "냉연히 일축해 버렸다"(초간본 p.85)를 "계속 하늘의 영광과 복음을 내세웠다"로(개작본 p.106) "독사 새끼들아"(초간본 p.97)를 "독사의 무리들아"(개작본 p.116)로 바뀐 것이 전부일 정도로 수정이 적다. 이는 위에서 거론한 내용을 제외하고는 예수에 대한 서술이 초간본에서부터 정연되어 있었다는 뜻이다.

매우 달라졌음을 입증하는 중대한 변화이다. 초간본과 달리 개작본에 이르러 마리아는 공적인 일에 전혀 개입하지 못하는 존재로, 사반의 사유물(私有物)화 된 것이다.

④ 제5장 나바티야의 열풍 :

이 장에서 마리아는 실바아를 구출하려고 들어간 나바티야 왕궁에서 자신이 사반의 동복동생임을 전해듣는다. 나바티야 내부에서는 부자간의 왕위다툼이 벌어지고, 아버지를 죽이고 새로 왕이 된 아들이 실바아를 강제적으로 왕비로 삼고, 마리아가 왕의 누이와 알고 지냈던 관계를 이용하여 실바아와 접촉하고 이어 그녀를 구출을 하려던 계획을 실행에 옮기려던 중이었다. 마리아는 그 길로 모든 계획을 포기한 채 출생의 비밀을 확인하기 위해 성에서 나와 양모(養母)를 찾아간다. 사반의 혈맹단은 나바티야 내의 반군 세력과 협공하여 실바아를 구출한다. 수정 보완된 내용 외에는 거의 변화가 없다.[15]

15) 실바아가 납치된 시기가 "두 달이 훨씬 더 지난 뒤인, 이듬해 봄(스밧달)이었다"(초간본 p.160)던 것이 "한 달도 더 지난 뒤인 엘룰 달(초승)이었다"로(개작본 p.176), "이제 며칠이면 성패간에 결판이 나려는 참인데"(초간본 p.203)가 "이제 일양일간(一兩日間)이면 대체로 성공리에 결판이 나려는 참인데"(개작본 p.213)로, 사반 일행이 아나니아에게서 급보를 받은 뒤 기습 결행을 미루며 기다린 시간이 "닷새"였던 것이(초간본 p.203) "이틀"로 줄어들었다(개작본 p.213). 이는 의미변화 없이 전투상황의 긴박성을 더하려는 목적 하에 이루어진 시간 단축이다. 매를 통해 메시지를 주고 받으며 처음 편지에서 "사반"이라고 썼던 편지 끝의 서명을 "숫부엉이"라고 수정하고, 그것은 전술상의 위험을 덜기 위해서임을 첨언하고 있다(p.196). 마리아가 나타나서 떠나고, 로마군이 사반을 지목하여 좇고 있으니 전투 계획을 취소하라는 아나니아의 편지글이 요약, 간접인용에서(초간본 p.202) 직접적인 편지형식으로(pp.211~212) 바뀌었다.

⑤ 제6장 갈릴리와 데가볼리 :

이 장에서 사반은 예수와 직접 만나지는 않고 조직원들의 보고를 통해 전해 듣는다. 예수는 이적보다 설교를 많이 하고 다닌다. 초간본에 비해 개작본에서는 수세에 몰린 혈맹단의 전략적 상황을 상술하고 있고, 예수의 기적과 권능을 시험하기 위한 사반 일행의 처지를 상술하고 있다.

중요한 것은 마리아가 양모에게서 자신의 출생 내력을 확인하는 심리적 절차가 매우 달라져 있다는 점이다. 마리아는 초간본에서 사반과 함께 찾아가 만난 적 있는 친모와 자기의 외모의 유사성에서 느꼈던 의외의 감정을 회상하는데, 개작본에서는 실바아와의 질투적 경쟁관계에서 사랑을 받는 것에 대한 우월감으로 교체하고 있다. 마리아와 사반의 관계가 미처 예상치 못했던 것임을 강조하는 형국으로 달라진 것이다. 마리아는 자신이 사반의 동복동생임을 확인한 후 예수를 찾아가 발등에 향유를 붓고 죄사함을 받는다.[16)]

⑥ 제7장 사라지는 별들 :

이 장에서는 예수가 오병이어의 이적 등을 행하는 동안 추종자들이 늘어나고, 사반은 마리아가 동생임을 알고 괴로워하며 술에 취해 실바아를 안는다. 내용은 비슷하지만 초간본에 비해 개작본에서는 실바아의 차가운 반응에 대한 사반의 불만이 정제되어 있고(p.270) 실바아에게 마리아가 동생임을 이야기하는 말투 역시 감정이 억제되어 있다.(p.272)

사반은 예수를 찾아가 로마인이 자신들을 잡으려 하니 권능을 행해

16) 앞장에서처럼 시간차가 나는데 대표적인 것은 다음과 같다. 마리아가 예수를 찾아간 날짜가 "사흘 전"(초간본 p.223)에서 "이틀 전"(개작본 p.231)으로, 마리아의 친모(사반의 어머니)가 마리아를 유기한 것이 "나서 사흘도 못된"(초간본 p.224)에서 "나서 나흘도 못된"(p.232)으로 달라졌다.

달라고 부탁한다. 첫 만남에서처럼 예수는 사반의 부탁을 거절한다. 사반 일행은 혈맹단의 오랜 본거지였던 다볼산의 바위 동굴을 버린다. 개작본에서는 본부를 옮겨야 하는 혈맹단의 입장이 더 보완되어 있고(pp.263~264), 예수의 행적 중에서는 도마의 깨우침이 삽입되었다.(pp.256~258) 도마는 사반의 부하 중에서 가장 현명한 참모라는 점에서 의미가 있다. 하닷이 로마군에게 잡히는 과정 등에는 변함이 없다.

⑦ 제8장 사반의 십자가 :

이 장에서는 개작본의 분량이 대폭 증가했다.[17] 동굴에 남아 있다가 로마군에게 잡힌 하닷을 구출할 수 있다는 아굴라의 흉계에 걸려 사반이 한쪽 눈을 찔린 채 체포되고, 예수와 함께 처형되며, 혈맹단 조직이 와해되는 것이 주 내용이다. 제8장은 『사반의 십자가』에 내재되어 있는 "서양 세계의 정신사의 핵심에 놓인 기독교 사상에 대한 도전적 해석"[18]과 관련되어 개작의 의미가 큰 부분이다. 분량의 증가는 예수와 사반의 사후 문제와 관련되어 있다. 특히 예수의 부활이 많은 부분을 차지하고 있다.

초간본에서는 "예수의 육신이 그대로 하늘나라로 올라간 것이라고 생각한다면 그것은 너무나 완고한 시(詩)다."(초간본 p.369)로 압축적으로 서술했던 것을 개작본에서는 예수의 "육신"의 문제를 자세히 거론하고 있다. 아리마대 요셉이 예수의 부활을 목격하고 그를 자기 집으로

17) 초간본에서는 pp.302~370으로 69페이지 분량이던 것이 개작본에서는 pp.305~389로 77페이지 분량으로 8페이지 늘어났다. 페이지 수에서는 차이가 적지만 인쇄상태를 비교해 보면 초간본 2페이지가 개작본 1페이지 가량이므로 실질적으로는 큰 차이가 난다.

18) 김윤식, 『사반과의 대화』, 민음사, 1997, p.348.

데리고 갔다는 내용이다. 예수의 무덤 가에서 기다리다가 잠깐 졸다 깨어보니 예수가 일어나 앉아 있더라는 식의 이야기를 구성해 구체적인 장면으로 서술하고 있다. 아리마대 요셉은 숙부가 죽은 지 이틀 뒤에 다시 살아나 3년 더 살았던 것을 본 적 있는 인물이다.

이러한 부활에 대한 서술은 예수의 부활을 심령술로 비하했기 때문에 "기독교인들의 신앙에 대해서는 명백한 도전의 의미를 갖는 것이 된다"[19]는 주장의 근거로 작용하고, 종교적 진리를 모르는 상태에서 창작했다는 기독교측의 공박에 대한 김동리의 "자기 방어"에서 나온 것[20]이라는 주장의 근거도 된다. 이 점을 통하여 작가의 세계관이 기독교적 진리와 무관하게 "심령술로 옮겨가는"[21] 징후로 볼 수도 있고 "『사반의 십자가』는 성서에 대한 신앙적 접근이 아닌, 가장 인간적 시선으로 바라보고 그 세계를 현실에 재현해 보려한 작품이다. 그러나 작가 의도에도 불구하고 『사반의 십자가』는 김동리를 대표하는 작이라고 내세울 만한 단계에는 이르지 못한다. 작가에게 성서는 너무 힘겨운 소재였는지도 모른다."[22]라고 기독교적 진리를 문학적 성과보다 전면에 내세울 수도 있다.

초간본의 결말에서는 예수를 배신하고 재물을 챙긴 가롯 유다의 쓸

19) 이동하, 「『사반의 십자가』의 개작에 대한 고찰」, 『전농어문연구』 제4집, 서울시립대학교문리과대학국어국문학과, 1991, p.44.

20) 김윤식, 같은 책, pp.367~372(김윤식은 안병무의 「종교가가 본 한국 작가의 종교의식」(≪문학사상≫, 1972.12)의 비판 내용을 사반의 메시아 사상에 대한 구체적인 언급이 없고 유대교의 메시아 사상에 대한 언급도 피하고 있음, 성서 기록에 대한 해석적 차원 없이 나열한 수준, 기독교적 본질을 무시하고 있음 등으로 정리했다.)

21) 이동하, 같은 글, p.46.

22) 유인순, 「광야의 소리와 별빛-『사반의 십자가』의 구조와 성서의 변형수용」, 『어문학보』 17, 강원대학교 사범대학 국어교육과, 1994, p.72.

쓸한 자기 위로가 마지막으로 서술되어 있지만 개작본에서는 마리아의 행방을 모호하게 처리하는 것으로 끝나고 있다. 초간본의 결말에서는 마리아가 성경의 기록처럼 예수 부활을 목격하는 세 여인 중 한 사람으로 간략하게 이름만 거론되었던 것이 개작본에서는 종적을 감추는 것으로, 세상사람들이 "본래 좀 이상한 여자 아냐?" "어쩌면 바다에 몸을 던졌는지도 몰라."(p.389)라고 의아해 하는 대상으로 달라져 있다. 막달라 마리아가 성경과 소설에서 공히 회개를 가장 극적으로 하고 기독교에서 가장 큰 위로를 받은 인물이라고 본다면 이는 예수의 부활 장면과 함께 기독교 자체에 대한 작가의 판단이 가미된 것이라 할 수 있다.[23)]

전체적으로 본다면 개작 내용은 원래 기록에 의지했던 예수와 관련되는 대목은 교체되거나 수정 보완되었으며 그 밖의 성서의 내용[24)] 또한 수정되거나 보완되었다. 혈맹단과 점성술사 하닷, 하닷의 딸 실바아 등은 사반과 함께 창조된 단체 및 인물로서 수정, 보완된 폭이 기록에 의지한 것보다 훨씬 크다. 그리고 기독교적 진리에 대한 해석적 입장이 더욱 완강해진 것으로 나타나 있다.

---

23) 성경에서 막달라 마리아는 일곱 귀신이 들린 창녀였다. 예수로부터 죄사함을 받은 이후 예수의 측근에서 예수를 보좌하며 부활의 현장에 있게 되는 세 여자 중의 한 여자이다. 『사반의 십자가』에서는 세 번 결혼한 여자, 바닷가에서 혼자 비파를 타는(그리스 로마 신화의 세이렌의 분위기를 내는) '물귀신'으로 불리다가 사반의 구애에 응해 내연관계를 맺는다. 그리고 연인이 오빠임을 알고 예수 앞으로 나가 회개를 하고 죄사함을 받는다.

24) 예수가 성서에 관계되는 것은 너무나 당연하다. "성경의 四福音書는 예수의 38가지 이적을 담고 있는데 작품에서는 22가지를 빌어온 것이다."(김동석, 『김동리 소설의 설화모티프 연구』, 명지대학교 박사학위논문, 1997, p.114.) 사반의 핵심 참모인 도마, 가롯 유다 등은 변형이 이루어져 있고, 막달라 마리아는 대단히 변형의 폭이 크다. (성서와의 대조 분석에 관한 연구는 유인순의 앞의 글이 자세하다.)

병치 플롯에서 형성되는 대결 구도

기독교 진리에 대한 해석적 입장을 논하는 자리에서 가장 중요하며, 『사반의 십자가』를 이루고 있는 가장 중요한 구도는 사반과 예수의 대결 구도이다. 흔히 이 구도를 "하늘에서 모든 것이 이루어지기를 희원하는 예수와 땅에서 모든 것이 이루어지기를 바라는 사반의 대립"[25)]이라고 정리한다. 그런데 이 대립이 누군가의 승리와 실패로 끝나는 것이라면 그 결과는 소설이 씌어지기 전에 이미 명백한 사실로 전제되어 있다. 사반의 실패가 그것이다. 이것은 유명한 기독교 설화의 내용으로서, 그리고 "강단 위에 선 목사님이 십자가에 달린 예수와 그 좌우의 강도 이야기를 했다. 임종에 이르러 회개한 댓가로 <낙원>을 약속받는 우도(右盜)의 복을 선망에 찬 목소리로 이야기했다. 이와 반면 끝까지 회개하지 않고 예수에게 빈정거린 좌도(左盜)의 완맹한 저항은 저주받은 어리석음이라고 비난했다. 이때 나는 우도보다 좌도 쪽에 마음이 쏠렸다."[26)]고 하는 작가의 진술에서 이미 나타나 있다.

기도교적 논리로 본다면 사반의 실패는 땅에서 구원이 이루어지기를 바라는 자의 무모함으로 연결될 수밖에 없다. 이와 관련한 해석은 개인의 종교적 관점에 따라 달라질 것이다. 우리에게 분명한 것은 이미 실패할 것이 명명백백한 사반의 몸부림이 어떤 절차로 인해 만들어졌으며 또 어떤 절차를 거쳐 실패로 귀결되는가를 따진다면 김동리가 사반을 허구적으로 구성한 의도를 추론할 수 있다는 점이다. 결말이 명백한

25) 최택균, 「김동리의 제3휴머니즘과 『사반의 십자가』」, 『성균어문연구』 제30집, 성균관대학교어문학회, 1995, p.172.
26) 김동리, 「개작에 붙여」, 『사반의 십자가』, 홍성사, 1982, p.398.

소설일수록 플롯의 진행을 유심히 살펴야 한다.

어떤 두 인물의 대결이 구체적으로 나타나려면 당사자의 만남이 잦아야 하고, 사반과 예수의 경우 예수에 대한 사반의 내적 갈등이 심화되어야 하는 것은 필수적인 사항일 것이다. 그러나 『사반의 십자가』의 구성은 그런 일반적인 문법에서 벗어나 있다. 예수와 사반의 만남은 세 번 이루어지는데 사반이 예수를 찾아간 것이 두 번, 같은 날 같은 장소에서 함께 처형당하면서 이루어지는 만남이 한 번이다. 예수와 사반을 중심으로 플롯 전개를 크게 구획짓는다면 <사반-예수-만남-사반-예수-만남-사반-예수-동시 처형당함-예수의 시체-사반의 시체> 순서로 서술되어 있다. 또 사반이 예수에 대해서는 고민하고 번민하지 않는다는 것이 이 대결구도의 특징이다. 두 번째까지의 만남, 자의에 의한 만남에서 사반은 예수가 메시아임을 의심하지 않고 권능의 행사를 부탁하지만 세 번째의 타의에 의한 우연한 만남에서는 권능을 행사해 메시아임을 입증하라고 절규한다. 이러한 일방적인 요구-불응의 관계가 어떻게 대결의 구도로 받아들여지는가. 그것은 기독교라는 소설 외적인 전제, 그리고 소설 내에서의 병치 플롯을 통해 이루어진다. 점성술의 예언에 응하여 예수와의 만남을 통해 현실적인 무장봉기를 계획하는 사반과 모든 것은 예정되어 있으나 그 구원은 하늘나라에서 이루어진다고 하는 예수의 믿음은 완벽하게 대조적이어서 병치만으로도 대립의 구도를 형성하기에 충분한 것이다. 땅과 하늘이 우리의 가시적 세계에서 변별적으로 공존하는 것과 마찬가지이다.

이 병치를 통해 이루어지는 대결구도에서 사반의 모든 행동이 점성술사 하닷의 별점의 결과라는 사실은 매우 중요하다. 사반은 "암별과 수별이 만나고 있다"는 하닷의 말을 믿고 예수가 메시아라고 확신한다. 사반이 유년의 방랑 시절을 거쳐 때를 기다리면서 혈맹단을 결성하고,

메시아가 나타나면 무장 봉기를 일으킨다는 인생의 계획을 세우는 것은 절벽 동굴에서 만난 점성술사 하닷의 말에 무조건적으로 따른 것이었다. 예수가 메시아라는 것도 점성술에 의한 것이었다. 사반은 하닷의 점성술을 수행하는 인물이다. 진정한 대결 대립은 사반과 예수의 사이에서 빚어지는 것이 아니라 하닷과 예수 사이에서 빚어진다고 해야 한다. 더구나 하닷은 예수와 출신 지역이 다른 아랍 계통 사람이다. 혁명의 성패 여부는 점성술의 신뢰성을 확인하는 것으로 비화될 수도 있다. 예수가 사반을 처음 만나 젊은 시절을 회고하는 대목은 이미 대결 구도가 성립될 수 없음을 예고한다. 사반과의 첫만남에서 예수는 과거 세례 요한을 만나 세례를 받기 전 현실적인 혁명을 생각하며 번뇌했던 지난날의 자신을 본다. 과거의 자신은 마치 현재의 사반과 같았다는 것이다. 이 대립구도에서 사반이 제외되고 나면 결과적으로 사반에게 대결 대상이 되는 것은 유대 나라가 처한 현실, 로마의 속국으로 지내는 현실 자체 외에는 있을 수 없다.

김동리는 "예수의 이적(異蹟)에 관한 이야기나 하닷의 점성술은 나의 다른 작품에서 다루어지는 샤머니즘과도 일치함을 밝혀 둔다."[27]라고 하였다. 초간본을 간행하고 24년이 흐른 다음의 술회이다. 여기에서 김동리는 예수까지 샤머니즘이라고 하고 있는데 그의 문학 전체에서 샤머니즘과 짝을 이루는 것은 우리의 비루한 현실이다. 『사반의 십자가』의 중심 주제가 기독교적 진리에 대한 해석적 입장이 아니고 현실의 논리, 제3휴머니즘을 전개할 무렵의 현실에 대한 대응이라고 한다면 당시 김동리에게 현실은 사반에게 대결 대상으로 남게 된, 위에서 말한 서기 1세기 무렵의 유대 나라의 현실과 비유적 동일관계에 있는 셈이다.

27) 김동리, 「개작에 붙여」, 『사반의 십자가』, 홍성사, 1982, p.397.

사반과 두 개의 성

사반에게 현실을 극복할 수 있는 방법은 과연 있는 것인가. 사반의 행동강령은 점성술이 가리키는 운명에 따라 행동하거나, 예수가 행하는 기적을 기다리는 것 두 가지였다. 두 번째 만남(사반의 뜻에 의한 마지막 만남)에서 예수로부터 거절을 당하고, 이어 하닷이 로마군의 손에 넘어갔음을 알았을 때 사반이 외치는, "예수에게서 더 기대할 수 없게 된 지금 하닷마저 잃었으니 우리는 활과 칼만으로 로마군을 물리친단 말인가?"(개작본 p.312)라는 절규의 의미는 현실 개혁의 불가능성에 대한 선언이다.

현실 개혁의 불가능성을 시인하고 좌절하는 사반에게는 또 하나의 절대적인 비극이 있다. 마리아와의 운명적인 관계가 그것이다. 사반이 만나는 두 여성 인물 실바아와 마리아 사이의 긴장관계는 소설의 흥미를 배가시키면서 통속적으로 보이게 한다. 마리아와 실바아는 예수와 하닷의 대결구도와 유사한 관계를 맺고 있다. 플롯 전개도 두 인물 사이의 긴장관계를 형성하고 있다. 앞 절 <판본 검토를 통해 본 개작의 맥락>에서 자세히 언급한 대로 사반은 실바아를 처음 본 날 마리아에게 접근하고, 실바아와 혼인식을 올린 다음날 마리아를 찾아가 사랑을 나눈다. 그 뒤로 사반은 마리아와 실바아를 차례로 만난다. 사반은 두 사람을 모두 사랑하고자 하고 마리아는 그런 사반의 사랑을 믿지 않으려 한다. 그런 와중에 실바아가 아굴라의 흉계에 의해 납치를 당하고 마리아는 실바아를 구출하기 위해 희생을 한다. 실바아가 납치되는 사건은 둘 사이의 관계 및 이야기의 긴장도를 최고조로 밀어 올린다. 이 최고조의 단계에서 마리아는 출생의 비밀을 전해듣고 모든 생의 의욕을 잃는다. 현실에서 좌절한 마리아는 예수라는 성역(聖域)으로 들어감으로써 사반과 영원히 단절된다. 성적(性的) 대상으로 존재했던 마리아가 성적(聖的) 공간으로 이동하면서 사반에게는 두 여자 모두 현실이 아닌 것이 되고 만다.

두 인물 마리아와 실바아는 처음부터 끝까지 대조적이다. 실바아를 처음 보았을 때부터 사반은 그녀가 하닷의 딸임을 알고 단사로 삼을 수도 있다고 판단한다. 실바아는 철저히 성역(聖域)에 존재하는 것이다. 그래서 실바아는 사반에게 '작은 하닷'이다. 그녀와 혼인식을 올리는 것은 그렇게 되어 있다는 별점의 운명에 따르는 행위이다. 실바아는 모든 현실적 난관을 초월해서 맑고 영롱한 존재로 그림처럼 살아 있고, 하닷의 별점이 그랬던 것처럼 별의 운행을 통해 긍정적인 형태의 운명만을 읽어낸다. 그래서 안정적이고 변화가 없다. 사반이 그녀에게서 따뜻함을 느끼지 못하는 이유이기도 하다. 실바아는 본디 성역(聖域)에서 태어나고 성역에서 자라난 인물이므로 사반이 맺고 있는 현실과는 별개로 존재한다.

반면에 마리아는 수많은 현실의 질곡을 떠안고 살아간다. 결혼을 세 번 하지만 상대가 모두 죽거나 병들고, 로마군의 간섭이 무서워 새로운 남자를 만나지도 못하는 상태에서 외롭게 비파를 타고 있다. 죽음까지를 생각하던 차에 만난 사반은 한 어머니에게서 태어난 오빠이다. 사반이 마리아에게 반한 것은 다름 아닌 그녀의 그 현실적인 삶의 질곡 때문이었다. 마리아의 현실은 로마 제국의 속국으로 살아가는 유대 나라의 현실의 축소판이라고 생각한 것이다. 아래의 작가의 진술은 마리아와 실바아의 성격을 잘 정리하고 있다.

> 실바를 보석 덩어리라고 한다면 마리아는 순정 덩어리겠지. 마리아는 여러 남자와 난잡한 관계를 맺고 지낸 음탕한 여자라고들 보았지만 사실 마리아는

> 순정적인 여인도 드물거요 [……] 실바는 아주 달랐지. 그녀는 비록 도둑굴에 있어도 적진 속에 있어도 변함없는 왕비였소. 시궁창에 던져도 때가 묻지 않고 불 속에 던져도 그을지 않는 보석이었소[28]

두 여인과 함께 살았던 것이 사반의 생활이다. 실바아는 공적인 영역으로, 마리아는 사적인 영역으로 나뉘어 있다. 두 여인은 사반에게 성(聖)과 속(俗), 성(聖)과 성(性)의 의미로 존재한다. 그런데, 운명적인 근친상가을 거친 마리아의 회개로 두 개의 영역이 하나로 합쳐지자 사반은 더 이상 마리아를 생각할 수 없게 된다. 이는 동생과 통음한 것에 대한 죄책감 때문인 것으로 형상화되어 있지만 원망 대신 단념을 한다는 것은 마리아가 들어간 곳이 성역이기 때문에 원망을 할 수는 없는 처지에 사반이 놓였다는 것을 의미한다.

사반은 십자가에 매달려서도 마리아를 떠올리지 않는다. 『사반의 십자가』의 서술자는 "그는 자기도 모르게 하닷의 이름을 불렀다. 뒤이어 야일과 도마와 아나니아와 스가랴, 그리고 다볼산 속의 실바아와 고라신의 어머니의 얼굴들이 차례대로 머릿속에 떠올랐다"고 서술한다. 예수 앞에서 회개하기 전까지 전적으로 성적(性的)이었던 마리아가 예수의 성역(聖域)으로 들어가 버리자 사반에게 마리아는 이제 현실이 아닌 것이 되고 만 것이다. 위에서 인용한 작가의 말에서 마리아가 "순정 덩어리"로 남게 된 것은 성적(性的)인 존재에서 성적(聖的)인 존재로 변하면서 이루어진 것이다. 사반에게 현실 아닌 영역은 하닷, 실바아가 상징하는 성역, 그리고 예수, 마리아가 상징하는 또 다른 영역의 성역으로 나뉘어 존재한다.

---

28) 김동리, 『고독과 인생』, pp.190~191(김윤식, 앞의 책, pp.351~352에서 재인용).

운명론의 두 방향

한국문학의 서사전통에서 남매간 결합의 서사는 대개 결합 직전에 근친관계를 깨닫고 결합관계를 파기하는 것으로 나타난다. 누이에게서 성적 충동을 느낀 남동생이(오빠가) 스스로 죄의식에 시달린 끝에 자살한다는 달래고개설화는 욕망보다 도덕률을 앞세우는 우리 문화의 보편적 전통을 보여주는 서사물이다. 『사반의 십자가』에서 마리아와 사반은 결합 이후에 근친관계를 깨닫는다. 이 소설의 허구화 된 비극 중에서 가장 큰 비극인 근친상간은 어떤 절차에 의해서 형성된 것인가.

김동리의 다른 소설에서 근친관계는 근친살해를 모티프로 활용한 「무녀도」(어머니 모화가 아들 욱이를 죽이는 것)가 있지만 그것은 광기의 폭발을 형상화하기 위한 것이어서 윤리적인 문제와는 동떨어져 존재한다. 「역마」의 성기와 계연의 관계는 결합 직전에 근친관계가 밝혀짐으로써 근친상간의 위험을 회피하도록 구성되어 있다. 「황토기」에서는 분이가 득보와 근친관계(조카)에 있을지도 모른다는 가정을 하고 있는데 그렇지 않을 수 있음을 강조하기 위해 단편소설에서 적지 않은 분량인 4~5페이지 가량[29]을 할애하고 있다. 이는 윤리 문제를 긴장의 중심에 두기 위한 서술 전략이다. 「황토기」는 분이와 득보의 관계를 확정되지 않은 채 득보와 억쇠의 관계를 중심으로 프롤로그의 설화를 집중적으로 변주하고 있다.

『사반의 십자가』의 우연처럼 구성된 운명은 어떤 절차로 생겨난 것인가. 우리는 마리아와 사반의 결합이 「역마」의 분위기에서 연원한 것임을 다음을 통해 알 수 있다.

29) 김동리, 「황토기」, 『무녀도/황토기』(김동리전집1), 민음사, 1995, pp.229~233.

> 그것은 그녀가 처음으로 사반의 어머니를 보았을 때부터 그녀(사반의 어머니)의 귀가, 특히 귓밥[垂珠]이 칼날 같이 좁고 뻐쭉하게 흘러붙은 것이 자기의 그것과 흡사하다고 느꼈기 때문이었다(마리아는 자기의 귓밥이 남과 같이 동그랗고 도톰하지 못하고 그렇게 칼끝 같이 뻐쭉하게 흘러붙은 것이 항상 마음에 걸리어 누구와 알게 될 때마다 그 사람의 귓밥을 주목하는 버릇이 있었다). (초간본, pp.224~225)

이것은 「역마」에서 옥화가 계연의 귓바퀴에서 "검정 사마귀"를 보고 자신의 동생임을 확인하는 방법 그대로이다.

> 그 해 아직 봄이 오기 전, 보는 사람마다 성기의 회춘을 거의 다 단념하곤 하였을 때, 옥화는 이왕 죽고 말 것이라면, 어미의 맘속이나 알고 가라고 그래, 그 체장수 영감은, 서른여섯 해 전 남사당을 꾸며 와 이 <화개장터>에 하룻밤을 놓고 갔다는 자기의 아버지임에 틀림이 없었다는 것과, 계연은 그 왼쪽 귓바퀴 위의 사마귀로 보아 자기의 동생임이 분명하더라는 것을, 통정하노라면서, 자기의 왼쪽 귓바퀴 위의 같은 검정 사마귀까지를 그에게 보여주었다.[30]

김동리는 개작본에서 위의 인용 부분을 삭제하고 마리아가 사반의 어머니(자신의 친모)에게서 느꼈던 아스라한 공감대를 회고하는 것으로 대체했다. 아마도 너무나 노골적으로 「역마」의 방법과 유사하다고 느꼈기 때문일 것이다.

「역마」와 「사반의 십자가」의 우연은 어찌할 수 없는 운명에 의한 것으로 설정되어 있다. 김동리 소설에서 우연은 필연보다 더 큰 의미를 낳고 결국은 운명으로 환원되기에 이른다. 가히 우연적인 것의 절대화

30) 김동리, 「역마」, 『역마/밀다원 시대』(김동리전집2), 민음사, 1995, p.121.

라고 말할 수 있을 것이다. 우연이 필연처럼 보이게 하는 원동력은 운명의 이름이 아니면 해명할 수가 없다. 인간이 그런 운명 앞에서 취할 수 있는 행동은 맞서거나 순응하거나, 둘 중의 하나일 것이다. 운명에 맞서는 적극적인 행동으로는 현실 비관주의거나, 자기 파괴로 나아가는 방법이 있다. 『사반의 십자가』의 교훈은 어느 방향으로 설정되어 있는가.

「역마」의 운명이 당사주에 의한 것이었고, 「황토기」의 장수들의 세계가 귀착하는 허무감의 세계가 프롤로그의 '상룡설(傷龍說)' '쌍룡설(雙龍說)' '절맥설(絶脈說'에서 기인한 것임을 상기한다면 『사반의 십자가』에 나타나 있는 마리아와 사반 사이의 우연은 김동리 소설에서 운명을 가장하기 위한 우연이라 할 것이다. 무장 봉기 날짜를 메시아가 오는 날로 정하고, 예수가 메시아임을 선언하고, 사반에게 실바아와 결혼을 하라고 지시하는 하닷의 별점은 「황토기」의 프롤로그의 '설(說)'과 같은 것이었다.

모든 우연이 운명으로 치환되는 김동리의 소설 세계에서 현실은 변화 가능성이 없는 완강한 상대이다. 사반의 좌절, 죽음은 현실을 상대로 한 대결의 허무함으로 연결되기도 하고 운명 앞에 선 인간의 무력감으로 연결되기도 한다. 문제는 이러한 운명론이 인간 공통의 운명 앞에서 인간이 취할 수 있는 위의 두 가지 행동 중에서 순응을 유도한다는 것이다. 이것은 현실을 추수할 수 있는 효과적인 길이기는 하지만 현실의 변화를 꿈꾸는 이들에게는 적대적 수구보수의 논리로 작용한다는 점이다. 사회 현실과 동떨어지지 않고 유비적인 관계를 형성하고 있는 김동리 소설의 설화적 공간을 옹호하기 위해서는 초월지향, 보편지향, 전통지향, 인간 자체의 무기력을 내세울 수밖에 없는 이유이기도 하다.

참고문헌

소설 텍스트

≪현대문학≫, 1955년 1월호~1957년 4월호.

김동리, 『무녀도/황토기』(김동리전집1), 민음사, 1995.

______, 『역마/밀다원 시대』(김동리전집2), 민음사, 1995.

______, 『등신불/까치소리』(김동리전집3), 민음사, 1995.

______, 『저승새/만자동경』(김동리전집4), 민음사, 1995.

______, 『김동리 역사소설-신라편』, 도서출판 지소림.

______, 『실존무』, 인간사, 1958.

______, 『사반의 십자가』, 일신사, 1958.

______, 『사반의 십자가』, 홍성사, 1982.

______, 『사반의 십자가』(삼중당 베스트문고28), 삼중당, 1983.

논문 및 단행본

김동석, 『김동리 소설의 설화모티프 연구』, 명지대학교 박사학위논문, 1997.

김병익, 『상황과 상상력』, 문학과지성사, 1979.

김윤식, 『김동리와 그의 시대』, 민음사, 1995.

______, 『해방공간 문단의 내면풍경』, 민음사, 1996.

______, 『사반과의 대화』, 민음사, 1997.

______, 『염상섭 연구』, 서울대학교출판부, 1987.

김종익, 『김동리의 비평활동 연구』, 홍익대학교 박사학위논문, 1995 ;

김주현, 「무녀도」 개작에 나타난 작가의식 고찰」, 『어문논총』 35호, 경북어문학회, 2001.

박찬두, 『김동리 소설의 시간의식 연구』, 동국대학교 박사학위논문, 1995.

송하춘, 「김동리의 인간과 자연과 신」, 『탐구로서의 소설독법』, 고려대학교 출판부, 1996.

유인순, 「광야의 소리와 별빛-『사반의 십자가』의 구조와 성서의 변형수용」, 『어문학보』 17, 강원대학교 사범대학 국어교육과, 1994.

유혜선, 『김동리 단편소설 연구』, 서강대학교 박사학위논문, 1994.

이동하, 「『사반의 십자가』의 개작에 대한 고찰」, 『전농어문연구』 제4집, 서울시립대학교 국어국문학과, 1991.

______, 『한국문학의 전통지향적 보수주의 연구』, 서울대학교 박사학위논문, 1988.

이수화, 「제3휴머니즘 구현의 작품」, 『사반의 십자가』(삼중당 베스트문고28), 삼중당, 1983.

이택화, 『김동리 소설 연구:정신분석적 관점을 중심으로』, 충북대학교 박사학위논문, 1997.

정혜영, 『김동리 소설 연구』, 경북대학교 박사학위논문, 1997.

조회경, 『김동리 소설 연구』, 숙명여자대학교 박사학위논문, 1997.

최규익, 「김동리의 장편소설 연구」, 『국민어문연구』 제5집, 국민대학교 국어국문학연구회, 1997.

______, 『김동리의 소설 연구』 국민대학교 박사학위논문, 1995.

최택균, 「김동리의 제3휴머니즘과 『사반의 십자가』」, 『성균어문연구』 제30집, 성균관대학교어문학회, 1995.

______, 『김동리 소설 연구 : 초월성과 현실성을 중심으로』, 성균관대학교 박사학위논문, 1999.

집단의 동일 체험에 대한 개인적 기록 서사의 유형
–1960년대 전쟁장편소설의 세 가지 구조

· 재현의 구조 : 해결의 플롯과 총성의 결말
· 비관의 구조 : 폭로의 플롯과 탄식의 결말
· 전망의 구조 : 평가의 플롯과 다짐의 결말

전후 한국소설사에서 한국전쟁을 소재로 삼은 작품들은 전쟁의 참상을 사실적으로 기록한 작품에서부터 전쟁을 인간 삶의 보편에 내재한 폭력의 메타포로 설정하여 인간존재의 허무감과 소외의식 등을 형상화하는 데에 주력한 작품들로까지 다양한 양상으로 포진되어 있다. 1950년대에는 최상덕, 김팔봉, 박영준, 최태응, 김송, 김이석 등이 가담한 종군작가단에 의해 전쟁의 모습이 사실적으로 기록되었다. 염상섭의 『취우』, 곽학송의 『철로』와 같은 작품은 전쟁 속의 일상을 리얼하게 포착하는 성과를 보여주었다. 종군을 겪지 않고 순수 창작의 형태로 소설을 썼던 김동리, 황순원, 그리고 휴전 후 50년대 후반에 등단하여 전후 신세대군을 이룬 오상원, 하근찬, 이범선, 정한숙, 이호철, 선우휘, 오유권, 박경수 등의 작가들은 한국전쟁의 자장 속에서 전쟁을 작품의 배경으로 등장시키거나 전면에 부각시켜 전쟁에 대한 나름대로의 해석을 내

놓았다. 그 작품들은 대부분 당시 남한정부의 이데올로기에 편향되어 전쟁과 그 비극에 대한 왜곡된 반영을 통해 지배이데올로기를 옹호하는 결과로 수렴되었다. 남한과 북한을 공히 비판한 최인훈의 『광장』의 새로움은 이 지점에서 탄생되었으며 이 지점은 1950년대와 1960년대의 소설이 구별되는 자리이기도 하다.

1960년대 들어 최인훈이 ≪새벽≫에 『광장』을 발표하면서 "아세아적 전제의 의자를 타고 앉아서 민중에겐 서구적 자유의 풍문만 들려 줄 뿐 그 자유를 <사는 것>을 허락지 않았던 구정권 하에서라면 이런 소재가 아무리 구미에 당기더라도 감히 다루지 못하리라는 걸 생각하면 저 빛나는 사월이 가져온 새 공화국에 사는 작가의 보람을 느낍니다."[1] 라고 밝힌 작자소감이 말하듯이 1960년대 이후 전쟁을 다룬 소설들은 지배이데올로기에서 1950년대에 비해 한층 자유로울 수 있었다. 그런데, 4·19가 안겨준 자유는 독재정권이 들어서면서 슬그머니 자취를 감추고 말았다. 10년 단위로 문학사를 구분할 때, 본격적으로 산업화가 시작되는 1970년대 문학과 구별하여 1960년대 문학의 위상을 4·19의 자유정신에서 찾으려고 하는 시도들의 입론이 약화될 수밖에 없는 것은 이러한 저간의 사정과 깊은 관련을 맺고 있다. 전쟁문학을 이야기할 때에도 1960년대 소설의 입지점은 그리 명징하지 못하다. 대개의 논자들은 1950년대의 전후 현실과 관련된 작품들의 언급에서 1970년대 이후의 『태백산맥』(조정래), 『불의 제전』(김원일) 같은 작품들에 대한 논의로 넘어가는 것이 보통이다. 1950년대는 체험의 기록에 유리한 시대였고, 1970년대 이후는 한국전쟁을 한국 현대사의 일면으로 객관화할 수 있는 시기적 거리를 확보한 시대라는 논리가 배면에 깔려 있는 듯

1) 최인훈, 『광장』 작자소감, ≪새벽≫ 1960.11(제7권 11호), p.239.

하다. 그렇다면 1960년대에 발표된 전쟁소설들은 어떻게 바라보아야 하는가. 현실을 사실적으로 옮기기에는 늦은 시간이고, 사실을 역사로 해석하기에는 이른 시간이 1960년대의 시기적 특성이다.

이 글에서는 문학사에서 1960년대의 과도기적 성격을 고려하여 이 시기에 발표된 여섯 편의 장편소설을 대상으로 삼고자 한다. 한국전쟁을 바라보는 역사의식은 미미하지만 1960년대 전쟁문학 위상이 그러하듯, 이 글에서 대상으로 삼은 여섯 편의 장편소설은 체험적 사실을 허구화하여 소설로 형상화하는 방향을 모색하는 과정을 보여준다는 점에서 한국의 전쟁소설의 구성원리를 탐구해 가는 출발점이 될 것이다.

이범선의 『동트는 하늘 밑에서』(≪현대문학≫ 1960.10~1961.9), 오유권의 『방앗골 혁명』(을유문화사, 1962), 송병수의 『빙하시대』(≪사상계≫, 1967.1~1967.7, 1968.1~1968.10), 강용준의 『밤으로의 긴 여로』(문예사, 1969), 홍성원의 『디 데이의 병촌』(동아일보 현상공모 당선, 1964), 정한숙의 『끊어진 다리』(을유문화사, 1962)는 모두 한국전쟁이 중심소재라는 점과 전후의 젊은 세대가 발표했다는 점, 그리고 작품 추동의 근원으로 국시였던 반공주의를 주제로 삼고 있다는 점이 공통적이다. 반공주의적 성격의 특성과 관련한 논의는 차후의 과제로 보류하고, 이 글에서는 한국전쟁이라는 역사적 경험의 사실을 소설로 형상화하는 기술적 측면에 치중하여 고찰하려고 한다.[2)]

2) 이 글에서 대상으로 삼은 텍스트는 다음과 같다.
이범선, 『동트는 하늘 밑에서-한국문학전집42』(삼성출판사, 1972)
오유권, 『방앗골 혁명-한국문학전집28』(삼성당, 1984)
송병수, 『빙하시대-한국문학전집56』(삼성출판사, 1972)
강용준, 『밤으로의 긴 여로-한국문학전집63』(삼성출판사, 1972)
홍성원, 『디 데이의 병촌』(일신서적출판사, 1994)
정한숙, 『끊어진 다리-한국문학전집3』(을유문화사, 1962)

재현의 구조 : 해결의 플롯과 총성의 결말

서술구조를 분석하기에 앞서 각 장에서 분석할 소설들의 플롯과 결말의 유형에 대해 간략히 언급하기로 한다. 작품의 대미인 결말이 비슷하다는 점은 서술구조를 비교하는 데에 큰 도움을 준다. 2장에서 논할 『동트는 하늘 밑에서』와 『방앗골 혁명』은 서두에서 문제가 발생하고 서사 진행 과정에서 문제가 해결되는 사건 중심의 해결의 플롯으로 이루어져 있는데 결말은 누군가가 누군가를 죽이는 총성으로 마감된다. 『동트는 하늘 밑에서』의 결말은 북한군을 향해 "갈기는" 남한군의 총소리, 『방앗골 혁명』의 결말은 마을의 평화를 해치려는 두 청년을 죽이는 두 방의 총소리로 끝난다. 전쟁은 총소리로 마감되는 것이다. 3장에서 논할 『빙하시대』와 『밤으로의 긴 여로』는 주인공의 비관적 탄식으로 끝난다. 스토리 전체를 포괄하는 대형 사건이 없이 산만하게 기술되어 있다. 두 소설은 북한군 소속을 경험한 주인공의 생존을 위한 사투를 그리고 있다. 때문에 서술의 형식은 상황 중심의 폭로의 플롯이라 할 수 있다. 『동트는 하늘 밑에서』, 『방앗골 혁명』, 『빙하시대』, 『밤으로의 긴 여로』가 한국전쟁이 진행되는 시간상의 지점에서 서술된 것에 반해 4장에서 논할 『디 데이의 병촌』과 『끊어진 다리』는 서술의 현재 시점이 휴전 이후라는 점이 특징적이다. 두 소설의 결말은 수해(水害)라는 자연재난이 생활터전을 파괴하는 것으로 끝난다. 수해는 전쟁 상황의 종결을 의미하는 메타포이다. 한국전쟁을 현재적 상황과 연관시켜 현재의 전사(前史)로 이해하려는 작가의 인식을 부각시키기 위해 서사 형식을 평가의 플롯이라 부르기로 한다.

(1) 전투장면의 사실적 재현-이범선의 『동트는 하늘 밑에서』

소설이 현실을 재현할 수 있다는 믿음을 환상이라고 말한 웨인 부스는 음성언어, 문자언어의 기호적 속성을 근거로 들어 "모든 서사는 언어적 사실일 뿐이며, 언어는 모방하는 게 아니라 의미화 작용을 할 뿐이다"라고 하였다.[3] 미메시스 이론에서 현실을 모방하는 방식은 직접적 재현과 간접적 재현으로 나눈다. 장르 상 직접적 재현을 실현하는 장르는 연극이다. 소설은 문자언어를 매개로 하기 때문에 소설이 재현하는 현실은 언어적 사실이다. 서사학에서 서술자가 제시하는 정보information의 양을 기준으로 하여 서술법을 보여주기showing와 말하기telling로 나누고, 정보를 적게 누출하는 보여주기가 정보를 과다하게 제공하는 말하기보다 객관적이며 현대적 양식이라고 평가하는 관점은 오랜 전통으로 이어져 온다.

이범선의 『동트는 하늘 밑에서』는 "소설의 善이라고 인정되어 오는 보여주기"[4]를 주로 사용함으로써 한국전쟁 당시의 삶을 쉽게 떠올릴 수 있도록 서술되어 있다. 이틀 정도로 추정되는 짧은 시간 동안의 부대이동과 피난과정이 한 편의 장편으로 완성된 것은 서술자가 중립적인 시선을 견지하면서 인물들의 행동을 길게 묘사하고 인물들 간의 대화를 길게 서술했기 때문이다. 이 소설의 주된 내용은 남한군이 후퇴하는 과정에서 북한 주민의 피난을 안전하게 도와주었다는 미담이다.

제목 "동트는 하늘 밑에서"의 의미는 동이 터 오는 아침에 피난선에 대피한 사람들의 상황과 주민들의 안위를 위해 살신(殺身)의 희생을 감행한 남한군의 죽음을 이중적으로 조명하고 있다. 동트는 하늘 밑에서

---

3) 제라르 쥬네뜨, 『서사담론』, 권택영 역, 교보문고, 1992, p.152.
4) 제라르 쥬네뜨, 같은 책, p.151.

누군가는 죽고 누군가는 산다는 것이다. 주민들의 거치 문제는 해피엔딩으로 해결되지만 희생자의 죽음에 의해 이루어졌다는 점에서 이 결말은 비극적이다. 전쟁의 종료를 환기하는 "총소리"로 이 작품은 끝난다.

아래에서 인용하는 부분은 『동트는 하늘 밑에서』의 결말이다. 소설 전체에서 시종여일한 객관묘사는 결말부분에서도 나타난다.

> 엄대위의 가슴에는 검은 피와 진흙이 범벅이 되어 있었다. 박상사는 엄대위를 다시 흙 위에 눕혔다. 그리고 저만큼 위에 엎드린 신상사에게로 달려갔다.
> "신상사!"
> "박상사!"
> 그들은 얼굴은 적에게로 돌린 채 서로의 이름만을 불렀다.
> "새끼들이……."
> "자, 신상사! 총신이 닳아 녹도록 갈겨라!"
> 다다다다다다……
> 신상사는 입을 꽉 다물고 그저 어둠속을 응시하고 있었다. 박상사는 옆에서 연방 탄약을 챙겨주고 있었다. 훤히 사방이 밝아오기 시작하였다.
> […...]
> "아직 총소리가 들리나?
> 이소위가 또 물었다.
> "네. 들립니다."
> 이 소위를 안고 있는 사병이 대답하였다. ①그러나 총소리가 멎은 지도 이미 오래였다. 그것은 거리가 멀어진 탓은 아니었다.
> 아침 햇빛이 빨갛게 산 위로 솟아 올랐다. 보우트 안에 앉은 병사들은 총을 앞에 안은 채 모두 얼굴들을 수그리고 있었다. 그들은 아무도 말이 없었다.
> 저만큼 아침 햇빛을 정면으로 받은 군함 위에는 피난민들이 죽 늘어서서 가까와 오는 보우트를 바라보고 있다.[5] (강조-인용자)

---

5) 이범선, 『동트는 하늘 밑에서-한국문학전집 42』, 삼성출판사, 1972, pp.306~308.

밑줄 그은 ①을 제외하면 모든 문장은 객관중립서술을 유지하고 있다. ①은 이틀 간의 전투의 종료를 선언하는 서술자의 설명이다. 이범선의 『동트는 하늘 밑에서』에 나타난 객관중립서술은 상황의 재현이라는 점에서 장점을 발휘한다. 전투장면의 세밀한 장면과 후퇴하는 남한군을 따라 피난하는 민간인들의 "밤길"이 구체적으로 묘사되어 있다.

소설의 처음으로 돌아가보자. 이 소설의 서두는 남한군의 후퇴장면으로 시작된다. 장소는 평안도 장읍(長邑)이고 시간은 한국전쟁에 중공군이 개입하여 상부로부터 후퇴 명령이 떨어진 후이다. 남한군의 후퇴가 이 소설의 서두에서 제시된 문제상황이다. 그러나 엄대위 일행이 주민들의 피난을 호위하는 장면이 제시되면서 이 소설의 중심은 남한군의 후퇴보다는 주민들의 안전한 피난이라는 문제로 초점이 모아진다. 결과는 앞서 말한 바와 같이 주민들이 해안에서 대기하던 군함으로 안전하게 대피함으로써 상황은 종료된다. 그럼으로써 남한군의 값진 희생이 강조되는 것이다.

후퇴과정에서 발생하는 장읍 자치대장 차명호의 퇴각 반대, 어린아이를 죽이는 생모의 비극, 순희를 겁탈하려는 황노인의 파렴치한 행위 등은 한국전쟁 진행중에 민간인들이 겪어야 했던 고충을 형상화하는 모티프들이다. 모든 모티프들은 한결같은 객관중립서술에 의해 디테일하게 묘사되어 있다. 객관중립서술의 장점은 무엇이고 단점은 무엇인가. 자치대장 차명호의 퇴각 반대는 감정상의 대응으로 그려져 있고, 생모가 어린아이를 죽이는 행위는 울음소리를 차단하여 북한군에게 발각되지 않기 위해 취했던 고육지책으로 그려져 있다. 순희는 황노인의 행위를 인지상정의 결과로 용서한다. 이 서술들은 사건에 대한 해석이라기 보다는 자연스럽게 전쟁의 폭력성을 드러내고 사람 사이의 인지상정을 강조하는 어법으로 받아들여진다. 이 소설에서 장면의 르포르

타쥬적 기술인 객관중립서술은 인간 보편에 잠재해 있는 보수지향성을 자극한다. 도와주는 사람은 착한 선인이고, 도와주는 사람을 추적하는 사람은 악인이라는 것이다. 이 소설에서 명백하게 드러나는 보수 반동의 이데올로기는 쫓겨가는 남한군의 실상을 세부적으로 그려냄으로써 쫓아오는 북한군을 미지의 포악한 존재로 상정하는 데에서 빚어진다.

객관중립서술은 상황의 재현이라는 점에서 장점을 발휘하지만 서술하는 상황의 성격에 따라 단점으로 작용하기도 한다는 점에 주목할 필요가 있다. 영미 서사학의 전통에서 '소설의 善'으로 인정되어 온 보여주기(showing)가 다큐멘터리적 재현에 가까워지면 이는 환경결정론에 의지하는 자연주의의 모순을 닮는다. 『동트는 하늘 밑에서』에서 남한군이 주민을 대피시켜야 하는 것은 당위로 전제되어 있다. 역사 기록에 의하면 남한군이 점령했던 마을을 북한군이 다시 점령했을 때에 그 마을의 주민들이 반동으로 숙청 당했다는 것은 엄연한 사실이다. 그러나, 한편의 소설이 소설 자체로 완결성을 갖기 위해서는 역사가 전제하고 있는 상황이 작중 현실로 형상화되어 나타나야 한다. 그러한 의미에서 이범선의 『동트는 하늘 밑에서』는 완결된 세계를 보여주지 못하고 장면의 생생한 재현에 치중했다는 결함을 갖는다. 소설의 결말이 남한군의 희생을 장렬한 것으로 미화시키면서 군인정신을 강조하고 정훈적 성격을 갖는 것은 전투장면의 생생한 재현이 거두고 있는 성과를 상쇄시킨다.

(2) 전쟁 전체의 알레고리적 재현-오유권의 『방앗골 혁명』

오유권의 『방앗골 혁명』은 한국전쟁의 비극성을 민중적 시각으로 조명하면서 전후 냉전 이데올로기의 극복을 시도한 소설이라는 평가를 받고 있다. 전체 3부로 구성되어 있는데, 1부는 한국전쟁 전야의 전근대적 농촌공동체인 방앗골의 내적 갈등과 하층민들이 좌익 이데올로기에 휩쓸리는 과정이, 2부는 전황의 교체에 따라 자행되는 좌익과 우익의 무자비한 살육과 보복의 참상이, 3부는 좌익의 빨치산 활동과 상·하촌의 혈연적 유대를 통해 마을의 재생과 영원한 평화를 도모하는 과정이 각각 서술되어 있다.[6)]

이범선의 『동트는 하늘 밑에서』가 이틀 간의 짧은 여정이 한 권의 장편소설로 기술될 수 있었던 것을 전통적 의미의 보여주기로 점철된 서술 방식 때문이라고 할 수 있다면 오유권의 『방앗골 혁명』은 전쟁 전부터 휴전 이후까지의 긴 시간을 알레고리적으로 서술한다고 할 수 있다. 전후 문학에서 알레고리는 김성한과 장용학의 소설들을 언급할 때에 자주 등장하는 개념어이다. 알레고리는 확대된 메타포로서, 『이솝우화』처럼 작가와 독자 사이에 명시적으로 선행하는 관념이 존재할 때에 의미를 획득한다. 오유권의 『방앗골 혁명』을 이야기하면서 언급하겠지만 작가와 독자 사이에 공유하는 관념이 없다면 알레고리는 비유로서의 힘을 상실한다. 오유권의 『방앗골 혁명』의 서두에서 제시된 문제는 방앗골의 상하촌 간의 불화에 관한 문제인데 다음 인용부분을 살펴보면 방앗골이라는 공간은 한국전쟁 직전의 남북 분단 상태를 알레고리적으로 반영하고 있음을 알 수 있다.

> 방앗골은 당초 지형부터가 대립된 상극을 이루었다. 무려 백 오십 가호가 넘는 한 골짜기에 박힌 한 마을인데도 지형이 공교롭게 양단되어 있었다. 골짝을 따라 줄줄이 층계를 이룬 논배미를 가운데 끼고, 동녘과 서녘에서 각각 산비탈을 등지고 건너편 처마들을 바라보고 있는 것이다. 자연 이름도 둘로

6) 이봉범, 「민중적 시각으로 조명한 전쟁의 비극과 농촌공동체 복원의 문제」, ≪민족문학사연구≫ 16(2000.6), pp.275~298.

> 나뉘어 불리게 되었다. 동녘을 상촌이라 부르고, 서녘을 하촌이라 부르는 것이었다.
>
> 양편이 세대 수도 비슷비슷한데다 지금엔 사는 것도 엇비슷하였다. 그런데 난처한 것은 상촌서 한 일가가 자작 일촌하고 사는 점이었다. 00 이씨네가 삼백 년 전에 이 골짝에 발을 붙이고 기지를 딱은 것이었다. [……]그러나 피와 살을 타고 흐르는, 얼굴과 옷에 나타나는 기백과 품위는 그들의 생활에 베어 상 하촌의 대조적인 관습은 좀처럼 씻가시지 않았다. 반상 풍습이 희미해질수록 상촌 사람들은 문벌과 명비를 내세우려고 애쓰고, 하촌 사람들을 마저 무너뜨리고자 안간힘을 썼다.[7)]

위의 공간이 전쟁 전 미소 군정에 통치를 받던 남북 분단 상황의 알레고리로 가능한 것은 다음과 같은 이유에서이다. 애초에 지세부터가 대립된 상극을 이루고 있을 만큼 내부적으로 심각한 빈부 격차와 문화적 차이를 지닌 상촌과 하촌의 대립은 전쟁을 겪으면서 좌우 이념을 기축으로 하여 하촌은 좌익 진영으로 상촌은 우익 진영으로 재편되는데 이는 한국전쟁 당시의 이데올로기 대립을 그대로 수용한 결과이다. 전쟁을 전후한 시대의 남한과 북한의 모습을 알레고리적으로 반영하면서, 위의 인용부분에서 말하듯 계층간의 불화를 소설에서 담고 있다면 오유권의 이 소설은 전쟁소설로서 하나의 훌륭한 전범이 될 수 있었을 것이다. 그런데 앞서 말했듯 오유권의 이 소설의 공간은 알레고리의 형태를 갖추고 있음에도 불구하고 작가와 독자 사이에 공감할 수 있는 관념이 부재한다. 가장 큰 원인은 방앗골이 골깊은 불화를 해결하고 평화를 찾는 방식에 있다. 그 방식을 살펴보자.

북한군이 퇴각하자 방앗골은 "혁명"을 이루어 골깊던 불화를 해결하

---

7) 오유권, 『방앗골 혁명-한국문학전집28』, 삼성당, 1984, p.15.

고 평화를 찾는다. 윤노인이 방앗골의 화합을 위해 제시한 방안을 살펴보면 전쟁이 역설적으로 평화를 이루는데 중요한 역할을 했음을 알 수 있다.

방앗골의 화합을 위해 윤노인이 제시한 방안은 다음과 같다. 전쟁 고아들을 공동으로 보육하는 것, 주인 없어진 집과 전답을 마을 공동자금으로 만드는 것, 전쟁 과부들을 석만과 순태가 각각 다섯 명씩, 일곱 명씩 아내로 삼는 것. 이러한 일련의 "혁명"은 사실적인 치유책이 될 수 없으며, 방앗골이 시간적으로 위치한 근대사회의 특성과는 전혀 거리가 먼 것이다. 때문에 방앗골은 근대사회와 연계를 찾을 수 없는 무시간적 설화공간으로 퇴화해 버리고 만다. 이 터무니 없는 "혁명"이 무리없이 성공하므로 방앗골은 더욱 시간성을 잃고 결국 이 소설의 알레고리는 힘을 잃게 되는 것이다.

그러나, 오유권의 『방앗골 혁명』은 1960년대에 방앗골이라는 협소한 산촌(山村)을 등장시켜 동서로 나누어 전쟁 전후기를 아우르는 알레고리적 공간을 창출했다는 데에 큰 의의가 있다. 오유권의 『방앗골 혁명』 이전에 전쟁을 이러한 방식으로 허구화한 예는 찾아보기 힘들기 때문이다. 상하촌이 지형적 조건에 의해 대립되어 있고 반상의 구별이 엄격하며 상촌이 하촌을 억압한다는 상황 설정은 당대 한국적 상황의 여러 국면들을 상징할 수 있는 도식으로 가능할 수 있었음에도 불구하고 그 알레고리가 힘을 잃고 만 것은 아쉬운 일이다. 알레고리가 성공했다면 방앗골은 광복 이후의 남북한 상황일 수도 있고, 계급문제가 해결되지 않은 당대 사회의 문제일 수도 있다. 배경이 농촌이기 때문에 방앗골은 전근대사회 전체를 비유할 수도 있다. 결국 "혁명"을 위한 윤노인의 처방을 대표로 하는 전근대적 설화방식의 도입이 방앗골의 공간적 특성을 코믹하고 기형적인 것으로 하강시키는 결과를 낳는다.

미적 형상화의 원리 면에서 『동트는 하늘 밑에서』는 사실의 관찰과 재현이라는 면에서 객관서술의 장점을 보여주었다. 그러나, 생생한 재현이 반공이데올로기를 당위로 받아들이게 만든다는 점은 간과할 수 없는 문제점이었다. 『방앗골 혁명』은 역사적 사실을 허구적으로 재현했을 때에 활성화되어 다양한 의미를 파생하는 소설적 장치의 가능성을 보여준다. 방앗골의 외양적 형상은 전쟁 전체를 조망하는 데에 유리한 것이다. 하지만 역사적 사실의 수용과 해석에 치밀하지 못하여 전쟁을 총체적으로 조망하지 못하는 경우를 오유권의 『방앗골 혁명』이 잘 보여준다.

비관의 구조 : 폭로의 플롯과 탄식의 결말

(1) 남북한군 양진영의 허실에 대한 폭로와 개인의 비관-송병수의 『빙하시대』

강용준의 『밤으로의 긴 여로』와 송병수의 『빙하시대』는 전투에 참여하기 싫어했던 청년이 우연한 기회에 군에 징집되어 전투를 체험하고 살아남는 과정을 그리고 있다. 두 소설은 북한군 출신의 주인공을 내세우고 있기 때문에 『동트는 하늘 밑에서』와 『방앗골 혁명』에서 보여주지 못한 북한군의 실상을 잘 소개하고 있다. 남한군과 북한군 양쪽 진영의 실상을 폭로하기에 적절한 인물이 『밤으로의 긴 여로』와 『빙하시대』의 주인공이다. 주인공의 비관적 탄식으로 끝나는 두 소설 『빙하시대』와 『밤으로의 긴 여로』는 스토리 전체를 포괄하는 대형 사건이 없는데 북한군 소속을 경험한 주인공의 생존을 위한 사투를 그리고 있는 것이 특징적이다. 『동트는 하늘 밑에서』와 『방앗골 혁명』의 플롯을 사건 중심의 해결의 플롯인 것과 구별하여 『빙하시대』와 『밤으로의 긴 여로』의 플롯은 상황 중심의 폭로의 플롯이라 부르기로 한다.

『빙하시대』는 장광도의 시선으로 남북한군 양진영의 허실을 폭로하는 형식으로 이루어져 있다. 서술의 초점은 장광도의 행동과 심리에 모여 있다. 인공치하의 서울에서 의용군으로 징집된 그는 우연히 마주친 배구선수 지애를 사랑하는데 전투현장에 투입된 이후 지애를 찾는 것이 생존의 목적이라고 생각한다. 지애가 생각날 때마다 그는 "가자"라는 말을 주문처럼 부르짖는다. "가자"라는 말을 부르짖는 순간 그 앞에 있던 질곡은 사라진다.

그는 낙동강 전투에 참여한 이후 빨치산 생활을 하다 우연히 만난 지애와 탈출한다. 지애와 빨치산 대열에서 탈출하는 시점까지가 북한군 시절의 이야기이다. 그의 북한군 시절에서 드러나는 북한군의 허실은 오해와 우연으로 이루어지는 전과(戰果)와 이유 없이 살인을 자행하는 군인들의 부도덕성이다. 전자의 예는 전투성과를 올려 훈장을 받았지만 후에 부대원이 몰살하는 와중에 자기만 살아남았다는 것이 알려져 사상성 의심을 받는 것이 대표적이다. 이러한 사정은 남한군 진영의 실상으로 이어진다.

장광도는 지애의 도움으로 정보대에서 신분적 특권을 누린다. 도박에서 돈을 벌어 군납비리에 가담하고, 수색대 소대장을 하던 무렵 총상을 입고 상이군인이 된다. 피난민 가득한 부산에서 그는 상이군인협회의 간부가 되며, 상이군인협회의 상권을 보호하기 위한 일환으로 민대령의 집을 습격했다가 그곳에서 지애를 만난다. 그가 지애를 만나는 것은 모두가 우연이다. 그는 북한군 시절 지애와 탈출하는 데에 성공했던 것처럼 지애와의 동반 도주에 성공하지만 만신창이가 되도록 린치를 당한 후 버려진다.

『빙하시대』에 나타난 서술의 특징과 장광도의 비관의 내용을 결말 부분을 통해 정리하기로 한다.

> 만신창이의 송장처럼 늘어진 광도와 지애는 드리쿼터에 짐짝처럼 실렸다.
> 드리쿼터는 깜깜한 밤거리를 쏜살같이 달리다가 어느 개천 다리 위에 멎었다. 다리 밑은 거무죽죽한 시궁창물이 흐르고 있었다.
> 드리쿼터의 사나이들은 송장이나 다름없는 광도와 지애를 끌어내어 다리 밑에 내던지고는 달아나 버렸다.
> [……]
> 광도는 그만 그자리에 엎드린 채 칵 울음을 터뜨렸다. 웬일인지 웬일인지 설움이 복받쳤다. 굵다란 눈물을 흘리면서 흑흑…… 느껴 울었다.
> 지애도 벌거벗은 등때끼를 들먹이면서 느껴 울었다.
> "그만 가자, 이 새끼야……."
> 권상사가 이렇게 소리치며 광도를 잡아 일으켰다.
> "지애……가자, 가……"
> 광도는 여전히 울먹이면서 지애를 잡아 일으켰다.
> 권상사가 대기시켜 논 자동차에 광도와 지애를 번갈아 안아들였다.
> "가자……"
> 광도는 딱이 무슨 뜻인지도 모를 이 소리를 내질렀다. 누구에게랄 것도 없이, 어디라 목표한 바도 없이 그렇게 혼자 소리를 내질렀다.[8)]

결말에서 드러나는 장광도의 탄식은 현재의 상황에서 벗어나고자 하는 몸부림이다. 북한군 진영에서 탈출하고 남한군 진영에서 총상을 입고 상이군인이 되어 제대를 했던 장광도의 운명은 남북한 어디에서도 희망을 발견하지 못한 당대 개인들의 삶을 압축적으로 드러낸다. 현실은 그저 탄식의 대상일 뿐이다. "가자"라는 말을 무의식중에서 발설하

8) 송병수, 『빙하시대-한국문학전집56』, 삼성출판사, 1972, pp.429~432.

는 광도의 심정에는 한국전쟁이 벌어진 상황에 대한 작가의 비관이 들어 있다.

결말부분에서 갑작스럽게 등장하여 광도와 지애를 거두어 가는 권상사는 광도가 남한군에 징집되었을 때 논산훈련소에서 만난 사람이다. 권상사의 출현이 갑작스럽듯이 『빙하시대』 대부분의 사건 전개는 갑작스런 동기와 우연에 의해 이루어져 있다. 지애와의 관계를 살펴보자. 광도는 최초 지애를 우연히 만났고, 북한군 시절에는 빨치산으로 입산한 장소에서 우연히 지애를 만났다. 남한군 시절에는 폭행사건 때문에 수감되었을 때 지애가 찾아왔고, 상이군인이 되었을 때는 광도가 민대령의 집을 습격했을 때 지애가 민대령의 집에 있었다. 작품 전체를 관통하는 대형 사건이 없는 이 소설의 플롯에서 개연성 없이 연결되는 서사의 각 단락들은 주인공 장광도의 이력을 보여주는 스냅사진들로 이해할 수도 있다.

『빙하시대』는 남북한군 진영의 허실을 공히 폭로했다는 장점을 갖는다. 한국전쟁을 단순한 재현의 대상으로 삼지 않고 비판의 대상으로 삼았다는 것은 재현의 단계에서 보다 발전된 형태의 의식수준이다. 그러나, 비판이 객관적인 기준에 의한 것이 아니라 주관적 감정의 과잉으로 처리되어 비관에 머문 것은 『빙하시대』가 피할 수 없는 한계이다.

(2) 좌우익 대립의 무모함에 대한 폭로와 개인의 비관-강용준의 『밤으로의 긴 여로』

강용준의 『밤으로의 긴 여로』의 주인공은 송병수의 『빙하시대』의 주인공처럼 북한군 시절을 체험한 인물이다. 북한군 시절 낙동강 전투에 참여하여 희생, 자유, 신 등의 관념에 대해 사색하는 것이 특징적이다. 작가의 전쟁에 대한 혐오와 인간에 대한 연민은 눈에 보이지 않는 형이상학적 관념에 경도하는 방향으로 나타나 있다.

『빙하시대』가 북한군 출신의 주인공을 내세워 남북한군 양진영의 허실을 폭로했다면 『밤으로의 긴 여로』는 북한군 출신의 주인공을 내세워 포로수용소의 상황을 폭로하고 있다. 『밤으로의 긴 여로』의 가장 큰 특징은 거제도 포로수용소를 배경으로 한 제2부, 제3부의 서사이다(『밤으로의 긴 여로』는 전체 3부로 구성되어 있다). 전선에서 이탈하여 고향으로 돌아가 빨갱이를 잡으러 다니는 치안대원이 되었다가 흑인 병사의 실수로 유엔군 포로가 된 '나'와 태흥이, 병길이 일행은 거제도 우익 수용소에 수감된다.

『밤으로의 긴 여로』의 '나'는 수용소 생활에서의 굶주림과 학대 등이 포로들 상호간의 착취에 의해 이루어진다고 생각한다. 권력과 도덕의 문제는 외부의 강압에 의한 것이 아니라 자신이 속해 있는 작은 집단 자체에서 탄생한다고 생각하는 것이다. '나'가 소대장이 되고 순봉이가 부소대장이 되고 태흥이가 식사관이 되면서 포로 사회에서 권력을 누릴 수 있는 것은 '나'가 사회 질서를 적실하게 파악할 수 있기 때문이다.

『밤으로의 긴 여로』에서 이데올로기의 문제가 대두된 것은 북한군 장교였던 태흥이의 이력이 알려지면서이다. 태흥이가 좌익 수용소로 전출되었다가 다시 우익 수용소로 돌아온 사건 이후 『밤으로의 긴 여로』의 서사는 좌우익 포로들 간의 대립으로 전환된다. 좌우익 포로들 간의 대립은 전투상황을 방불케 한다. 좌익 진영에서는 반동을 숙청해 반동분자의 피로 플래그카드를 쓰곤 한다. 우익 진영에서는 좌익 진영을 습격할 계획을 도모하고 좌익 진영에서는 먼저 우익 진영을 기습한다. 작은 한국전쟁이 거제도 포로수용소에서 벌어졌던 것이다. 이러한 싸움에 대하여 '나'는 다음과 같이 비관한다.

나는 시체들을 다시 내려다보았다. 눈은 감겨져 있었으나(아마도 한민호씨가 감겨 주었으리라), 시체들은 똑같이 이마 오른쪽 위에 말라붙은 딱지처럼 피가 엉겨붙어 있었는데, 나는 문득 왜 저것을 좀 닦아주지 않았을까, 하고 생각했다. 이와 같은 나의 표정을 한민호씨는 이내 알아챘는지 다시 어깨를 조금 추켜 세우더니, "아마 못을 사용한 모양이야" 하고 말했다.

[……]

"미안하네."

한민호씨가 자기의 삐뚜름한 콧등을 한 번 쥐었다 놓았다. 우리는 밖으로 나왔다.

"폭도들을 CIE 퀀셋에 집단감금해 놓았는데, 어때? 자네들같이 안 가 보겠나?"

밖으로 나오자 한민호씨가 우리를 돌아보며 물었다. 내가 도리질을 했다.

"뭐라구?"

"저는 그만두겠습니다."

"오오"

한민호씨가 웃었다.

"하긴 그렇지. 그게 좋겠군. 어차피 감찰부장이 알아서 처리할 테니까."

한민호씨가 크게 기지개를 켰다. 우리는 모두 머리를 들었다. 저쪽에 철조망이 보였다. 그리고 철조망 너머 좀더 저쪽에서는 우뚝 솟은 감시대가 언제나처럼 우리를 내려다보고 있었다.

서쪽 하늘이 저녁놀로 온통 피처럼 붉게 물들어 있었다. 그것은 우리의 뇌리에 오래오래 새겨져서 우리의 심장을 괴롭힐 저 거제도의 놀이었다.[9]

위의 결말에서 드러나는 것은 좌익 포로들의 잔인한 살상이다. 우익 진영의 스파이로 잠입한 태흥이는 이마에 못이 박혀 죽었다. 보복할 기회가 왔지만 보복을 하지 않으려는 '나'의 비관은 직접적인 탄식보다 훨씬 강도 높은 탄식을 포함하고 있다.

---

9) 강용준, 『밤으로의 긴 여로-한국문학전집63』, 삼성출판사, 1972, pp.371~372.

『밤으로의 긴 여로』는 좌익 포로들의 잔인한 살상을 묘사하고 우익 포로들의 보복을 예견함으로써 남북 이데올로기의 대립을 형상화하였다. 주인공은 피 흘리는 싸움 자체를 "오래오래" 기억하려고 한다. 『밤으로의 긴 여로』가 폭로하는 것은 이데올로기 대립의 무모함이며 폭로 속에 들어 있는 세계관은 전쟁에 대한 비관적 인식이다.

『빙하시대』와 『밤으로의 긴 여로』는 남북한 양진영을 공히 비판하고 있다는 점이 가장 큰 장점이다. 한국전쟁을 소재적 차원의 재현 대상으로 삼지 않고 비판의 대상으로 삼았다는 점에서 재현의 단계보다 발전된 형태의 의식수준이다. 그러나, 비판이 객관적인 기준에 의한 것이 아니라 주관적 감정의 과잉으로 처리되어 비관에 머문 것은 『빙하시대』와 『밤으로의 긴 여로』의 한계이다. 주인공이 자기 반성을 행하지 않고 외부 세계에 대해 비관하는 것은 주관적 감정이 낳은 결과이다. 역사적 사실을 정당하게 평가하고 객관적으로 비판하기 위해서는 주인공의 자기 반성이 수반되어야 한다. 두 소설의 주인공이 동시대를 살았던 사람들을 대표하지 못하는 것은 이러한 자기 성찰이 미흡한 결과이다.

전망의 구조 : 평가의 플롯과 다짐의 결말

(1) 전쟁을 잊으려는 청년의 낭만적 기대-홍성원의 『디 데이의 병촌』

『동트는 하늘 밑에서』, 『방앗골 혁명』, 『빙하시대』, 『밤으로의 긴 여로』가 한국전쟁이 진행되는 시간상의 지점에서 서술된 것에 반해 『디 데이의 병촌』과 『끊어진 다리』는 서술의 현재시점이 휴전 이후라는 점이 특징적이다. 두 작품의 플롯을 평가의 플롯이라고 명명한 것은 이 때문이다. 『디 데이의 병촌』과 『끊어진 다리』의 결말은 수해(水害)라는 자연재난이 생활터전을 파괴하는 것으로 끝난다. 수해를 바라보는 주인공, 화자의 의식이 한국전쟁을 평가하는 작가의 의식이다. 수해라는 메타포를 등장시킨 것은 전쟁을 전쟁 자체로 보지 않고 현재의 전사(前史)로 인식하는 의식의 질적 성숙의 결과이다.

『디 데이의 병촌』에서 한국전쟁은 과부촌의 역사로 등장한다. 과부촌의 과부들은 전쟁에 남편을 잃거나 남편과 헤어진 상태에서 고향 마을을 지키고 있다. 그들의 희망은 헤어진 남편과 다시 만나는 것이다.

이 소설의 대부분을 차지하는 것은 주인공 현중위의 병영생활이다. 한국전쟁과 관련하여 서사를 정리하면 한국전쟁이 발생하자 월남한 선경은 딸 민혜와 시아버지 감리교 장로와 과부촌에서 살고 있다. 소설을 쓰기 위해 전방부대로 자원한 현중위는 선경의 집에서 하숙한다. 콜레라에 선경의 딸 민혜가 죽고 수해에 선경의 시아버지 장로가 죽는다. 수해에서 유일하게 구조된 선경과 군 제대를 결심한 현중위는 P촌을 떠나기로 한다.

한국전쟁은 주인공이자 초점화자focalizer인 현중위에게 겪어보지 못한 과거의 일이다. 한국전쟁을 체험한 당사자는 선경이다. 수해 역시 현중위에게는 전갈로 들려오고 수해를 겪은 사람은 선경이다. 한국전쟁을 체험하고 상흔을 갖고 있는 인물은 선경이고 그 인물을 사랑하는 인물이 현중위이다. 현중위가 하는 고민은 '무언가'를 소설로 쓰기 위한 고민이다. 현중위가 수해소식을 듣는 장면을 인용하면 다음과 같다.

> 다음 날도 비는 계속 내렸다.
>
> 새벽에 먼저 부대로 돌아온 현 중위는 몸이 피곤하여 다시 공민학교 막사에서 잠을 잤다. 누가 몸을 흔들어서 눈을 뜨니 날이 환히 밝아 있고 구대위가 그의 앞에 서 있었다.

[……]
"자네 놀랄 일이 있네."
"?"
"P촌에 사고가 났어."
"무슨 사고가?"
"사고두 큰 사고야."
"이야길 하게."
"홍수가 났네."[10]

이러한 서사진행 방식은 한국전쟁을 전사(前史)로 인식하고 현재 상황에 충실하려는 전략으로 적절한 것이다. 이 소설에서 자연재난이 호재로 작용하는 것은 콜레라, 수해가 현중위와 선경의 사랑이 이루어지는 최적의 조건을 완성하기 때문이다. 콜레라와 수해를 겪으면서 선경은 완전한 홀몸이 되고 선경에게는 현중위와의 사랑이라는 문제만 남는다. 전후의 피폐한 상황은 아름다운 낭만적 사랑에 대한 기약에 의해 잊혀지는 것이다.

자연재난은 한국전쟁의 상흔까지 말끔히 씻어버린다. 선경의 다음 대화에서는 전쟁을 잊으려는 심리의 단순논리를 파악할 수 있다.

"과부촌이 어디 쯤입니까?"
"저기 잣나무 밑……."
"모든 게 끝났군요."
"스피커 소린 아직 들려요."
그는 선경을 굽어보았다.
"저 소리가 안 들리는 우리만의 집이 있습니다."

10) 홍성원, 『디 데이의 병촌』, 일신서적출판사, 1994, p.375.

> ①"문을 꼭 닫구, 조그맣게, 이웃을 사랑하며 살겠어요."
> "홍수가 나면 어떡하죠?"
> "현 선생님하구 조용히 물에 떠내려가겠어요."
> ②"지금까지 우리에겐 너무 큰 홍수만 있었습니다."
> "기다리세요!"
> 선경이 그의 팔을 놓고 종루 밑으로 걸어갔다. 늘어진 종 끈을 잡고 그녀는 이쪽으로 돌아섰다.[11]

밑줄 그은 선경의 대화 ②는 한국전쟁을 평가하는 선경의 입장이다. 생활터전을 물에 잠기게 하고, 생명을 위협했던 홍수는 전쟁을 은유한다. 그런데, 전쟁을 평가하고 내일을 다짐하는 내용이 ①처럼 소박하고 낭만적인 것은 전쟁이란 잊어야할 대상이라는 파악에서 나온 결과이다. 이는 역사적 사실을 과거의 재난으로 인식하는 단순논리의 한계이다.

다음의 결말에서는 한국전쟁을 거리를 두고 바라보는 현중위의 한국전쟁에 대한 평가와 현실인식의 한계를 읽을 수 있다.

> "고맙네, 고무신……."
> "내가 구한 게 아니야. 떠내려오는 걸 사병이 주워왔어."
> "좌우간 고맙네."
> "이젠 아무 거나 고맙군?"
> "홍수두 고마워."
> 두 사람은 웃었다. 고개를 드니 선경과 나 중위가 나란히 이야기를 하며 수송부로 걸어가고 있었다. 두 사람은 태양을 등지고 그들 뒤를 따라 묵묵히 걸었다. 어디선가 까치 우는 소리가 들려왔다.[12]

---

11) 홍성원, 같은 책, pp.398~399. (강조-인용자)
12) 홍성원, 같은 책, pp.400~401.

서사 진행과정에서 자신이 처한 병영생활 이외의 모든 것에 대해서는 누군가의 전갈을 통해 전해듣는 현중위의 소극적인 면모는 위의 결말에서도 나타난다. 과부촌이 수해에 잠겼을 때 선경을 구해준 사람은 어떤 병사였고, 선경의 고무신을 주워온 것도 현중위 자신이 아닌 어떤 사병이었다. 수해 소식을 전해듣고 과부촌으로 가서 선경과 만나는 대목도 마찬가지이다. 수해 상황을 바라보고 있는 현중위 앞에 선경이 나타난다. 이렇듯 현중위에게 모든 것은 주어진다. 현중위의 능동적인 참여는 선경과의 미래를 꿈꾸는 결말에서나 나타난다.

전쟁이 일반인들에게는 주어진 상황이었듯 현중위에게는 전쟁과 전쟁 이후의 상황 모두가 주어진 것이다. 때문에 현중위가 능동적으로 참여하는 선경과의 사랑은 현중위의 다짐에서 나온 것으로 중요하게 부각된다. 현중위의 다짐은 한국전쟁을 평가하고 미래를 전망하는 작가의 의식을 포함하는데 그것이 지나치게 낭만적이고 유치할 정도로 순박하다는 것은 『디 데이의 병촌』이 역사적 사실을 형상화하는 방식에 많은 문제점을 포함하고 있다는 증거이다. 결과적으로 『디 데이의 병촌』은 역사적 사실과의 거리두기에는 성공하였지만 평가와 전망이 현실의 논리와 너무 낯설다는 것이 문제적이다.

(2) 상처를 치유하려는 장년의 현실적 다짐-정한숙의 『끊어진 다리』

『끊어진 다리』는 『디 데이의 병촌』처럼 한국전쟁을 과거의 한 부분으로 서술하고 있다. 제목 "끊어진 다리"를 분단현실과 주인공이자 화자인 '나'의 신체적 불구 두 의미로 비유하고 있는 이 소설의 결말은 전후 상흔을 치유하려는 다짐으로 이루어져 있다. 서술방식이 과거를 회상하는 형태이기 때문에 수해를 겪은 상황은 서사의 종결이면서 회상의 시발점이다.

『디 데이의 병촌』에 비해 『끊어진 다리』는 수해 장면을 구체적으로 보여주고 있다. 이것은 한국전쟁이라는 역사적 사실과 거리두기에 성공했다는 측면과 역사적 사실을 문학적 언어로 은유화했다는 측면 양쪽에서 거두고 있는 성과이다. 『디 데이의 병촌』에서 수해는 과거를 함몰시키는 호재였으나 『끊어진 다리』의 수해는 현재 상황을 더욱 악화시키는 악재이다. 이 때문에 『끊어진 다리』의 수해는 전쟁상황을 비유하는 데에 성공한다.

수해 현장을 취재하기 위해서 온 외지인들은 『디 데이의 병촌』에서도 등장하였다. 다른 점은 『디 데이의 병촌』의 외지인들은 언론기관의 기자정도로 짤막하게 소개되어 있지만 『끊어진 다리』의 취재진 속에는 '나'가 유년을 함께 보낸 미국인 죤이 있었으니 수해는 과거 회상의 계기로 충분한 것이며 한반도 상황과 관련한 외세의 존재까지 암시적으로 드러내는 모티프로서 중요한 자질을 갖는다는 점이다.

다리[橋脚]에는 "昭和 X년 X월 X일 竣工."이라는 표식이 달려 있다. '나'와 동갑인 그 다리는 수해에 의해 끊어졌고 '나'의 다리는 한국전쟁 도중에 끊어졌다. 수해상황을 한국적인 현실의 은유라 할 때 미국인 죤이 다음과 같이 사진촬영을 권하는 것은 한국적 상황이란 그저 한국인의 문제이고 외국인에게는 눈요기 정도에 그친다는 작가의 현실관을 드러내는 모티프이다.

> "우리와 동갑인데……."
>
> "연, 그 앞에 서. 동갑 기념으로 한 장 찍어두게."
>
> 죤의 말대로 나는 그 앞에 섰다. 일제의 침략의 길이었던 끊어져 나간 다리의 난간 옆에 선 내 마음 속에 오르내리는 회포의 정은 무엇인지 모르게 서글프기만 했다.13)

『끊어진 다리』가 일제침략기, 광복, 한국전쟁, 사일구라는 한국현대사의 굵직한 봉우리들을 섭렵하고 있다는 것과 외국인(미국인)의 시각을 드러내고 있다는 것은 큰 장점이다. 위에서 "무엇인지 모르게 서글프기만 했다"는 '나'의 심정고백은 작가의 과거사에 대한 인식을 반영한다. 『끊어진 다리』의 작가는 과거사를 회고하는 지점에서 느낀 슬픔을 내일에 대한 다짐으로 씻고자 한다. 이것을 『끊어진 다리』의 결말에서 볼 수 있다.

> "죤, 신경 없는 이 고무 다리도, 보이지 않는 미혜의 눈도, 결국은 내 의지(意志)로서 볼 수도 있고 움질일 수 있는 것이야. 인간의 의지가 곧 운명이란 말이 있지 않나. 말하자면 운명이란 의지의 결정 같은 것이니까. 죤이 앞으로 어떻게 하겠는가는 물으니 말해두지."
>
> 불빛에 반사된 죤의 눈빛이 더 파랗게 보이는 것 같았다.
>
> "자네 조부와 부친께서는 천국의 사업을 도우러 이 땅에 오셨고, 죤은 다시 미국정부의 일을 도우러 나오지 않았나. 내가 유년 주일학교에 다닐 때 선교사 어른은 그림엽서에 붙인 하나님의 복음을 주시며 그것을 외우라 사셨지. 나는 한 번도 외어보질 못했지만……. 그 엽서란 받은 편지의 폐물을 이용한 것들이었어……. 무척 애들은 그것을 받고 싶어들 했지만. 자네도 그것이 기억나나?"
>
> 죤은 아무런 말이 없었다. 내 목소리는 나도 모르게 꼬리가 떨었다.
>
> "아무리 많은 구제품과 레이숀빡스라 해도 헐벗음과 굶주림을 막을 순 없을 거야. 공연히 인심만 사납게 하기가 쉽지."
>
> 죤은 무엇을 생각하는지 길게 숨길을 돌리며 눈을 감은채 고개를 쳐들고 있었다.
>
> "인젠 어서들 들어와 주무셔요. 네……."
>
> 먼저 들어간 미혜가 소리쳤다. 바람이 차갑다. 죤이 일어서기에 나도 따라

13) 정한숙, 『끊어진 다리-한국문학전집3』, 을유문화사, 1962, pp.401~402.

> 일어섰다. 별들이 자리를 옮기는 모양인지 그 요란한 소리가 바람소리와 함께 들려오는 것 같았다.[14]

위의 결말에서 '나'가 자신의 다짐을 이야기하는 대상은 벽안(碧眼)의 외국인이다. 장애자의 몸이 되었지만 타인에게 의지하지 않고 스스로 상흔을 극복하겠다는 의지가 단호하다. 이러한 '나'의 다짐은 같은 상황에 처한 다른 인물에게 전하는 계몽이 아니라는 점에서 설득력 있다. '나'는 현실 상황을 수해민 공동의 운명으로 받아들였기 때문에 취재진으로 온 죤에게 자신의 다짐을 단호하게 말할 수 있었던 것이다. 홍성원의 『디 데이의 병촌』에 비해 현실적이고 당찬 결의이다. 『끊어진 다리』는 내적인 다짐으로 끝나고 있는 것은 작가의 신념을 소설의 다른 인물에게 강연하거나 작가적 논평으로 서술하여 독자와 타인들을 교화하려 했던 근대 이전 소설에서 보이는 계몽성과 구별되는 면모이다.

『디 데이의 병촌』의 주인공은 전쟁을 잊으려 하고 『끊어진 다리』의 주인공은 전후 상황을 복구하려 한다. 『디 데이의 병촌』은 『끊어진 다리』에 비해 낭만적이고 『끊어진 다리』는 『디 데이의 병촌』에 비해 현실적이다. 『디 데이의 병촌』의 주인공이 새로운 사랑을 시작하려는 청년이고 『끊어진 다리』의 주인공이 한국현대사의 굵직한 사건들을 경험한 장년이라는 점은 이와 관련해서 구별된다. 『끊어진 다리』는 역사를 현재의 전사(前史)로 이해하는 수준 있는 역사관을 보여주었고 수해를 전쟁의 메타포로 활용하여 문학적 형상화에도 성공한다. 그러나, 시종여일하게 편린적으로 과거 회상에 주력하는 서술전략은 소설의 현장감과 긴장감을 조성하는 데에 부정적인 영향을 미치고 있다. 『끊어진 다

14) 정한숙, 같은 책, pp.405~406. (강조-인용자)

리』는 이니시에이션 소설적인 면모가 많지만 한 편의 이니시에이션 소설로 이해하기에는 미흡하다. 서술자의 현재적 관점이 너무 많이 과거사에 간섭하고 있기 때문이다.

맺음말

이 글에서는 1960년대 전쟁장편소설 여섯 편의 플롯과 결말을 <해결의 플롯과 총성의 결말>, <폭로의 플롯과 탄식의 결말>, <평가의 플롯과 다짐의 결말> 세 부류로 나누었다. 각각을 재현의 구조, 비관의 구조, 전망의 구조로 명명했는데 그 기준은 역사적 사실을 대하는 서술자의 의식이었다.

재현의 구조의 작품(『동트는 하늘 밑에서』, 『방앗골 혁명』)은 전투 장면을 사실적으로 재현하기도 하고 전쟁 전체를 알레고리적으로 재현하려는 시도를 보여주었지만 전쟁이 소재 차원에 머무르는 한계가 있음을 지적하였다.

비관의 구조의 작품(『빙하시대』, 『밤으로의 긴 여로』)은 전쟁을 현재적 관점에서 해석하려는 시도는 보여주었지만 비관이 감정의 과잉으로 인해 개인적 비관으로 하강하고 개인이 시대의 대표성을 띠지 못하는 점을 지적하였다.

전망의 구조의 작품(『디 데이의 병촌』, 『끊어진 다리』)은 전쟁을 현재의 전사(前史)로 이해하려는 의식의 성숙된 형태를 보여주었지만 『디 데이의 병촌』의 청년 주인공은 현실논리에서 낯선 낭만적 희망을 품었다는 점을 지적하였다. 『끊어진 다리』의 장년 주인공은 현재상황을 객관적으로 인식하는 면이 돋보이지만 서술전략이 현장감과 긴장감을 뒷받침하지 못한다는 점을 지적하였다.

1960년대 전쟁장편소설을 분석하여 얻은 결론은 역사적 사실을 미적 형상물로 조형하기 위해서는 재현과 비판과 평가를 아울러야 한다는 것이다. 역사를 현재의 전사(前史)로 이해하는 것은 현재에 당면한 문제점을 해석하기 위해서이다. 이 글에서 분류한 세 구조의 작품들은 모두 루카치의 『역사소설론』의 큰 주제인 현재적 관점에서 과거 역사를 총체적으로 재현하는 것에 미치지 못한다. 이 때의 재현은 이 글에서 사용한 좁은 의미의 재현이 아니라 문학작품이 갖는 일반적인 미메시스의 성격을 의미한다. 1970년대 이후의 전쟁장편소설들이 거두고 있는 성과는 이러한 1960년대의 과도기를 거쳤기 때문일 것이다. 이 글이 잠정적으로 가정하고 있는 재현의 구조, 비판의 구조, 전망의 구조가 발전적 단계성을 갖는가의 여부는 치밀한 분석과 탐구 끝에 결정해야 한다.

참고문헌

소설 텍스트

이범선, 『동트는 하늘 밑에서-한국문학전집42』, 삼성출판사, 1972.

오유권, 『방앗골 혁명-한국문학전집28』, 삼성당, 1984.

송병수, 『빙하시대-한국문학전집56』, 삼성출판사, 1972.

강용준, 『밤으로의 긴 여로-한국문학전집63』, 삼성출판사, 1972.

홍성원, 『디 데이의 병촌』, 일신서적출판사, 1994.

정한숙, 『끊어진 다리-한국문학전집3』, 을유문화사, 1962.

논문 및 단행본

송하춘 · 이남호 편, 『1950년대의 소설가들』, 나남, 1994.

민족문학사연구소 현대문학분과, 『1960년대 문학 연구』, 깊은샘, 1998.
김윤식 · 정호웅, 『한국소설사』, 예하, 1993.
이재선, 『현대 한국소설사』, 민음사, 1991.
권영민, 『한국현대문학사』, 민음사, 1993.
김인환, 『언어학과 문학』, 고려대학교출판부, 1999.
제라르 쥬네뜨, 『서사담론』, 권택영 역, 교보문고, 1992.
게오르그 루카치, 『역사소설론』, 이영욱 역, 1987.
이봉범, 「민중적 시각으로 조명한 전쟁의 비극과 농촌공동체 복원의 문제」, ≪민족문학사연구≫ 16(2000.6).
정희모, 「역사체험의 회복과 실감있는 전쟁의 엿보기」, ≪민족문학사연구≫ 8(1995.12).
김영택, 「전쟁체험의 소설화에 대한 일 고찰」, ≪선청어문≫ 23(1995.4).
이기윤, 「한국 전쟁소설의 유형 분류와 주제의식에 관한 연구」, ≪軍史≫ 28(1994.6).
김외곤, 「구세대의 전쟁문학에 나타난 중립적 시각과 윤리의식」, ≪韓國學報≫ 61(1990.12).

의식의 일관성을 기준으로 삼아 기술해보는 작가론의 형태

– 배산임수와 도덕적 유토피아, 윤흥길론

· 안정된 구조와 안주(安住)에의 욕구
· 추상적으로 안온한 현재
· 30년 전의 슬픈 완장
· 어머니, 어머니, 아버지, 아버지
· 배산임수와 도덕적 유토피아

안정된 구조와 안주(安住)에의 욕구

전통적인 소설문법에서 강조하는 모범적인 플롯 중 하나는 인물들로 하여금 불안정한 갈등상태를 거쳐 안정된 상황에 이르도록 해야 한다는 것이다. 불안정성의 폭을 확대하여 긴장감을 높이고, 결론적으로 도달하게 되는 안정의 의미를 효과적으로 제시하기 위해 필요한 것은 처음 중간 끝이 분명한 이야기이다. 아리스토텔레스의 비극 창작론인 『시학』에서 주장된 이후 언제나 전통적이라거나 정통적이라는 수식을 받으며 이 주장은 오늘날까지 압도적인 권위를 유지해오고 있다. 오늘날까지 이 전통이 확고하게 자리를 잡고 있는 이유는 단지 오래되어 익숙하다는 점 때문만은 아니다. 불안정한 상황에서 안정된 결말로 흘러가는 플롯 자체의 안정성이 불안한 현재를 살아가고 있는 우리의 안정된 삶에 대한 안주(安住)에의, 본능적 욕구를 자연스럽게 반영하고 있다는 데에 더 큰 이유가 있다. 소설의 주된 인물들은 모두가 현실세계의 불안한 삶을 살고 있는 우리처럼 무언가에 의해 평화를 도난당하고 살아간다.

전통이 형성된 이후 언제나 있어왔던 반전통의 움직임, 즉 전통적 형식에 대한 파괴와 거부를 모토로 하는 노력 역시 이 안주와 안정에의 희구가 표출된 결과라 할 수 있다. 형식을 파괴하고 고전문법을 거부하는 도전정신은 정형화 되고 획일화 되어 있는 현실의 구조물들과 당대인의 고정관념이 자극하는 불안에서 벗어나고자 하는, 또 다른 형태의 안정에 대한 동경을 의미한다. 기술복제시대 이후 언제나 있어온 일률적인 제도와 규격화된 질서는 그 안정된 구조 자체의 힘이 너무나 강렬하여 역설적이게도 안정성 자체가 우리를 불안하게 하고 있다. 그러니 정통적이건 실험적이건, 안정을 방해하는 불안의 정체가 다르기 때문에 그에 맞는 방식으로 표현하다보니 저절로 이루어진 것이 형식의 변형이라는 주장도 가능해진다. 이런 맥락을 따라가다 보면 많은 예술은 불안한 나날을 살고 있는 우리의 현재를 반영하고 또한 그럼으로써 안주에 접근하고자 하는 동경의 표현이라는 결론에 이르게 된다.

윤흥길의 소설의 안정된 플롯은 안주할 수 있는 어떤 세계에 대한 동경을 절실하게 만든다. 어느 소설에서나 처음 중간 끝이 분명한 이야기가 등장하고, 불화하던 인물들은 결말에 가서 도덕적이고, 인정적(人情的)인 화해의 세계로 진입하며 현실에 있지 않은 새로운 길의 초입에 서게 된다. 루카치가 『소설의 이론』(1914~1915)에서 소설 장르의 발전단계를 미완성의 단계라 하며 "여정은 종료되었으나 길은 새롭게 시작되는" 형식이라고 했을 때의 그 의미와 비유적인 동일관계에 놓을 수 있다. 윤흥길의 대표장편 『완장』(1982), 『에미』(1982), 『낫』(1995)의 주된 인물 혹은 화자는 서두에서 봉착한 문제의 해결 과정을 거쳐 결말에서는 새로운 길로 접어든다. 『완장』의 희극적 인물 종술이는 완장을 버리고 애인 부월이와 딸 정옥이와 함께 저수지를 떠난다. 어머니의 삶을 연민과 혐오 사이에서 바라보며 갈등하던 『에미』의 '나'는 어머니의 임종을 끝내고 아버지를 찾아가겠다고 다짐한다. 『낫』에서 귀수는 어머니의 유언에 따라 생부(生父)의 산소에 벌초하러 갔다가 자신의 출생에 얽힌 비밀을 전해듣고 고향 사람들과 화해하기로 결심한다. 『완장』은 당대 권력에 대한 풍자성이 농후하고 『에미』와 『낫』은 육이오를 집중적으로 다룬 자매편이라 할 수 있기 때문에 세 소설을 일괄적으로 단순화할 수는 없다. 그러나, 『완장』은 '아직 있지 않은' 세계로 난 길을 찾아가고 있고 『에미』와 『낫』은 '당연히 있어야 하는' 길로 접어들고 있으니 안주할 수 있는 현실에 대한 갈망의 표현이라는 점에서는 한결같다고 할 수 있다.

추상적으로 안온한 현재

불안한 우리의 삶을 기록하고 있는 소설에서, 진행되는 현재는 언제나 어떤 장애물 때문에 불안정할 수밖에 없다. 사회현실과의 관계가 명시적인 소설일수록 당대 현실의 불안정성은 당연히 소설의 문면에 그대로 반영된다. 만약 안정된 상황이 있다면 그것은 파탄나기 위해 존재하는 안정이다.

윤흥길의 소설에서 「아홉켤레의 구두로 남은 사내」(1977) 연작과 「꿈꾸는 자의 나성」(1983) 등 산업화시대의 일상을 이야기하고 있는 소설들에서는 도덕의 소멸이 안정을 해치는 가장 큰 장애로 등장한다. 「장마」(1973), 『에미』(1982), 『낫』(1995) 등을 위시한 여러 전쟁 관련 소설들에서는 과거 고통의 근원이 '동족상잔의 비극'이라는 숙어로 되어 있는 동일민족끼리의 가해행위라는 것에 초점이 맞춰진다. 환상을 꿈꾸는 괴짜 인물이 등장하는 「꿈꾸는 자의 나성」에서는 사회부적응자 혹은 순수한 이상 추구형의 인물의 입을 통해 동일 어종(魚種)끼리 서로 물어뜯고 죽이는 열대어에게서 받은 인상을 매우 격하게 이야기하고 있는데 이것은 언제 어디서든 등장해서 문제를 해결하는 윤흥길 식의 소박한 민족주의 논리이기도 하다. 전쟁을 다룬 소설 중에서 가장 유명한,「장마」[1])에서 이루고 있는 샤머니즘과 토속적 정한(情恨)의 세계에서의 화해는 문화적 연대감을 갖는 동일 민족끼리의 갈등이 아니었다면 도저히 다다를 수 없는 세계이다. 윤흥길 소설을 전쟁과 관련시켜 이해할 때에 우선적으로 거쳐야 하는 것은 「장마」에서 이루어지는 화해의 성격이다.

「장마」의 화해는 두 차원에서 이루어진다. 하나는 외할머니와 친할머니 사이의 화해이고 하나는 '나'와 친할머니 사이의 화해이다. 국군장교로 나간 아들의 전사 통지서를 받은 충격에 벼락 치는 하늘을 보면서 "뿔갱이"가 싹 쓸려나가도록 더 세게 치라고 외할머니가 외치듯이 말을 한 이후 깨졌던 외할머니와 친할머니 사이의 평화는 소경 점쟁이가 예언한 날짜에 구렁이의 몸을 빌어 돌아온 죽은 삼촌의 영혼을 외할머니가 머리카락을 태운 연기로 위로하며 갈 길을 안내하면서 더 큰 평화로 나아간다. 꿈을 통해서 먼저 아들의 사망소식을 감지한 외할

1) 「장마」는 윤흥길이 1973년 ≪문학과지성≫ 봄호에 발표했다. 이 글에서는 『장마』(민음사, 1980)에 수록되어 있는 작품을 텍스트로 삼았다. 「장마」의 본문을 인용할 때는 제목과 이 책의 페이지를 병기하였다.

머니, 좌익세력이 소탕 당했다는 소문을 듣고도 소경 점쟁이가 예언한 날짜에 아들이 살아 돌아올 거라 믿은 친할머니, 점쟁이가 예언한 날 들어온 구렁이가 죽은 자의 영혼이라고 믿는 두 노파의 삶의 방식은 그 시대를 살아가는 당대인에게는 안주의 방식이었다. 구렁이를 보고 혼절한 친할머니나, 머리카락 태운 연기로 사자(死者)의 영혼에게 길을 안내하는 외할머니의 행동 역시 마찬가지이다.

그 토속적이고 샤머니즘적인 안주의 방식이 모든 이데올로기보다 우선했기 때문에 아들들의 행동노선이 좌우익의 적대적인 관계라는 걸 알면서도 두 어머니는 좌우익 대립 때문에 일어난 전쟁에 의해 동거를 시작하게 되었으면서도 "난리가 끝나는 날까지 늙은이들끼리 서로 의지하며 살자"(「장마」, p.23)는 약속을 할 수 있었고 아들의 전사통지서를 받은 한 어머니의 입에서 저주가 쏟아지기 전까지는 그 약속이 유지될 수 있었던 것이다. 전쟁이 발발한 이후 피난 온 외가 식구들에게 친할머니가 먼저 함께 살자고 하여 동거가 시작되었던 순간부터 이미 이데올로기 문제보다는 가족의 윤리, 확대하면 동일 민족의 윤리가 더 크게 작용했던 것이다.

반대로, 두 아들들의 정치노선이 적대적이라는 걸 알기 때문에 언젠가는 그 약속이 깨질 거라고 불안해하던 어머니, 아버지, 이모 들에게 동거기간은 두 노파의 믿음에 대한 거부와 용납 사이에서 긴장하며 보내야 하는 긴 세월이었다. 그것이 눅눅한 '장마'의 분위기를 형성하고 있다. 이제 끝났으니 잊고 편히 마음을 먹자는 것이 외할머니와 친할머니의 화해의 끝이고, 삼촌의 죽음을 받아들인 친할머니의 죽음으로써 모든 것이 마무리된다.

'나'와 할머니 사이의 화해는 다분히 추상적이다. 결말에서 '나'는 다음과 같이 회고를 끝내고 있는데, 이 결말은 고통스런 과거를 회상하는 성년 화자의 현재 상황을 암시하고 있다.

> [……] 임종의 자리에서 할머니는 내 손을 잡고 내 지난날을 모두 용서해 주었다. 나도 마음속으로 할머니의 모든 걸 용서했다.
>
> 정말 지루한 장마였다. (「장마」, p.81)

행을 띄워서 딱 한 줄 "정말 지루한 장마였다."라고 서술한 심정은 회고를 마감하는 화자의 현재의 안온함을 암시하고 있다. 서두에서부터 유년화자가 등장하여 이야기를 하는 듯했는데, 결말에서 성년화자가 등장하여 딱 한 줄로 "참으로 지루한 장마였다."라고 말하면서 이제까지의 서술이 성년화자의 것임을 드러내는 문장이다. 친할머니와 외할머니를 통하여 이데올로기를 초월한 모성을 이야기하고, 더구나 그것을 지켜보는 어린 화자가 모성의 보호를 받아야 하는 연약한 존재이기 때문에 그 효과는 더욱 커졌는데 성년의 누군가가 그 끝을 한 문장의 비유로 끝내고 있는 것이다.

돌아보면 대화를 나타내는 큰 따옴표 안의 문장을 제외한 대부분의 문장이 한결같이 과거형으로 일관하고 있으며 그 어조 또한 빈틈없이 통일적임을 알 수 있다. 중간에 간혹 나타나 있는, "무엇 때문에 내가 망설이고 있었는지 알 수 없다. [……] 확실한 것은 별로 기억에 없다." (「장마」, p.31)와 같은 현재형 문장은 화자가 어린이가 아니라 어린 시절을 회상하는 누군가라는 것을 나타내면서 구조의 안정성에 기여한다.

"정말 지루한 장마였다."의 어조가 현재의 안온함을 나타내는 것은 행 구분이 되기 이전의 마지막 문장에 있는 "용서"라는 어휘 때문이다. 할머니 당사자들 간에는 잊어버리자고 말했는데 화자는 자기가 개입해 있던 상황을 정리하는 차원에서 용서라는 어휘를 사용하고 있다. 자기도 할머니를 용서했다고 하고, 할머니도 자기를 용서했다고 회고한다.

할머니가 용서한 화자의 죄는 빨치산이 된 삼촌이 밤에 다녀간 사실을 우익 조사원에게 발설했다는 것으로 구체적인 정황이 있다. 이튿날 그 초콜렛으로 유혹하여 '나'에게서 비밀을 캐내간 "맥고자의 사내"가 찾아와 아버지를 잡아갔고 아버지는 모진 고초를 당한 다음 풀려났으며 그 다음부터 할머니는 '나'를 저주했던 것이다. 할머니의 용서란 그것이 죄인 줄 모르고 있었던 '나'의 유년에 대한 용서이다. 그런데, 아버지가 차라리 목침을 던질 것이 아니라 죽여줬으면 하고 바랄 정도로 자기 죄를 알고 있던 '나'가 용서한 할머니의 죄는 어떤 모습인가.

화자가 용서한 할머니의 죄는 추상적이다. 유년의 자기를 불편하게 했던 할머니의 태도라고 종합할 수 있을 텐데 그것은 용서의 대상이라기보다는 화자가 느꼈던 죄의식의 총화라고 해야 한다. '나'가 용서하고자 한 것은 참을 수 없게 만든 유년의 역사 그 자체일 수 있다. 그 상황에 끼어들어서 살았던 모두가 공범이라는 의식이 강하게 깔려 있는 것이다. 그래서, "정말 지루한 장마였다."라는 진술은 기억을 정리하고 싶은 욕구, 과거와 결별하겠다는 의지이기도 하다. '나'의 현재는 장마의 이미지로 대표되는 유년의 불안정한 상황과 대비되어 어느 정도의 안온한 상태에 있는 것이다.

모두가 용서를 한다면 서로에게 모두가 죄인이다. 할머니들 사이의 화해가 '나'와 할머니 사이의 화해로 확장되었고, 현재의 '나'의 의식 속에서는 모두가 화해를 이룬 상태이다. "정말 지루한 장마였다"라는 마지막 한 문장에 들어 있는 화자가 느끼는 안온함 혹은 그렇게 믿고 싶은 심리적 상황은 우리가 동경하는 어떤 심리적 안주의 세계이다. 구체적 정황은 생략하고 화자의 현재를 집약적으로 제시하는 마지막 한 줄의 문장은 전쟁을 체험한 후 이 땅에 살고 있는 세대 전체의 소망이 되게 한다.

30년 전의 슬픈 완장

80년대로 접어들면 윤흥길의 여러 소설들에서 전쟁은 "30년 전"이라는 부사구(副詞句)를 동반하여 나타난다. 전쟁을 다루고 있는 장편 『에미』[2)]『낫』[3)] 뿐만 아니라 여러 단편들, 그리고 전쟁과 거리가 먼 것처럼 보이는 『완장』[4)]에서도 "30년 전"이라는 부사구를 동반하여 전쟁 체험세대와 미체험 세대를 구분한다.

30세의 종술이에게 완장은 시장경비원, 방범대원, 반장, 주번, 등등을 떠올리게 하지만 어머니 운암댁에게 완장은 곡식을 숨겼다가 완장을 찬 일본 헌병에게 발각되어 한쪽 손이 불구가 된 남편, 해방 이후 실속 있는 자작농으로 살다가 인공치하에서 좌익 진영의 완장을 차고

2) 『에미』는 윤흥길이 일본 신조사와 전작계약을 맺고 창작하여 1982년 일본과 한국에서 동시 출간했다. 한국에서는 (주)한국방송사업단에서 단행본으로 출간하였는데, 이 글에서는 『제3세대 한국문학 · 4-윤흥길』((주)삼성출판사, 1983)에 수록되어 있는 『에미』를 텍스트로 삼았다. 이후 본문을 인용할 때는 제목과 이 책의 페이지를 병기하였다.

3) 1995년에 출간한 단행본 『낫』(문학동네, 1995)의 작가의 말에서 윤흥길은 창작 배경과 작품의 현재시점과 관련하여 다음과 같이 말하고 있다. "지난 80년대 중반에 일본의 각천서점(角川書店)과의 전작소설 출판 계약에 의해 긴 중편(또는 짧은 장편)으로 집필된 작품이기 때문에 소설 속의 현재 시점 또한 80년대 중반으로 맞추어져 있음을 밝힌다." 『낫』의 본문을 인용할 때는 제목과 이 책의 페이지를 병기하였다.

4) 『완장』은 윤흥길이 1982년 ≪현대문학≫에 연재했고 1983년 현대문학사에서 단행본으로 간행했다. 이 글에서는 『우리시대 우리작가 · 10-윤흥길』((주)동아출판사, 1987)에 수록되어 있는 『완장』을 텍스트로 삼았다. 이후 본문을 인용할 때는 제목과 이 책의 페이지를 병기하였다.

복수를 기획하다가 죽은 남편을 떠올리게 하는 소름끼치는 물건이다. 직접적으로 "완장과 함께 찾아와서 완장과 함께 물러간 운암댁의 육이오"(『완장』, p.29)라는 표현도 있다.5)

『에미』에서는 어머니와 외숙의 갈등을 "삼십년 굳은 어혈"(『에미』, p.157)이라고 동리 사람들의 입을 빌어 이야기하고, 두 사람이 만나는 일을 두고 "삼십년만의 일"(『에미』, p.140)이라고 화자를 통해 진술하고 있다. 『낫』에서는 어머니의 유언의 서두가 "삼십 년도 훨씬 더 지나간 옛날옛적 일이다."(『낫』, p.37)이고, 귀수는 어머니의 유언을 떠올리며 "어머님이 삼십 년 동안이나 품어 나온 소원이야"(『낫』, p.48)라고 말한다. 이 외에도 과거를 나타내는 시간표지(時間標識)가 30년인 것은 도처에서 만날 수 있다.

이 "30년 전"이란 「장마」의 어린 '나'가 겪었던 1950년부터 53년 사이에 있었던 육이오를 말한다. "30년"이 반복적으로 사용되는 것은 작품의 현재적 시점이 전쟁 발발 후 30여 년이 지난 80년대이기 때문이기도 하겠지만 문화적 관습에서 30년은 세대를 경계 짓는 특별한 의미를 지니고 있기 때문이다. 『낫』의 본문에서는 "아무리 골수에 맺힌 원한이라 할지라도 그 빛깔이 충분히 바래고 농도가 묽어질 만큼 세월이 흐른 다음"(『낫』, p.37)이라고 30년의 의미를 말하고 있다.

5) 「장마」를 꼼꼼히 읽으면 "수복이 되어 완장을 두르고 설치던 삼촌이 인민군을 따라 어디론지 쫓겨가 버리고 그때까지 대밭속에 굴을 파고 숨어 의용군을 피하던 외삼촌이 국군에 입대하게 되어 양쪽에 다 각기 입장을 달리하는 근심거리가 생긴 뒤로도 겉에 두드러진 변화가 없었다."(「장마」, p.23)라는 문장을 발견할 수 있다. 종술이의 아버지가 차고 다녔던 완장은 「장마」의 삼촌이 두르고 설치던 완장과 유사하다.

전쟁과 거리가 멀어 보이는 『완장』에서 전쟁은 운암댁과 종술 모자가 판금저수지가 있는 "이곡리(利谷里)"에서 살게 된 배경으로 등장한다. 운암댁이 남편의 완장 때문에 보복당할 것을 염려하여 피신한 곳이 이곡리이다. 『완장』의 현재는 운암댁이 겪은 전쟁의 끝자락에서 시작된 것이다. 전쟁을 경험하지 않은 종술이는 결코 어머니의 의식 속에 들어 있는 완장의 의미를 알지 못한다.

미군부대에서 나오는 텔레비전을 유통하다 감시원에게 적발되어 감옥살이를 한 후 귀향한 종술이는 딸 정옥이를 두고 도망간 아내에 대해 분기를 참지 못하는 왈패이다. 월급 5만원을 주겠다는 말에 벌컥 화를 냈다가 완장을 준다는 말에 "그렇다. 완장 바로 그것이었다."(『완장』, p.22)라고 발작적으로 결정을 내린 다음부터는 여러 상황들을 폭로하는 주체가 된다. 저수지에서의 낚시질을 막는 감시원으로 고용된 종술이는 소유주가 된 것으로 착각하여 위세를 부리고, 저수지를 자기 땅이라고 생각하며, 완장을 반짝반짝 닦아서 차고 다닌다. 저수지 이외의 공간에서도 완장의 위력을 발휘하려고 함은 물론이다.

희극적 행동이 늘어나면서 종술이의 소박한 꿈도 자라나게 된다. 저수지에 유료 낚시터가 들어서면 수금원이 되어 정상적인 생활을 할 수 있다는 희망을 품고 안주에의 꿈을 키워간다. 실비집 작부 부월이를 찾아가 서울말 흉내를 내려고 하는 것, 텐트를 빌려 호젓한 밤을 보내고자 하는 것, "빤스 스타킹"이라도 선물을 하려고 하는 것 등은 이 야성의 사내가 가지고 있는 꿈이 아주 소박한 것임을 알려준다. 꿈이 소박하고 진솔한 것이기 때문에 그 꿈을 비웃는 사람 역시 풍자나 폭로의 대상이 된다. 농토가 공장부지로 선정되면서 벼락부자가 된 최사장의 만용과 허세, 황금만능주의에 들떠가는 사람들, 무소불위의 사내 종술이 앞에서는 별소리 못하지만 뒤에서 비아냥대는 사람들, 컬러텔레비

전으로 상징되는 근대문화에 당황하는 사람들 등 개발독재 시절의 농촌의 풍경에서 종술이는 그 속에 들어 있는 일원이지 어떤 거대한 적(敵)은 아니다. 종술이가 들어 있는 풍경의 외연이 커질수록 종술이의 꿈은 작고 슬픈 것이 된다.

가뭄이 들어 농업용수로 수문을 개방해야 하고, 거기에 키우던 물고기를 들어내야 되는 극한 상황이 되자 종술이의 희극적 행동도 상승한다. 보호해야 할 물고기가 없어지면 막아야 할 낚시꾼들이 없어질 것이니 완장의 존재 의미는 물론 수금원이 되어 정식적인 월급을 받아 생활할 수 있다는 꿈도 사라지게 될 상황인 것이다. 종술이는 실제 주인인 최사장 일행으로 하여금 낚시질을 못하게 만들고, '사장님들'의 야유회를 망친 그 일 때문에 감시원 자리에서 해고 된 후 완력으로 후임자를 못 정하게 한다. 시간이 흐를수록 가뭄은 점점 심해져서 결국은 수문을 열어야 되는 상황이 되자 종술이는 주민들과 대치하려는 분위기를 풍기다 이장이 불러들인 경찰과 몸싸움을 하기도 한다. 이후 종술이가 그곳을 떠나는 것으로 소설은 끝난다.

왈패 종술이가 지키는 것은 몇 가지가 있다. 부월이에 대한 사랑, 교장선생님의 훈계, 아들이 보는 앞에서 아버지를 욕보이지 않아야 한다는 것 등이다. 부월이는 영어선생을 사모해서 여고 1학년 때 가출하여 산전수전 다 겪은 작부인데 마음에 들어야 자진해서 몸의 문을 여는 여자이다. 그녀는 종술이에게서 동병상련의 정을 느끼고 사랑을 키워간다. 뜻밖에도 사랑을 고백한 후 성행위를 하다가 클라이막스에서 마선생이라는 영어선생의 이름을 발설하는 바람에 종술에게서 거절을 당한 후 억울해 한다. 가뭄 때문에 종술이가 상심한 것을 보고 발가벗고 저수지 주변을 뛰어다니는 '날궂이'(기우제)를 하는 장면과 함께 매우 코믹한 장면의 압권이지만 이 장면은 사랑의 순수성을 입증하기도 한다.

아들이 보는 앞에서 아버지를 욕보이지 않아야 한다는 것은 감시원으로 활동하다가 적발한 친구와 친구의 아들의 일화에서 나타난다. 그 친구를 용서한 것은 아들이 보는 앞에서 아버지를 욕되게 하지 않으려는 유교적 윤리 때문이다. 그리고 교장선생에게 끌려가 사택에서 일장 훈계를 듣는 것은 그의 정신세계의 일부분이 유교적 '훈장의 마을'에 있다는 증거이다. 교장선생의 훈계를 통해 그는 완장이란 일제가 남긴 유물이라는 것, 우리 문화에서는 상장(喪章)이 있었지 완장은 없었다는 것, 권력의 진정한 의미 등을 전수받는다. 물론 이러한 것들이 종술이의 성격을 더욱 희극적으로 만드는 요소임은 말할 필요가 없다. 종술이가 이런 행동을 보이는 것 자체가 아이러니일 것이기 때문이다. 그런데 윤흥길의 소설 세계 전반을 유교적 도덕 윤리의 회복이라는 입장에서 살펴보는 자리에서는 귀중한 단서가 된다.

교장선생의 훈계와 부월이의 사랑을 통해 종술이는 마음속에 있는 많은 자존심들도 완장이 될 수 있음을 깨닫는다. 그러니 그가 저수지에 벗어던지고 간 것은 깨닫기 전의 자신의 모습이다. "작은 왕국"에서 행했던 자기의 아이러니에 대한 발견인 것이다. 자기 행위의 아이러니를 발견하게 되는 이 일련의 과정에서 종술이는 권력자의 하수인을 대상으로 한 풍자극의 주인공이었다가 점점 우리에게 연민을 자아내게 되고, 종국에 가서는 동료의식까지 유발한다. 그것은 그가 지향하는 세계가 안온한 삶 자체이기 때문이다. 그 욕구가 소박하면 소박할수록 불안을 조장하는 장애물의 위력은 커진다. 『완장』에서 그 장애물은 구체적으로 드러나 있지 않지만 그것을 제거하고 치유할 수 있는 길은 도처에서 발견된다. 위에서 말한 유교적 도덕 논리를 따르는 것은 한 예이다. 부월이가 패물을 반만 훔쳐 달아나자 가져갈 거면 다 가져갈 것이지 하면서 읍소하는 실비집의 주모 태인댁에 대한 작가의 긍정적 시선은 그들을 정신이상자로 바라보는 마을사람들에 대한 냉소로 이어진다. 그런 인정(人情)과 도덕의 세계가 바로 윤흥길이 후원하는 세계이다. 그것이 어머니의 소원에 의해 시작되고 있기 때문에 그 자체로 질곡한 상황이다. 『완장』의 결말에서 운암댁이 물 빠진 저수지 바닥에서 떠오르는 아들의 완장을 보고 기도하는 것은 과거와의 결별이며 새로운 삶에 대한 전망이다. 이 어머니의 30년 전의 완장에 대한 이야기가 『에미』와 『낫』에 본격적으로 드러나 있다.

어머니, 어머니, 아버지, 아버지

『완장』의 종술이가 가는 길은 어머니가 부월이를 찾아가 곡진하게 부탁함으로써 이루어졌다. 손녀 정옥이와 아들 종술이를 데리고 먼 곳으로 가서 살아달라는 부탁이었다. 낚시터 수금원이 되어 생계를 꾸리겠다는 『완장』의 소박한 꿈이 가뭄이라는 거역할 수 없는 자연의 힘에 의해 무너지기 시작했고, 처방은 어머니의 소망이라는 모성에서 기원한 것과 마찬가지로 『에미』와 『낫』에서도 모성과 자연의 힘은 강력한 기제로 작용한다.

『에미』와 『낫』은 자매편이라 할 정도로 여러 면에서 유사하다. 『에미』의 '나'와 『낫』의 귀수가 아내와 아이와 함께 서울에서 안정된 삶을 살고 있는 가장이라는 점, 그들이 고향을 방문해서 과거의 비밀을 알아간다는 점, 그리하여 고향에 대한 인식을 변화시킨다는 점 등은 구조적 유사점이다. 세부적으로는 호적상의 가족관계와 실질적 혈연상의 가족관계의 차이에서 빚어지는 갈등, 어머니의 임종, 외가 중심의 이야기, 아버지를 인정해달라는 어머니의 소원, 빈 무덤을 만들어서 어머니와 아버지의 무덤을 쌍분(雙墳)으로 꾸미는 것 등은 세부 모티프의 유사점이다. 두 소설은 사실 어머니의 세계에서 촉발된 아버지 찾기의 과정이라고 줄여 말할 수 있다. 먼저 발표된 『에미』가 숨을 거두는 어머니의 유언에서 끝나고 나중 발표된 『낫』은 어머니의 유언에서 시작되어 『에미』의 끝과 『낫』의 시작이 맞물린 형국이다.

『에미』의 '나'가 서두에서 어머니의 부음을 듣고 가면서 슬픔과 시원스러움을 함께 느끼는 것은 아버지에 대한 어머니의 태도에 많은 빚을 지고 있다. 시골 마을의 가난한 천재였던 아버지는 부유한 가문의 딸이지만 사팔뜨기이자 박색인 어머니와 결혼을 하여 재물을 챙긴 후 대처로 달아난다. 일제 강점기에 고등교육을 받고 새 결혼을 하여 자식을 낳고 기른다. 좌우익 대립기에 우익으로 활동하던 그는 공무원이 되었다가 국회의원에까지 출마한다. 그런 아버지를 '나'는 어머니 앞에서 "남국장"이라는 직함으로 부른 적도 있고, 누구에게나 "그 사람"이라고 비하하여 말한다. 그래서 어머니의 입에서는 "숨이 붙어 있는 동안에 이 에미는 니가 그분을 아버님이라고 불르는 소리를 듣고 잖었니라." (『에미』, p.174)는 소원이 나오기도 한다. 아래에 인용하는 대목에는 아버지를 기다리는 어머니의 심정과 어머니를 바라보는 '나'의 심정이 함께 나타나 있다.

> 어려서 내가 달구지 바퀴에서 본 머리카락은 하나같이 검고 반질반질 윤기가 흐르는 비단실 같은 것들뿐이었다. 어머니는 매일매일 해질녘마다 자기 머리털 한 올씩을 뽑아 달구지에다 매다는 것으로 하루 가운데서 가장 의미심장하고 엄숙한 일과를 삼곤 했다. 이를테면 그것은 혼자 사는 젊은 여자가 밖에 나가서 돌아오지 않는 가족을 불러들이는 비밀스런 의식이었다. 달구지 바퀴에 매달려 나울거리는 그 머리털은 그 사람을 향한, 그 사람을 애타게 부르는 어머니의 영혼의 손짓이었다. 그것은 한 여자의 한 남자만을 염두에 둔 소리 죽인

> 흐느낌이었다. 그것은 한 여자의 일편단심이면서 그니 혼자만이 아는 처절한 희열이요, 동시에 절망이기도 했다. 그것은 머리를 풀어 하늘에 제사지내는 한 여자의 기도이면서 다른 한편으로는 저주를 의미하기도 했다. (『에미』, p.36)

이 부분은 윤흥길 식의 아주 아름다운 토속적 장면이기도 할 텐데, 아버지를 향한 어머니의 마음이 한편으로는 기도였지만 한편으로는 저주라고 생각하듯이 '나'는 어머니의 생을 혐오하지도 못하고 인정하지도 못한다. 그래서 서울에서 안정된 삶을 살면서도 고향 방문을 꺼려왔던 것이고 위독하다는 말에는 반응을 보이지 않다가 돌아가셨다는 말을 듣고서야 고향집엘 가는 것이다. 어머니의 부음이 자기를 불러내리기 위한 동생 기춘이의 술책이었음을 확인한 이후 '나'는 병에 걸려 누워 있는 어머니의 방에서 들려오는 이모의 말을 통해 어머니 삶에 들어 있는 비밀을 발견한다. 그 비밀이란 전쟁 중 포로가 된 아버지를 구하러 가던 길에 당한 강간을 미륵님의 뜻으로 받아들이고 어머니는 기춘이를 미륵님의 아들로 생각한다는 것이다. 그 강간은 완력의 사내가 어머니를 겁탈하면서 남편을 무사하게 해 줄 테니 하라는 대로 한 결과였다.

기춘이를 미륵님의 아들로 생각하는 것은 남편이 무사하기를 바라는 아내의 기원이 확대된 것이다. 프로이트가 『토템과 타부』에서 진술한 적 있는, 임신과 성행위 사이의 관계를 무시하여 태중의 아이가 가장 가까운 시기에 죽은 자의 영혼이 부활한 생명이라고 믿는 아룬타족의 여인과 같은 비과학적 인식이지만 그럴 수밖에 없는 것이 어머니의 삶이었다. 기춘이 생부가 '나'의 아버지가 아니라는 사실을 알아가면서 어머니의 삶을 총체적으로 재구성하는 것이 『에미』의 플롯이다. 이 플롯 안에서 어머니의 비밀을 알고 있는 사람들은 모두 '진지하게' 기춘이가 "미륵님의 아들"이라는 어머니의 인식에 동의하고 있다. 그 세계를 인정한 끝에서 '나'가 다짐하는 것은 아버지를 만나 어머니의 미륵님을 이야기하겠다는 것이다.

그 세계를 인정하기 전의 '나'는 달구지 바퀴에 걸려 있는 어머니의 머리카락을 태움으로써 어머니의 세계를 부정하려고 했지만 -이 장면은 「장마」의 결말에서 외할머니가 머리카락을 태운 연기로 구렁이를 안내하는 장면을 연상시킨다- 동생 기춘이가 어머니의 머리카락을 뽑아다 달구지 바퀴에 거는 걸 보면서 달구지 바퀴를 도끼로 부숴버린다. 하지만 해결은 나지 않고 오히려 그것을 고치는 게 좋겠다고 하다가 발등에 상처를 입는다. 어머니가 지극히 성스러운 곳으로 만들어서 비워둔 "큰방"을 자기와 아내에게 물려주자 그곳에서 성애(性愛)를 함으로써 어머니의 세계를 파괴하고자 했지만 아내의 거절로 이룰 수 없었던 것처럼 다분히 유치한 반발심이었다.

반발심이 유치한 것일수록 반대편에 있는 어머니의 신성과 동물성은 강조된다. 어머니는 아버지를 기다리기 위해 지극히 성스러운 공간으로 "큰방"을 만들어 비워두었고, 그곳에서 스스로를 달랬으며, 돈을 모아 사팔뜨기 수술을 하고자 한 적이 있었고, 자기를 받아들여주지 않는 오빠와 대결하기 위해 재산을 억척같이 모으며 증오를 키우며 평생을 살았다. "합환화 향기에 취해 광란의 춤을 추는 그녀는 신들린 여신이지만, 토방에서 혼자 피범벅이 되어 뒹굴며 자식을 낳는 그녀는 천연의 암컷이다. 아들 앞에 알몸을 드러내고 위협하는 그녀가 마녀라면, 남몰래 안방에 알몸으로 누워 달아난 남편에게 색신을 바치는 그녀는 열부이다. 배신한 남편을 기다리며 과부로 늙은 그녀는 인습의 노예이지만, 미륵님을 부리며 사는 그녀는 자기 삶의 주인이다."(황종연, 「인간적 친화를 꿈꾸는 소설의 역정」, ≪작가세계≫, 1993년 여름호, p.35) 라는 사실을 결국은 받아들이게 되는 것이다. 어머니는 끝까지 아버지를 부정하지 않고 빈 무덤을 만들어 쌍분(雙墳)을 꾸며달라고 유언을 한다.

'나'가 도달하는 인식의 끝은 어머니의 세계에 대한 인정(認定)에서 자기 세계의 반성으로 연결된다. 어머니는 "흉년일수록 오히려 더욱 깊숙이 씨앗을 감싸는" 땅이었던 것이다. 속 깊숙이 씨앗을 감싸고 살았던 어머니의 삶에 대한 그 애정 어린 시각이 바로 『에미』의 무대가 되고 있는 지역의 문화권에서는 어머니가 어머니 자신을 낮춰부르거나, 시부모나 연장자가 다정하게 부르거나, 동물의 암컷을 부르는, 비하의 의미가 들어 있는, 결코 자기 어머니를 그렇게 부르지는 않는, "에미"라는 표제로 형상화되면서 우리 모두의 어머니로 등극시키는 것이다. 그래서 어머니의 육체는 질곡의 역사를 겪은 한반도를 상징하기도 한다. 토속적인 어휘로 가득찬 문체와 성적인 비유들은 원시적이고 서정적인 정한의 세계로 만들고 있다.

『에미』가 어머니의 삶을 서정적으로 그렸다면 『낫』은 아버지의 삶을 비교적 논리적으로 그리고 있다. 『에미』의 '나'는 토굴에 숨은 아버지가 깎아놓은 보석같은 팽이와 낮게 날던 비행기들로 전쟁을 기억하는 인물로서 「장마」의 어린 '나'와 동년배 쯤이다. 『낫』의 귀수는 『완장』의 종술이처럼 전쟁기간에 태어났지만 전쟁을 전혀 경험하지 못한 인물이다. 『에미』의 서술시점이 '나'의 심리를 중심으로 일관하는 반면 『낫』의 서술 시점은 객관중립서술로서 모든 인물을 이름 중심으로 호명한다. '나'의 반성이 아닌 '그들'의 삶에 대한 해석을 서술하는 공정한 자리에 화자 혹은 작가가 위치해 있다. 『낫』의 논리성은 그렇게 획득된다.

『낫』에서는 과거 문제의 현재적 해결 방식을 제시하고 있는데 『에미』

에서 단편적으로 나와 있는 방식과 유사하다. 『에미』의 최연장자이자 집안의 가장 큰 어른인 외숙은 어머니와 앙숙으로 지낸 30년을 정리하면서 어머니가 가장 현명한 사람이었다고 결론짓고 아버지의 문제는 다음과 같이 정리한다.

> "막설허는 마당에 너한티 요것만은 꼭 말허고 잪다. 세상을 살 만침 살고 나니께 느이 아버지라는 사람도 인자는 쬐깨 알 것 같구나. 사실 따지고 보면 그 사람도 참 불쌍헌 인간이다. 물론 그 사람 개인이 전적으로 책임져야 될 일이긴 허다마는, 그 사람이 그 지경이 되기까장은 시국 탓도 그리 개볍지는 않느니라. [……]"(『에미』, p.253)

다분히 '그럴 수밖에 없었다'는 식의 상황논리이지만 누이동생의 행복을 위해 명석한 친구를 남편감으로 맺어준 결과 누이동생의 불행의 근원을 제공한 오빠로서는 또 어쩔 수 없이 되풀이해서 말할 수밖에 없는 자구책일 수도 있다. 하지만 『낫』에서 그 논리가 객관적이고 명철한 분위기의 도움을 받고 완강하게 제시되는 것을 보면 이 방식은 외숙 개인의 것이 아니라 윤흥길이 제시하고자 하는 과거 문제의 현재적 해결 방식일 가능성이 크다.

『낫』에서 "낫을 살인의 도구로 사용해서 결국 자신의 이모와 두 이종 사촌까지 죽음으로 몰아넣은" 공산주의자 배낙철의 삶을 최교장은 다음과 같이 정리하고 있다.

> "자네는 시국이란 게 어떤 건지 잘 모를 걸세. 시국은 광풍이나 매일반이라네. 미친 바람이 사정없이 몰아치는 풍토에서는 누구도 중심을 잡기가 어려운 법이지. 흔히들 똑똑한 사람일수록, 자기 스스로 똑똑하다고 자신하는 사람일수록 들끓는 시국에서는 광풍에 휩쓸리기가 십상이지. 자네 아버지도 그랬고 내 동생들도 그랬어. 아직 살아는 있지만 서원생노인도 따지고 보면 한통속이

지. 어떤 면에서는 모두 다 똑같은 희생자들이지. 그놈의 시국이란 괴수가 똑똑하고 제법 쓸 만한 인물들을 한꺼번에 죄다 잡아먹어버렸어. 모난 돌이 정 맞는다는 말 그대로 되고 말았어."(『낫』, p.229)

이는 최교장이 기독교인으로서 반복해서 말하는, 사마리아 사람의 불행은 사마리아에서 태어난 우연 때문이라는 식의 논리이다. 가해자가 없고 피해자들만 있는 세계에서 가해의 주체는 "시국"으로 항변되는 역사적 운명인 것이다. 그래서 최교장은 귀수와 마을 사람들간의 대화를 중재하는 과정에서 마을 사람들에게는 간통한 여인을 두고 죄 없는 자는 돌을 던지라고 한 예수의 논리를 펼친다. 낫이란 수확의 도구이기도 하면서 흉기가 되기도 하듯이 쓰임에 따라 성격이 결정되는 것인데 배낙철 역시 시국에 의해서 잘못 쓰인 한 자루의 낫이었다고 생각하기 때문이다.

『낫』의 플롯은 귀수가 어머니의 유언대로 선영에 벌초를 하기 위해 생부의 묘가 있는 산서면을 방문했다가 최교장을 만나 생부의 삶을 전해듣고 자신의 성을 생부의 성인 배씨로 바꾸겠다는 다짐을 하는 것으로 이루어져 있다. 생부에 대해서는 전혀 아는 바가 없기 때문에, 철물점에서 낫을 사면서부터 "배낫질"이라는 악명 높은 인물로 오해를 받는 이유를 귀수는 알지 못한다. 배낫질은 배낙철의 별명이고, 귀수는 생부인 그와 외모가 너무 닮았기 때문인데 어머니는 그 사실조차도 말을 하지 않았던 것이다.

배낙철의 아들이 산서면에 왔다는 소문을 듣고 몰려온 사람들이 살기를 품고 다가오자 귀수 일가족은 산 속의 어느 집으로 피신한다. 그곳은 마을의 최고 유지인 최씨 가문의 재실(齋室)이다. 사람들이 귀수를 협박하고 귀수는 불을 지르겠다며 대치한다. 그러자, 버스 안에서부터 우연히 만나 동행했던 최미금이 나타나 그들을 보호하고 서울에 갔던 최교장이 나타나 화해를 유도한다. 귀수가 최교장으로부터 과거의 진상을 듣는 장소가 최씨의 재실이라는 것은 매우 상징적이다. 배씨 가문과 최씨 가문 사이의 화해이자 죽은 조상과 살아 있는 후손 사이의 화해이기도 할 것이기 때문이다.

귀수의 생부 배낙철은 명석한 두뇌를 가졌던 청년이었다. 최교장과는 이종사촌이었던 그는 일제의 공산주의자 검거에 걸려들어 옥살이를 하다가 금치산자를 가장하여 형 집행정지를 당하고 나온다. 경찰의 감시를 피하기 위해 여전히 미친 척하고 살다가 결국은 어머니의 죽음까지 초래하는 극단적인 인물이다. 이후 좌우익 대립기간에는 좌익 지휘자가 되어 '낫'을 허리춤에 차고 다니면서 살상을 일삼은 인물로 알려져 있다. 그런데 배낙철이 낫을 차고 다니기는 했지만 그 낫으로 사람을 직접 살해하는 장면을 목격한 사람은 없다는 것이 최교장의 말이다. 살상을 일삼은 것은 그가 속해 있던 조직이었지 배낙철 본인이 아니었다는 것이다.

『낫』은 「장마」나 『에미』와 달리 현재의 분노가 실제적으로 형상화되어 있기 때문에 그것을 해결해야 하는 실제적인 움직임이 필요하다. 원수 배낙철의 아들을 죽임으로써 과거 자기 부모 친척들의 원한을 풀겠다는 산서면 주민들의 살의를 막을 방책이 등장해야 갈등이 해결되는 구조이다. 최교장은 귀수와 주민들의 대화를 중재하기로 하고 마을회관으로 자리를 옮긴다. 최씨 문중의 재실에서 주민들과 대치할 때에 찾아온 경찰관의 도움을 귀수가 거절한 적 있기 때문에 당사자들간의 대화는 수월할 것 같은 분위기이다. 그런데, 목사도 감당을 못하고 "산서의 신"과 같은 최교장도 해결을 하지 못한다. 최교장과 서원생 노인의 주장대로 화해의 분위기가 만들어지긴 하지만 시원한 해결은 안 나는

데 갑작스러운 비가 내리면서 모든 대립이 해소된다.

배산임수와 도덕적 유토피아

윤흥길 소설에서 자연, 특히 물은 이미지 이상의 의미가 있다. 「장마」의 표제는 그 상징하는 바가 전쟁체험 자체를 환기시킨다. 『완장』의 종술이에게 가장 큰 문제는 가뭄에서 시작되었다. 『에미』에서 어머니의 억척같은 삶이 저수지에 들어가 죽음 의식을 치른 다음에 등장했다. 『낫』에서는 하늘이 감응하여 가뭄을 끝내는 비를 내린다. 산서 사람들이 배낙철에 대한 증오를 키운 것도 때 아닌 가뭄 때문이라는 것으로 설정되어 있는데 기우제 준비를 하는 도중 배낙철의 아들이 배낙철의 무덤을 찾아왔으니 사람들의 증오는 폭발적으로 상승했던 것이다. 그래서, 귀수와 마을 사람들의 화해는 그 무엇보다 하늘의 감응을 자아내는 또다른 형태의 기우제로 설정되어 있는 것이다. 『완장』의 종술이 애인 부월이가 발가벗고 저수지 주변을 뛰는 코믹한 기우제도, 산서 사람들이 증오심을 키우며 준비한 기우제도, 안주할 현실을 바라는 점에서는 하나같이 진실하다. 귀수의 아들, 다섯 살배기 어린 아이의 이름이 염화시중의 미소, 이심전심의 주인공인 가섭(迦葉)을 음차한 아름다운 행보를 뜻하는 가섭(佳涉)이라는 것과 그 순진무구한 아이가 빗속에서 등장하는 것은 불화하던 세계의 종료과정으로서 특별한 의미가 있다. 화해의 당위성은 논리를 초월해서 존재한다는 것이다.

예로부터 배산임수는 전통촌락의 자연환경이었다. 그리고, 풍수지리에서 명당의 첫 번째 항목이었다. 그 다음 차례로 좌청룡 우백호 남주작 북현무가 등장한다. 이 배산임수의 지형은 『낫』의 두 집안, 배씨와 최씨의 선영이 나란히 위치해 있는 자리의 입지조건이고, 비유적으로 말해 윤흥길 소설에서 필수적인 지형적 조건이다. 전쟁은 산처럼 우람하게 배치되어 있고 모두가 죄인이자 용서의 주체라는 화해의 기본 구도는 산과 마주보고 흐르는 물의 형상이다. 도덕적 순결의 강조, 연장자의 선택에 대한 긍정, 훈장님에 대한 존경, 모성의 끝없는 희생 등 전통적 농경부락의 생활방식은 과거의 고통스런 역사를 치유하기 위한 대안이다. 그리고 그것은 조상의 묘를 명당자리에 만들어 자손의 복락을 희구하는 장자(長子)와 그의 가족 전체의 선택이기도 하다.

2부

박상륭과 소설의 공간 질서

박상륭과 소설의 공간 질서

1. 박상륭의 초기소설

이 논문에서 명명하는 박상륭의 초기작품은 박상륭이 『죽음의 한 연구』(1975, 한국문학사) 를 출간하기 이전에 발표한 중단편을 가리킨다. 주제 면에서 일관된 줄기를 형성하고 있는, 총 30여 편의 초기 중단편은 형태상으로 다양한 면모를 보여주고 있다. 주제면에서 일관된 줄기가 있다는 것은 개별 작품의 여러 특성을 비교해보는 데에 유리한 점으로 작용한다. 박상륭의 초기소설의 경우 개별 작품의 성격을 집약적으로 보여주는 것은 배경setting의 기능을 넘어 주제적 의미 자체를 형성하고 있는 공간의 문제에 들어 있다. 공간 문제에 집중해서 바라보면 박상륭 소설 전반에서 드물게 나타난다고 할 수 있는 작가의 당대 현실에 대한 인식까지를 살펴볼 수 있다. 박상륭은 주로 형이상학적이고 종교적인 문제를 다루어왔고 또한 지금도 계속해서 다루고 있기 때문에 그의 소설을 통하여 현실에 대한 인식을 살펴본다는 것은 쉽지 않은 일로 알려져왔다. 그런데 초기의 몇 몇 소설은 현대사회를 시간적 공간적 배경으로 삼고 있다.

'지금-이곳'이라는 사회 현실에 대한 정보가 거의 없는 공간을 설정하여 형이상학적이고 종교적인 주제를 형상화하려고 했던 것은 박상륭 초기 소설이 지녔던 가장 큰 미학적 특성이다. 그 미학의 세부를 구성하고 있는 스토리는 대부분 현실적 논리와 자연의 이치로는 이해할 수 없는 것들인데, 스토리의 전개 자체를 이해하는 데에도 많은 장애 요소가 있다. 소설의 중심을 차지하는 문제가 시간, 신, 죽음 등의 추상적 관념이어서 일반적인 소설에서 중심을 차지하고 있는 사회·역사적 논리 및 이치는 자연스럽게 약화되어 있기 때문이다. 이 논문에서 행할 공간 문제에 대한 해명은 작가가 시간, 신, 죽음의 문제를 일관되게 그리고 있지만 작품의 난해성으로 말미암아 독해가 쉽시 않은 박상륭의 소설의 전반에 대하여 새롭고 용이한 독서의 통로를 마련하기 위해서도 필요한 일이다.

박상륭의 대표 장편인 『죽음의 한 연구』, 『칠조어론』은 본론에서 분석할 <却說이 日記 연작>(「쿠마장」, 「산동장」, 「산남장」, 「산북장」, 「유리장」)의 연장선상에 놓여 있다. 대표 장편의 세계에서 박상륭의 관심사는 불교와 선(禪)으로 사유가 확대되어 있는데 공간의 성격은 <却說이 日記 연작>과 유사하다고 판단하였다. 이 논문에서 행하는 공간 질서에 대한 분석은 대표 장편 『죽음의 한 연구』와 『칠조어론』의 공간 특성에 대한 분석에까지 부합할 수 있을 것이다.

일반적인 소설 문법에서 '눈에 보이지 않고 손으로 만질 수 없는' 관념의 형상화 방식은 인물 혹은 화자의 상상과 사색의 형태로 나타난다. 그러나, 박상륭은 눈에 보이지 않고 손으로 만질 수 없는 추상적인 모티프들을 가시화하여 실제로 존재하는 것으로 설정하고, 주인공이 그 것을 바라보고 경험하며 판단하는 방식을 사용한다. 그것은 관념을 서술하는 박상륭 식의 소설적 방법으로서 우리 소설사에서 이채로운 것이었다. 그러한 추상적인 모티프들이 어떤 의미를 갖는지, 그 의미의 세부를 밝히는 것은 쉽지 않은데, 공간의 특성 문제에 집중해보면 난해한 텍스트에 들어 있는 비밀의 일부를 포착할 수 있다. 본론의 구성은 다음과 같다.

본론의 첫 장에서는 현실 공간에서 사는 주인공이 사후세계, 시원, 황금시대 등의 형이상학적 관념 세계로 진입하기 위해 통로를 찾는 작품을 분석한다. 주요 대상 작품으로 선택한 작품은 「江南見聞錄」, 「늙은 개」이다. 현대 사회를 배경으로 하고 있는 작품이기 때문에 작가의 현실과 관련한 태도를 아울러 살필 수 있다.

본론의 두 번째 장에서는 운동능력을 상실한 주인공이 고정된 공간에서 시간, 신, 사후세계라는 관념을 탐색하는 데에 전념하는 작품을 분석한다. 주요 대상 작품은 「2月 30日」, 「7일과 꿰미」이다. 이 두 작품은 알레고리적 기법이 주로 사용되어 있다. 각각 두 부류의 삶이 대조적으로 등장하는데 한 부류는 생활인의 삶을 살고 한 부류는 철학가 혹은 몽상가의 삶을 산다. 이 두 작품을 통해서는 구체적 생활과 추상적 관념에 대한 작가의 의식을 살필 수 있다.

본론의 세 번째 장에서는 주인공이 작가의 관념에 의해 창조된 이론적 공간으로 여행하는 작품을 분석한다. 주요 대상 작품은 <刼說이 日記 연작> 중에서 「쿠마場」, 「山東場」, 「山南場」이다. 이 소설들을 분석하면 <刼說이>인 '나'가 여행하는 공간에 투여된 작가의 관념, 여행의 의미를 통해 박상륭이 이야기하고자 하는 관념 세계의 내용이 무엇인지 드러난다. 기법적인 면에서는 소설의 분위기를 환기시키는 그로테스크한 서사 요소의 기능과 현실 논리를 벗어난 공간에서 진행되는 서사의 특성을 고찰할 수 있다. 본론의 진행 순서는 작중 현실이 실제 현실과 멀어지고 박상륭 소설의 독특성이 강화되는 순서이기도 하다. 작품이 발표된 순서와는 크게 상관이 없다.[1]

2000년까지의 박상륭론

소설이 사회와 관계 맺지 않을 수 없는 장르라는 것이 일반적이고 보편적인 인식임을 감안할 때에 한국 현대소설사에서 작품의 경향이 탈사회적이고 탈역사적이다는 것은 작품의 결함으로 인식되는 경우가 많았으며 작가의 현실인식이 부족하다는 것으로 인식되어왔다. 소설사의 전개를 주류와 비주류로 구분한다면 박상륭은 비주류의 대표작가가 될 것이다. 박상륭 소설에 대한 평가는 "신화가 없는 우리의 문화적 풍토 위에 그 신화를 확립시키려는 야심으로 충만한 작가"[2], "우리의 전통을 탐색하면서 고대의 무격과 근대의 기독교를 포함하는 보편선을 정립하려고 시도해"[3]온 작가라는 두 견해로 요약해볼 수 있다. 박상륭의 소설은 신화적이며 형이상학적인 성격을 강하게 가지고 있다. 작품 성격이 신화적이고 형이상학적이었기 때문에 박상륭의 소설을 분석하는 데에

1) 이 논문에서 분석 대상으로 삼은 작품 텍스트는 박상륭이 간행한 『열명길』(문학과지성사, 1986), 『아겔다마』(문학과지성사, 1997), 『평심』(문학동네, 1999)에 수록되어 있다. 『평심』에는 1995년 이후의 중단편이 수록되어 있는데 초기 작품에 속하는 작품은 「나무의 마을」 한 편이다. 본론에서 소설 본문을 인용할 때에는 모두 이 텍스트들을 사용하였다.

2) 천이두, 「불모의 신화 · 박상륭」, 『종합에의 의지』, 일지사, 1974, p.344.

3) 김인환, 「독룡과의 동침」, ≪작가세계≫(1997년 가을호), p.72.

는 신화비평, 원형비형의 방법론이 가장 많이 사용되었다. 많지 않은, 박상륭 소설에 대한 평가들을 시기적으로 정리해보자면 다음과 같다.

박상륭 소설에 대한 최초의 평가는 등단작 「아겔다마」에 대한 심사평인 1963년 11월 ≪사상계≫의 <新人文學賞選後評>4)에 들어 있다. 이 심사평에는 박상륭 소설 전반에 대한 평가의 중요한 기준이 들어 있으므로 선자(選者)들 각각의 견해를 살피기로 한다. 등단작 「아겔다마」의 주요 내용은 예수에 반항한 가롯유다의 자살이다. 이에 대하여 선우휘는 "一種의 惡趣味가 깃들어 있는 것이 흠"이라고 지적했고 안수길은 "聖書에서 얻은 힌트를 근거로 한 픽션! 觀念이 勝한 作品"이라고 평가했다. 여석기는 "素材가 색다를 뿐 아니라 文體나 手法이 매우 의식적이다. 약간 惡趣味가 엿보이나 이 작자는 안이한 모방에 흐르지 않는 한, 좋은 단편을 쓸 수 있을 것이다"라고 했다. 오영수는 "이 작품은 史實 또는 전설에 의거했다면 새삼스럽고, 作者의 虛構라면 너무 관념적이다."라고 평했다. 선자들의 공통된 평가는 관념성의 과다가 소설의 미학적 결함으로 작용한다는 점이다. 주지하듯이 이러한 평가는 『죽음의 한 연구』를 비롯한 대부분의 작품에 동일하게 적용할 수 있는 기준이 되어왔다. 등단작에서 보이는 이 관념적인 색채는 『죽음의 한 연구』와 『칠조어론』의 단계에 들어서서 극단적으로 확대되어 있다.5)

4) 선우휘 · 안수길 · 여석기 · 오영수, 「제5회 사상계 신인문학상선후평」, ≪사상계≫(1963.11.25, 1963년도 문예특별증간호 제11권 제13호, 통권 제128호), pp.390~394.

5) 장편 『죽음의 한 연구』에 대한 평가의 상반된 경향은 김현과 천이두의 글에서 볼 수 있다. 김현은 "70년대 초반에 씌어진 가장 뛰어난 소설이었을 뿐 아니라, 『무정』 이후에 씌어진 가장 좋은 소설 중의 하나"(「인신의 고뇌와 방황-이루어짐의 도식」, ≪현대문학≫(1976.4), pp.280~288)라고 했고 천이두는 "과연 이런 책을 소

등단작의 심사평 외에 당대 비평가들이 박상륭의 소설을 주목해준 사례는 드물지만 김현과 천이두의 글에서 몇 몇 특징에 관한 언급을 찾아볼 수 있다. 천이두는 박상륭 작품 세계의 특질을 일관하는 것이 무속적 세계의 소설화라고 보았다.6) 이와 달리 김현은 박상륭이 기독교적 세계관을 통해 우리의 샤머니즘을 극복하려 한다고 평하였다.7) 천이두의 해석을 가능케 하는 요소는 박상륭 소설의 주요 공간에 들어 있는 원시성이라 할 수 있다. 원시 문화의 풍토는 어느 정도 샤머니즘적 요소를 지니고 있다. 그런데, 공간은 그렇지만 작품을 관통하는 주

설이라 불러 마땅할까 하고 망설여야 할 정도로 소설적 컨벤션을 무시한 작품이다"(「정통과 이단-박경리 · 박상륭」, 『한국소설의 관점』, 문학과지성사, 1983, p.67)라고 했다. 『칠조어론』에 대해 비판적 거리를 보이고 있는 글로는 김인환의 「독룡과의 동침」(≪작가세계≫(1997 가을호), pp.72~84)이 대표적이다. 김인환은 『칠조어론』의 형식적 문제인 시점과 문체와 관련하여 완곡한 비판을 행하고 있으며 박상륭의 불교 해석에 대한 평가를 아우르고 있다.

6) 천이두, 「박상륭의 「열명길」 : 가상적 세계와 그 현상화」, ≪월간문학≫(1968.11), pp.167~170.
______, 「계승과 반역」, ≪문학과 지성≫ 통권 제4호(1971), pp.873~892.
______, 「우화와 현실 : 신인들의 문학세계」, 『종합에의 의지』, 일지사, 1974, pp.308~322.
______, 「불모의 신화 · 박상륭」, 『종합에의 의지』, 일지사(1974), pp.337~345.
______, 「정통과 이단 : 박경리 · 박상륭」, 『한국소설의 관점』, 문학과지성사, 1983, pp.58~73.

7) 김 현, 「샤머니즘의 극복」, ≪현대문학≫(1968.11), pp.296~307.
______, 「1968년의 작가상황」, ≪사상계≫ 1968.12.
______, 「요나 콤플렉스의 한 표현-박상륭 남도에 대하여」, ≪신상≫(1970 가을), pp.118~127.
______, 「인신의 고뇌와 방황-이루어짐의 도식」, ≪현대문학≫(1976.4), pp.280~288.
______, 「60년대 문학의 배경과 성과」, 『분석과 해석』, 문학과지성사, 1988, pp.250~259.
______, 「관심의 외야지대-문학」, 『행복한 책읽기/문학의 단평』 김현전집15, 문학과지성사, pp.423~425.
______, 「병든 세계와 아프기-칠조어론의 주변」, 『칠조어론』 1 해설, 문학과지성사, 1990.

제의식이 맹목적인 메시아 사상에 대한 비판임을 상기한다면 기독교적 세계관이 작품의 주조를 이룬다는 김현의 평가가 더 설득력 있다고 할 수 있다. 종교적 신념에 대한 판단은 천이두와 김현의 글에서 상반되지만, 박상륭이 소설을 통하여 당대 현실의 불모를 이미지화하고 있다는 견해는 두 비평가의 글에서 공통적으로 나타난다.

천이두와 김현의 글을 제외하면 1960년대 당대의 논의에서 박상륭 소설에 대한 본격적인 논의를 펼치고 있는 자료는 거의 찾아볼 수 없다. 박상륭의 소설은 주로 김승옥, 박태순, 서정인, 이청준 등의 작가의 작품을 중심으로 한 1960년대 문학 논의의 연장선상에서 단편적인 언급의 대상이 되고 있었다.[8] 임우기는 이러한 당대 비평가들의 태도에 대해 4·19세대 비평가들을 비판하는 글에서 박상륭 소설에 대해 보여준 "비평적 침묵"은 "비하적 비평"과 동일한 의미라고 지적했다.[9] 임우기의 글은 박상륭 소설 자체에 대한 평가보다는 근대적 합리주의를 중심으로 4·19세대 비평가들의 문학관과 미의식을 재고하는 데에 중심이 있는데 맞춰져 1980년대 중반 이후 박상륭 소설이 긍정적인 의미에서의 재평가인 "재조명"을 받기 시작할 무렵의 글이어서 주목을 끈다.

대체로 박상륭을 "재조명"하는 시도에서 성과를 거둔 시기인 1980년대 중반 이후에는 박상륭을 소개하는 글들이 많이 나왔고, 『죽음의 한

8) 김주연, 「1960년대 소설가 별견」, 『현대한국문학의 이론』, 민음사(김병익, 김주연, 김치수, 김현 공저), 위의 책, 1972, pp.271~285.
김병익, 「60년대 문학의 가능성」, 위의 책, pp.260~269.
김치수, 「한국소설의 과제」, 위의 책, pp.148~158.
_____, 「신예작가들의 새로운 관심 : 서승해, 서정인, 홍성원, 이청준, 양문길, 박상륭, 박태순」, 『한국단편문학대계』 12, 삼성출판사, 1969, pp.439~446.

9) 임우기, 「죽음의 현실과 생명성에의 희원1」, ≪문예중앙≫(1987.12), pp.318~329.
_____, 「<매개>의 문법에서 <교감>의 문법으로 : 소설문체에 대한 비판적 검토」, ≪문예중앙≫(1993.5), pp.356~1993.

연구』론이 다수 발표 되었다. 그러나, 여전히 소수의 몇몇 평론가에 의한 작품론 이상의 글은 나오지 않았다. 『죽음의 한 연구』의 후속편인 4권짜리 장편소설 『칠조어론』에 대해서는 짤막한 서평이 대부분이다.

이 논문에서 대상으로 삼았던 초기작품에 대한 언급을 살피자면 「남도」 연작, 「뙤약볕」 연작, 「열명길」 정도가 비평가와 연구가의 주목을 받았다. 「뙤약볕」 연작과 「열명길」은 박상륭 소설 중에서 전통 서사문법에 충실하고 미학적으로 완결성을 보이는 작품이다. 두 작품에 대해서는 천이두, 김현 외에 김주연, 김치수 등이 호평을 보였다.10) 특히 「열명길」은 박상륭 소설에서 이례적으로 당대 정치현실의 알레고리를 보이는 작품이라는 평가를 받았다. 절해고도의 원시왕국에서 벌어지는 왕의 독재 정치가 「열명길」(1967년)이 발표될 당시의 군부독재를 가리키는 것으로 해석되었던 것이다.11)

박상륭 초기 소설에 대한 본격적인 연구를 보여준 우남득은 「남도」 연작, 「뙤약볕」 연작, 「열명길」을 대상으로 작품의 내적 질서를 체계적으로 분석하였다.12) 우남득은 바슐라르의 물질 상상력, 공간 기호학, 바흐찐의 카니발적 구조 등을 방법론으로 사용하여 몇몇 단편을 분석하였다. 분석의 결론은 김현이 비평에서 일찌기 지적했던 '요나컴플렉스'의 소설화로 귀결되고 있지만 우남득은 체계적인 분석과 소설의 미

10) 김주연, 「1960년대 소설가 별견」, 앞의 책, pp.271~285.
김치수, 「신예작가들의 새로운 관심 : 서승해, 서정인, 홍성원, 이청준, 양문길, 박상륭, 박태순」, 『한국단편문학대계』 12, 삼성출판사, 1969, pp.439~446.

11) 김치수, 같은 글, 같은 곳.

12) 우남득, 「현대소설의 기호론적 공간 연구 : 박상륭의 <뙤약볕> 연작을 중심으로」, ≪이화어문논집≫ 12(1992), pp.365~391.
______, 「박상륭 소설의 물질상상력의 체계」, ≪이화어문논집≫ 11(1990), pp.53~83.
______, 「<남도2>의 카니발적 공간연구」, 『소설읽기의 새로움-박상륭, 이광수, 김동인 소설연구』, 이가출판사, 1993.

학적 평가를 행함으로써 주목할 만한 성과를 거두었다.

임금복은 초기작에서 『칠조어론』까지를 망라한 『박상륭 소설 연구』(국학자료원, 1999)를 낸 바 있다. 임금복은 동양사상의 맥락에 기대어 생명과 자연의 문제에 천착하여 작품의 의의를 찾는 데에 치중했다. 90년대 이후에 활발하게 진행된 환경 생태학적 관점을 초기작에 소급한 몇몇 글은 작품 해석의 시도 자체에 의의가 있는 것으로 보인다. 박상륭 소설에 대한 학위 논문은 2000년 2월 현재 5편이 발표되었으며[13] 이 논문에서 논의의 대상으로 삼고 있는 초기 중단편을 집중적으로 분석한 논문은 신성환의 논문 '박상륭 소설 연구' 한 편이다. 많지 않은 연구 성과에 일관적으로 나타나는 점을 종합하자면 박상륭 소설의 특징은 형이상학적 구도(求道)의 세계를 형상화한 데에 있으며 소설 공간이 현실과 유리되어 있다는 점 등이다.

2. 내밀한 공간으로 회귀하는 자

박상륭의 소설에는 현실적 시간과 장소를 파악할 수 있는 정보가 빈약하다. 현대 사회, 문명사회를 배경으로 하는 경우에는 작가의 의도에

---

13) 김주성, 「소설 『죽음의 한 연구』의 신화적 요소 연구」, 중앙대학교 문예창작학과 석사학위논문, 1989.
최재준, 「『죽음의 한 연구』론-박상륭 소설의 담론 구조」, 동국대학교 석사학위논문. 1994.
신성환, 「박상륭 소설 연구」, 한양대학교 석사학위논문, 1998.
정해성, 「박상륭 소설의 죽음 변이양상 연구」, 부산대학교 석사학위논문, 1999.
임금복, 「한국현대소설의 죽음의식 연구-김동리, 박상륭, 이청준 작품을 중심으로」, 성신여자대학교 박사학위논문, 1996.

의해 그 정보들이 파편화되어 있고, 대부분의 작품은 현실과 유리된 공간에서 서사가 진행된다. 박상륭의 소설이 탈사회적, 탈역사적, 탈시간적이라는 평가를 받는 것은 주제의 형이상학적이고 추상적인 특성과 아울러 공간의 폐쇄적이고 고립적인 성격에서 말미암는 것이라 본다. 이러한 폐쇄적이고 고립적인 공간은 내면 고백을 중심 테마로 삼았던 현대 작가들의 작품에서 자주 등장해왔다. 그런데, 박상륭 소설의 공간이 문제적인 것은 내면 고백을 중심 테마로 삼는 현대 작가들의 작품에서 보이는 것처럼 공간이 폐쇄적이고 고립되어 있지만 폐쇄성과 고립성이 국적과 연대를 초월해 있다는 점이다. 절해고도의 원시 왕국(「열명길」), 정체불명의 추상적 장터(「각설이 일기」 연작), 산 속의 화전(「남도」 2), 성서 속의 공간(「아겔다마」, 「경외전 세 편」) 등은 대표적인 예이다.14)

공간의 구체성, 현실성이 결여되어 있다는 점에서 박상륭 소설은 보

14) 아래의 도표에서 확인할 수 있듯이 현대 사회를 배경으로 하고 있는 작품에 비해 고전적이거나 추상적인 공간을 배경으로 하고 있는 소설이 압도적으로 우세하다.

작품명	공간 배경	작품명	공간배경
아겔다마	가롯 유다의 움막	남도1	정체불명의 고전적 바닷가
장끼전	고전적인 마을	7일과 꿰미	물총새 부부의 둥지
강남견문록	현대 도시와 해안	천야일화	고전적 마을/전장(戰場)
뙤약볕1 · 3	절해고도	세변주	어느 오두막/ 고구려 어느 마을/ 죽음의 심판관 앞
시인 일가네 겨울	현대 소읍	남도2	산속의 화전
쿠마장	정체불명의 추상적 장터	늙은개	현대 병원
열명길	절해고도의 고대 왕국	최판관	최판관의 심판대
산동장	정체불명의 추상적 장터	산북장	정체불명의 추상적 장터
나무의 마을	의인화된 나무의 우화 공간	숙주	「열명길」의 왕국
뙤약볕2	망망대해의 선상(船上)	2월 30일	현대 병원
경외전 세편	베데스다 연못(성서의 공간)	유리장	유리(문왕이 역을 완성했다는 곳)

편적 진리 전달을 목적으로 했던 고전 서사물의 성격을 이어받고 있다. 고전 서사물에서 중요시 되는 것은 사건과 관련된 인물의 행동이었는데 공간은 추상적인 수준에 머물러 있었다. 그리스 로맨스에서 바다라는 공간은 배가 난파당하는 사건을 전개하기 위해 필요한 장소이다.15) 한국의 서사물의 경우, 『심청전』의 바다는 심청이 몸을 던지는 장소이다. 『별주부전』의 바다도 마찬가지이다. 바다는 육지와 구별되는 물리적 공간 이상의 의미를 갖지 못하고 후경(後景)에 머물러 있다. 이들과 비교하자면, 박상륭 소설의 공간은 추상적인 면에서 고전적인 특성을 보이지만 후경에 머무르지 않고 사건과 유기적인 관계를 맺는다는 점에서 현대 소설적 면모를 갖는다. 박상륭 소설에서 나타나는 살인, 강간, 폭력 등의 엽기적인 사건은 공간의 성격을 고려해야 그 의미를 명확히 이해할 수 있다.

이 장에서는 「江南見聞錄」, 「늙은 개」를 중심으로 분석하고자 한다. 「江南見聞錄」과 「늙은 개」의 주인공이 움직이는 공간의 변화와 각 공간에 대한 화자의 태도를 분석해보면 박상륭 소설에 나타나는 사후세계, 시원, 낙원에 대한 희구의 정신이 어떻게 구현되는지 나타날 것이다. 사후세계, 시원, 낙원의 추상성은 구체적인 일상의 생활공간과 비교할 때에 뚜렷하게 나타난다. 이동경로를 요약하자면 「江南見聞錄」의 '나'는 세상을 유람하듯이 관찰하고 나서 집으로 돌아가는 것으로, 「늙은 개」의 '늙은이'는 자살하기 위해 스스로 관(棺) 속으로 들어가 뚜껑을 닫는 것으로 말할 수 있다. 이 두 인물이 실제로 돌아가는 곳은 집

15) 바흐찐, 「소설 속의 시간과 크로노토프의 형식」, 『장편소설과 민중언어』, 전승희 · 서경희 · 박유미 역, 창작과비평사, 1988, p.278 참조.

과 관인대 이 인물들의 의식지향은 추상적 의미의 황금시대(Golden Age)와 고향 산촌(Ideal Land)에 닿아있다.

다음은 주인공의 이동 경로를 개략적으로 정리한 도표이다. 구조는 순례를 마치고 떠나온 출발지로 다시 돌아가는 원점 회귀 구조를 이루고 있다. 주인공이 최종적으로 도착하는 공간을 의미화 하자면 밀폐된 내밀의 공간이라 할 것이다.

「江南見聞錄」	집(원점)→江村(3년)→港口(4년)→감옥(23년)→집(원점)
「늙은 개」	시체실(원점)→병실→병원 뒷문→골목→술집→시체실(원점)

「江南見聞錄」의 '나'는 황금시대로 난 길을 찾아 여행하다가 집으로 돌아온다. 「늙은 개」의 '늙은이'는 갑작스럽게 쓰러져서 병실로 이송되었다가 깨어난 후 술집에 가서 술을 마시고 시체실로 돌아와 자살한다. 이 자살은 생명활동을 끝낸다는 현상적인 죽음 이상의 의미를 갖는다. 그는 죽음을 통해 재생을 희구하고 고향인 산촌으로 돌아갈 수 있다고 믿기 때문이다. 그는 자살하기로 마음을 먹은 다음에 시체실, 병실, 술집, 시체실로 자리를 이동하는데, 이 공간은 '늙은이'가 보냈던 도시 속 삶의 축도이다.

1) 일상에 대한 거부와 환멸

인간은 보편적으로 황금시대를 찾아 떠난다거나 시원으로 복귀하고자 하는 욕구를 지니고 있다. 이는 인류 문화사에서 끊임없이 제기되어 온 원망(願望) 중 하나이다. 선험적 이상사회에 대한 향수와 동경은 우리 인간이 그곳을 찾기 위해 현실을 떠나지 못하기 때문에, 다분히 추상적이고 관념적인 수위에서 논의될 수밖에 없다. 과거로 역행하는 시간여행은 물리적으로 불가능하기 때문이다. 그런데, 「江南見聞錄」과 「늙은 개」의 주인공은 현실적으로 실현 불가능한 그러한 심리적 욕망을 행동으로 옮기는 주체이다. 일상을 거부하고자 하는 것이 「江南見聞錄」, 「늙은 개」의 독자적 개성일 수는 없다. 현실의 부조리에 환멸을 느끼며 거부하는 태도는 현실에 관심을 기울이고 있는 거의 모든 소설에서 나타난다. 상상으로만 가능한 이상사회로의 진입, 박상륭의 두 소설을 특징짓는 것은 주인공의 욕망의 형태와 행동방식이다. 사회 비판을 주된 방향으로 삼은 소설에 등장하는 환멸에 비한다면 황금시대, 사후세계에 대한 기대가 지배적인 두 소설의 인물이 보여주는 일상에 대한 거부와 환멸은 다른 사회비판 소설보다 훨씬 더 주관적이라고 말할 수 있을 것이다.

「江南見聞錄」에서 현실은 직설적으로 "현실", "우리 시대"라고 표현되어 있다. '나'에게 세상은 황금시대로 통하는 길이 어딘가에는 있는 곳이다. '나'는 그 길을 발견하기 위해 여행을 하고, 또한 그 길이 없음을 확인한 후 좌절한다. 많은 경우 가상현실을 찾아 떠나는 여행은 현재를 변화시키고자 하는 작가의 의지를 포함하는 경우가 많다. 그러나, '나'에게는 현재와 미래에 대한 기대나 전망이 없다. 다만 과거의 어떤 시간 상의 지점을 가리키는 것으로 보이는 황금시대가 현재에는 있지 않다는 당연한 사실을 심각하게 받아들일 뿐이다. 환상을 통해 본 길을 찾아나서는 것이므로 여행은 처음부터 실패할 운명을 가지고 있다.

「江南見聞錄」의 제목을 풀이하자면 "강남에 다녀온 이야기" 정도가 될 것이다. 소설의 내용은 '나'가 강남을 찾아가다가 집으로 돌아오는 과정이다. 강남은 '할아버지'가 말한 황금시대라는 추상적 공간이다.

'할아버지'를 통해 배운 황금시대는 이런 특성을 가지고 있다. ① 내세(來世)에 있어서가 아니라, 현세(現世)에서 도덕적 진보와 정신력의 진보의 실현이 가능했던 연대의 땅이었다. ② 제국주의의 맹주였던 신이 청동탑 속에 유폐되었던 땅이었다. ③ 사람들은 지루한 시간엔 일하며 경쾌한 시간엔 행복을 나누었던 땅이었다. ④ 침팬지까지라도 인간 닮았다 해서 존경받을 정도로 처음부터 끝까지 인간본위였던 땅이었다. ⑤ 그 수유의 지상천국은 새로운 신인 배금주의가 탄생하면서 아주 눈 깜짝할 사이에 몰락되었다. ⑥ 오늘날은 황금시대 이전의 암흑기보다 더 비참한 암흑기이다.16) 이러한 황금시대에 대한 생각에는 낭만성과 감상성이 짙게 배어 있다. 하지만 유토피아의 매력은 추상적이고 도달할 수 없다는 데에 있으므로 감상성과 낭만성 자체에서 큰 문제가 생기지는 않는다. '할아버지'는 꿈이나 몽상 같은 환시(幻視)를 통해 황금시대로 난 길을 발견한다. '나'의 신념은 바로 이 환상에 의지해 있다. '할아버지'와 '나'가 황금시대로 난 길을 환시에 의지해서 발견한다는 점에서 두 인물의 성격은 동일하다. 그런데, '할아버지'는 황금시대로 가는 것에 실패했지만 '나'가 황금시대로 난 길을 찾는 데에 성공한다는 차이점이 이 소설의 핵심을 이룬다.

'나'는 황금시대를 찾아가라는 '할아버지'의 유언을 믿고 스스로의 정체를 "황금 시대의 시민권을 소지한" 고결한 영혼이라고 생각한다. '나'는 스스로를 "참으로 그럴듯이 잘생긴 사내", "여자의 눈의 바다에

16) '할아버지'의 말은 다섯 페이지 가량의 긴 대화문으로 이루어져 있다(「江南見聞錄」, pp.54~59). '할아버지'는 황금시대를 태초의 낙원(에덴동산)을 전설이라고 구별하고 공업화되기 이전의 인간주의적 시대라고 말한다. 일반적으로 자아와 대상 사이의 경계가 없고 영혼과 형식이 선험적으로 일치하던 황금시대(golden age)와 다른 것이 '할아버지'가 말하는 황금시대이다.

서 의미를 캐어내는 데는 일가를 이룬 진주잡이"라고 생각하는 등 신의 자손처럼 세상에 대해 우월한 자세를 취하고 있다. 집 밖의 '나'는 "과부"들의 성욕을 채워주는 호걸이기도 하고 세속의 배금주의에 환멸을 표하는 철학자이기도 하다. 그러나, "과부"들과 잠을 자고 나서는 "야반도주"를 해야한다는 현실적 윤리에 순종하는 사내이며 자신의 신념을 착각이라고 하는 말에 대해 분통을 터트리는 자기애 강렬한 감성주의자이다. 그런가 하면 '나'는 황금시대를 찾아가는 것이 유아병적 도착 증세로 보일 수 있다는 사실도 알고 있다. 다음 인용하는 부분은 이 점을 잘 나타낸다.

> "[……] 아버지의 말씀이 '그놈은 미친놈이 아니면 반편이야' 그랬거든요." 그리고 그녀는 눈물이 날 때까지 자지러졌다.
>
> "제기랄 놈의 영감쟁이, 혀를 쏙 빼내버릴라? 제기랄." 나는 숨이 막힐 정도로 화가 났다. 나를 살게 했던 모든 것들이 그와 같은 취급을 받았다는 건, 나는 결국 자기 도취의 아포(芽胞) 안에서 오차(誤差)를 살아왔다는 것밖에는 아무것도 아니었으니까. 그러나 난, 그 전에도 그랬고, 지금도 그렇지만, 나의 삶은 헛되었다고는 생각지 않았다. 헛된 건 내 쪽이 아니다. 심장엔 비계가 없으면서 아랫배에는 비계가 많은 심장에 선행해서 창자를 위주하는 놈들. 저주받을 배금주의. 배금주의, 오호 배금주의, 배금주의의 물결이 내 오솔길을 휩쓰누나. 나는 번뇌로워 팔을 휘젔고 가슴을 치다가 쓰러져버렸다. [……][17)]

'나'는 "미친놈" "반편"이라는 자기에 대한 비난을 "자기 도취의 아포(芽胞) 안에서 오차(誤差)를 살아왔다는" 철학적 비판으로 받아들인다. 자기 논리의 오류를 스스로 알고 있다는 뜻이다. 자기 논리의 오류

17) 박상륭, 「江南見聞錄」, 『아겔다마』, 문학과지성사, 1997, p.68. (이하 본문 인용은 인용부분 말미의 괄호 한에 제목, 단행본, 페이지로 줄여서 밝히기로 한다).

를 인정하면서도 자존심을 버리지 않기 위해 "나의 삶은 헛되었다고는 생각지 않았다"라고 합리화, 정당화하고 있지만 그 근거는 "배금주의"에 대한 추상적인 환멸 수준에 머무른다.

'소녀'는 "순수무구의 덩이"로서 '나'의 황금시대관에 동조를 보이는 유일한 타자이다. '나'는 "배금주의자"의 딸인 '소녀'를 통해 위로 받는다. '소녀'는 '나'에게서 "인간성의 존엄한 냄새"를 맡았다고 하며 '나'를 도시의 일반적인 남자들과 구별한다. 자기에게 청혼하는 남자들에 대하여 모두 "바쁘고 냄새나는 무대 위에서 자기의 역할을 흐트림없이 해야 하는 피에로"처럼 보인다고 말하는 표현에서 그 점이 잘 나타난다. '소녀'는 '나'처럼 현실을 비관하고 있으며 낙원을 희망한다. '나'와 <할아버지>의 관계가 그랬듯이, '나'의 황금시대관과 '소녀'의 낙원관은 비유적인 동일 관계에 놓여 있다. 이 가치관의 비유적 동일 관계는 육체적 결합으로 가시화된다. '나'와 '소녀'는 바닷가에서 육체적 관계를 맺고 '소녀'는 가정이라는 현실로 돌아간다.

그 후, '나'는 '소녀'와 조우하기를 바라면서 공원벤치와 여관골목과 바닷가를 배회한다. '소녀'에 대한 그리움은 황금시대에 대한 그리움처럼 간절하다. '나'가 '소녀'를 다시 만난 것은 첫 관계를 가진 지 5개월이 지났을 때다. '소녀'는 첫 관계를 가졌던 장소에 다시 나타난다. 다시 만났을 때에 '소녀'는 '나'와 육체적 관계를 맺은 것은 심리적 최면 상태에서 이루어진 것이었으며, 가치 있는 일이란 현실에 충실한 것밖에 없다고 말한다. '나'의 세계에서 그녀가 멀어져간 것이다. 그녀도 일반인들처럼 가정이라는 현실의 삶을 통해 낙원은 환상을 통해서만 볼 수 있다고 말한다. '소녀'가 생각하는 현실은 결혼하지 않은 처녀가 임신하면 죄가 되며 처벌을 받아야 하는 곳이다. '소녀'는 순결을 잃는 것을 세상을 잃는 것으로 생각하는 정조관을 가지고 있다. 처음과 달라진 '소녀'를 죽이면서 '나'는 "열세(閱世)"를 마친다. '소녀'의 죽음은 현실에서의 '나'의 가상적인 죽음인데, '소녀'는 세속에서의 '나'의 분신인 셈이다. 이 점을 도식으로 나타내면 다음과 같다.

나	<할아버지>에게서 황금시대를 배운다.	환상을 통해 황금시대로 난 길을 본다.	현실에는 길이 없음을 깨닫는다.	집으로 돌아간다.
소녀	'나'에게서 황금시대를 배운다.	심리적 최면상태에서 '나'와 성관계를 갖는다.	현실에서는 성적 일탈이 죄라고 생각한다.	자살한다.

다음에 인용하는 부분은 이 소설의 중심사건이며 '나'가 열세(閱世)를 마감하는 계기이다.

> "[……] 당신과 관계를 가졌던 그날 아침에, 난 갑자기 현실로 되돌아왔던 거예요. 역시 가치 있는 건 충실한 피에로뿐일 것 같았어요. 그래 그 충실한 피에로의 역할을 난 자살에서 찾기로 했어요."
>
> [……]
>
> "아, 그렇다면 내가 당신을 죽여주지. 그 마지막의 행복을 나에게 남겨주시오. 당신을 내 손으로 죽여 영원히 내 몫으로 갖게 하는 그 행복을――"
>
> 난 그날 밤으로 그녀의 목을 눌렀다. 난 그녀의 생명을 아끼며 세 시간 동안에 걸쳐 죽였다. 세 시간 동안에 그녀의 모든 것은 내 것으로 되었다. 그녀는 세 시간이나 괴로워하면서 자기의 모든 것을 내게 주었다. 뱃속의 아이까지도 내놓았다. 아이는 죽어있는 한 핏덩이였다. (「江南見聞錄」, 『아겔다마』, pp.78~79, 밑줄 : 인용자)

위에 인용한 장면 서술에서 특별한 것은 '소녀'를 살해하는 데에 걸린 시간이 "세 시간"이 었다고 '세 번' 반복되어 있다는 점이다. 박상륭의 초기 소설에는 기독교적 성향이 강하게 나타나는데 세 시간이라는 숫자의 의미도 기독교적인 알레고리로 해석할 수 있다. 기독교의 종말론적 세계관에서 3이라는 숫자는 특별한 의미를 갖는다. 신이 7일 동안 천지를 창조할 때 4일 동안은 자연을 만들었다. 첫날에 빛과 어둠을 만들고 2일에 천공(天空) 위에 있는 물과 그 아래에 있는 물을 분리했고 3일에 땅과 바다를 나누어 식물을 창조했고 4일에 해와 달과 별을 창조했다. 7일 중에서 3일은 인간의 형상을 비롯해 생명을 가진 것을 창조했으며 최후 7일은 안식일이다. 안식일은 생명 있는 피조물과 신에게만 의미가 있다.[18)]그래서, 3이라는 숫자의 알레고리는 생명활동의 전 기간을 의미한다. 위의 인용문에서 세 번 쓰인 "세 시간"은 '소녀'의 생명활동 전기간을 '나'가 장악하고 끝낸다는 의미로 확대된다. 이 "세 시간"은 '나'가 살았던 모든 '의미 있는' 시간을 아울러 상징한다.

'나'는 '소녀'를 살해한 후 감옥에 들어가 23년을 보냄으로써 세상의 처벌을 받는다. '나'의 열세(閱世) 기간이 강촌에서 3년, 항구에서 4년, 감옥에서 23년으로 모두 30년이라는 것은 3이라는 숫자의 알레고리를 활용하기 위해 작가가 의도한 것으로 보인다. 30년은 할아버지가 열세했던 기간이었던 3년의 10배이면서 3이라는 숫자의 알레고리와 관계한다. '나'의 세속에 대한 거부는 생명활동을 마감하는 것으로 비유되는 것이다.

감옥은 신체의 자유를 구속하고 정신을 교화한다는 이중적 속성을 갖는 제도적 장치이다.[19)]그러나, 세상의 감옥은 '나'의 신체를 구속했

18) John MacQueen, 『알레고리』, 송낙헌 역, 서울대학교출판부, 1980, pp.38~40 참조. (박상륭 소설에서는 시간의 경과를 자연물을 비유해서 진술하거나 절기 등으로 표현하는 서술이 등장하는데 작가가 의도적으로 숫자를 사용하는 경우를 발견할 수 있다. 3, 5, 7 등의 숫자가 대부분인데 3과 7은 성경에서 사용된 숫자와 알레고리적 관계를 맺고 있고, 5는 주역의 숫자와 그 관계를 맺고 있다. 「천아일화」, 「유리장」, 「뙤약볕」연작에서 이러한 사례가 많이 나타난다.)

19) 미셸 푸코, 『감시와 처벌』, 오생근 역, 나남, 1994, pp.335~336 참조.

을 뿐 정신을 교화시키지는 못한다. '나'의 심리 서술 중에서, 집으로 돌아가는 계기가 감옥에서 이루어진 것이 아니라 '소녀'와의 관계에 있었다는 대목을 보면 알 수 있다. 또한 위에서 해석한 숫자의 알레고리적 의미를 고려한다면 감옥에 들어가기 전까지의 기간은 7년이다. 7은 한 주를 나타내며 기독교에서 제7일은 최후의 심판 다음에 오는 영원의 시대를 상징한다.[20] 강촌, 항구에서 보낸 7년은 '나'의 세상 체험의 전부이며 심판이 끝난 상태이다. 감옥에서 보내는 시간은 특별한 의미를 갖지 못하는 데 30을 채우기 위한, 숫자의 의미가 강한 23년이라는 수감 기간으로서 알레고리적 기능을 하고 있다.

감옥은 시간의 의미보다 제도적 장치라는 데에 의미가 있다. 감옥으로 들어가는 것은 세상과 절연하기 위한 과정이다. '소녀'를 살해했다는 죄값을 치름으로써 세상에 대한 빚을 갚는 것이다. 세상에 대한 빚에는 '나'의 세상에 대한 교만까지 포함되어 있는 것으로 보아야 한다. 감옥이라는 현실 제도와 장치에 대해 반감을 표하지 않는 것은 현실의 논리를 인정하겠다는 태도이다. 초반부에서 중반부까지, '나'는 타인의 삶을 무조건적으로 폄하하고, 영웅이 되고자 했던 행동을 서슴치 않았는데, 결말부에서 보이는 '나'의 반성적 성찰은 세상에 대한 시각의 교정까지 포함하는 것으로 볼 수 있다. 이것은 현실에 대한 기대나 관심이 전무함을 뜻한다. 현실 논리의 인정은 자신의 가치관에 대한 적대적인 시선까지 인정하겠다는 심리의 표현이며 철저하게 현실로부터 유리되고자 하는 심리의 표현이다.

「늙은 개」는 전체 하나의 문단으로 구성되어 있으며 '늙은이'의 자

20) John MacQueen, 같은 책, p.39 참조.

유연상에 의해 서사가 진행되는 형식적인 특징을 지니고 있다. '늙은이'의 직업은 시체실 청소부이다. '늙은이'는 시체실 문을 안에서 걸어 잠그고 촛불 켜놓고 있기를 좋아한다. 일반적인 사람들에게 거부의 대상인 시체실에서 편안함을 느끼는 '늙은이'의 심리는 도시에 대한 환멸을 기반으로 전개된다. '늙은이'가 도시에 대해 보이는 거부와 환멸은 그가 애착을 갖는 시체실과의 대조에서 극명하게 나타난다. 다음에 인용하는 부분은 시체실과 도시를 대조한 부분이다. 일상 공간에 대한 '늙은이'의 태도를 잘 살필 수 있다.

> [……] 그것은 이 건조한 도시가 마지막으로 남긴, 저 축축한 땅의 가장 내밀스런 한 고장이었으며, 무섭게도 비대해진 시간이 빠르게 지나가다 경작하기를 놓친 황무한 한공지였으며, 피임약이나 매독 또는 조루증쟁이가 귀두에 발른 연고나, 일곱번째 쓰는 콘돔에 발린, 분가루의 흔적이 묻지도 않았으며, 만든 사마귀에 아프게 긁히다가 불감증에 걸리지도 않은, 저 통실한 촌년이었다. [……] (「늙은 개」, 『열명길』, p.223)

위의 인용부분을 보면 시체실은 "촌년"으로 비유되고, 도시는 "작부"로 비유되어 있다. "촌년"인 시체실은 산촌을 상징하는 것으로 이어진다. '늙은이'의 의식 속에서 산촌은 이상적-고향으로서 성적, 도덕적 순수와 정결을 상징한다. 도시는 "피임약이나 매독 또는 조루증쟁이가 귀두에 발른 연고"가 묻어 있고, "일곱 번째 쓰는 콘돔에 발린 분가루의 흔적이" 묻어 있는 여인으로 비하된다. 더구나 그 여인은 성기에 만든 "사마귀"에 긁혀 불감증에 걸려 있다. 그에 반해 '늙은이'가 애착을 갖는 장소인 시체실은 통실한 "촌년"이다. 인용부분에서 두드러지는 성적인 비유는 이 소설의 서술의 많은 부분을 차지하고 있는데 순결 및 불결 여부는 '늙은이'가 내리는 대상에 대한 가치판단을 포함하고 있다. 원색적인 비유들은 작가가 현실의 폭력성에 언어의 폭력으로 대항한다는 인상을 준다.

성과 관련한 표현은 타인에 대한 가치평가를 내리는 부분에서도 나타난다. 그는 어떤 의사의 결혼을 해석하면서 그가 아내를 비싼 돈을 지불하고 샀다는 매매춘(賣買春)의 논리로 받아들인다. “한 달 중에 이레 정도 지랄하는, 계집을”(月經을 뜻한다) 산 것이 의사의 결혼이라는 것이다. 읍내의 황폐함에 대해서는 “남편은 한 개밖에 없는데 얼굴은 서른 개씩도 더 가진 이상스런 옌네들”이 사는 곳으로 표현한다. ‘늙은이’의 자기애는 술집에 한 번 가기로 한 것을 “타락”이라고 과감하게 이름붙이는 것으로 표현된다. 이러한 표현에는 자신의 순결성을 강조하려는 의도가 들어 있다.

박상륭의 소설에서는 성적 순결 의식이 도덕적 선을 대표하는 경향이 있다. 「江南見聞錄」의 ‘소녀’가 순결을 잃었기 때문에 자살을 하려고 하고, 더구나 첫 관계를 맺은 그 자리에서 자살함으로써 도덕적 타락에 대해 보상받으려 하는 정조관을 지닌 것도 이러한 맥락에서 이해할 수 있다. 「남도」 연작 중 첫번째인 「남도」1은 망부석 설화, 미당의 시 ‘신부(新婦)’를 연상케 하는 전통적 정조관념에 충실한 여인의 자살을 형상화한 소설이다. ‘할마씨’는 바다에 나가 죽은 남편과 혼교(魂交)를 희망하다 그것이 이루어지지 않자 저승으로 가서 남편을 만나겠다며 자살한다. 연작의 두번째 「남도」2는 산촌 화전을 일구고 살아가는 할머니와 손자의 이야기이다. 손자는 끊임없이 고개 너머의 현실 공간으로 도망치고자 하고 할머니는 손자를 감시하고 행동을 저지한다. 세상은 자기의 딸이 성욕을 채우기 위해 떠나간 곳이며, 성적 타락이 횡행하는 공간이라고 생각하기 때문이다. 이와 같은 소설에서 성적 순결은 지극히 높은 선을 상징하고 분방한 성관계와 성적 일탈은 퇴폐와

악을 상징한다. 이러한 순결의식과 성적인 비유는 일차적으로 문명사회의 건조성에 대한 비판의 일환이면서 단순한 수사의 차원을 넘어선 맥락에 놓여 있는 것이다.

'늙은이'의 세속에 대한 강한 거부감과 환멸감은 시체실이라는 어둡고 폐칩된 공간으로 가려는 행동으로 외화되어 나타난다. '늙은이'의 욕망은 병원의 시체실에 들어가 촛불을 켜고 어둠을 즐기는 것이다. 그것이 그로테스크하다는 점은 '늙은이' 자신도 알고 있다. 아래의 인용 부분은 '늙은이'에 대한 일반적 시선을 소개하는 화자의 서술이다.

> [……] 오랭이가 팍 씹어 갈, 처묵고 할 짓이 없어 씰디 없이 쎄바닥이나 서발 질어나빼린, 조론 순 생옘병에 땀도 못내 것을 조놈들은, 어째서 이 훤한 대낮에, 문은 닫아 안으로 걸고, 그리고도, 훤해서 좋은 전깃불이 있는데도 그것은 내버려두고, 촛불을 켜놓고 뭣을 하느냐고, 물론 흔하게는 아니고, 둬 철 건너 한 번만큼씩 묻곤 했는데 그럴 때마다 이 늙은이는, 속으로만 골을 골백번도 더 내고, 울적해 울먹였다. 그리고 봄에 낸 골을 가을 까지도 숯굽듯 구었다. 그러다가 혹간 누가, 검은 똥개 나으리, 하고 은근히 한번 불러 주는 경우라도 있으면, 그때, 일년 중에 한 번 그도 은근히 웃고, 그러면서 일에 열심이었다. [……][21]

시체실로 들어가고자 하면서 '늙은이'는 외부의 시선을 의식하고 괴로워한다. "둬 철 건너 한 번" 건네는 물음이 "골백번"의 화를 부르고, "봄"부터 "가을"까지 지속될 정도로 '늙은이'는 타자의 시선을 부담스러워 한다. 만족을 느끼는 것도 역시 타자의 시선을 통한다. "검은 똥개"라고 불리웠을 때 화를 풀고 웃는다는 점에서 알 수 있다. 자신의

21) 박상륭, 「늙은 개」, 『열명길』, 1986, p.210. (이하 본문 인용은 인용 말미의 괄호 안에 제목, 단행본, 페이지로 줄여서 밝히기로 한다).

욕망의 기괴함을 스스로 알고 있다는 뜻이다. 「江南見聞錄」의 '나'가 "반편" "미친놈"이라는 말에 민감하게 반응했던 것과 유사하다. 그들은 세상의 시선을 감시라고 받아들인다. 이것은 심리 작용에 의한 것이어서 태도를 통해 알 수 있다. 반면에 감시가 직접적으로 나타나는 처벌에 대해서는 반감을 보이지 않는다. 「江南見聞錄」에서 세속의 처벌은 "감옥"이라는 제도적 장치로 나타나 있고 「늙은 개」에서는 "해고"로 나타난다. 병들어 노동력을 상실한 '늙은이'에게 "고용자 측"에서는 사퇴를 종용한다. 자신의 늙음을 인정한 '늙은이'는 스스로 일을 그만두겠다고 하고 아무도 모르게 모르그 속으로 들어가 자살한다. 모르그의 사전적 의미는 시체 공시장 혹은 신문사의 자료실이다. 이 소설에서 등장하는 모르그는 시체실 내부에 들어 있는 세 칸짜리 서랍 모양으로 된 시체 보관 용기이다. '늙은이'는 두 번째 칸에서 자살한다. 「江南見聞錄」의 '나'가 세상에 대해 환멸을 느끼고 돌아간 장소인 서재와 「늙은 개」의 '늙은이'가 스스로 목숨을 끊기 위해 들어가는 시체실(관)의 의미를 중심으로 논의를 더 진행하기로 한다.

2) 내밀한 공간에 들어 있는 서재와 시체실의 상징

「江南見聞錄」의 '나'와 「늙은 개」의 '늙은이'가 지향하고자 하는 공간은 자아가 주체로 설 수 있는 내밀한 공간이다. 그곳은 「늙은 개」의 시체실처럼 폐칩되고 어두운 공간이다. 밀폐된 공간으로의 회귀는 일상 공간의 부조리에 대한 거부와 환멸이면서 감시 시선으로부터의 도피와 은신이다.

태초의 암흑을 상징하는 것처럼 보이는 어두운 공간은 자신의 의지에 의해서 만들어지는 공간이다. 「江南見聞錄」의 '나'는 세상과 통하는 창을 막음으로써 어둠을 완성하고 「늙은 개」의 '늙은이'는 관(棺)의 문을 닫음으로써 어둠을 완성한다. 이 공간에서 자아는 재탄생한다. 일상이 침투하지 못하는 순수한 내밀 공간은 황금 시대, 사후세계라는 형이상학적 관념 세계로 진입하는 시발지이다. 「江南見聞錄」의 '나'는 세속을 경험한 후 집으로 돌아와 다음과 같이 이야기한다.

> 집은 엉망이었지만 그런대로 물방앗간이나 모래 위나 거적 속, 또는 감옥보다는 나았다. 할아버지의 책들은 거의 썩어 있을 정도였으나 나의 남은 생명을 묻어도 좋다고는 생각된다. 역시 할아버지의 유산은 내게 충분한 것이었다. 할아버지가 눈 감을 수 없던 미련의 땅, 할아버지의 공화국, 할아버지의 고향은 여기였던 걸 게다. 그러나 할아버지는 끝내 눈을 감을 수 없었지만, 난 편히 눈 감을 수 있을 것 같다.
>
> 이미 몰락된 시대나 번영을 찾는다는 일은 불가능한 일일지는 모르지만, 그러나 나의 믿음은 할아버지의 그것과 마찬가지로 아직도 한가지다. [……] 그 길은 라일락으로 줄 선 곳으로 통한 길임에는 틀림없다. 그런데도 할아버지가 눈 감을 수 없었던 이유는, 그는 상아탑의 작은 창문으로만 길을 내어다보았던 탓이었을 게다. 난 그 창을 막길 잘했었다. (「江南見聞錄」, 『아겔다마』, p.80)

"물래방앗간", "모래 위", "거적 속", "감옥"은 '나'가 세상을 전전하면서 잠을 잤던 곳들이다. 여인들의 성욕을 충족시켜 주고, 아이들에게 공부를 가르치며 호감을 사기도 했지만 '나'에게 편안했던 공간은 "물래방앗간"이나 "모래 위", "거적 속" 같은 집 밖의 공간이었다. 물래방앗간, 모래 위, 거적 속 등은 개방된 공간이지만 역설적으로, 일상적 삶들이 침투하지 않는 폐쇄된 공간이다. 이곳은 심리적인 은신처이다.

"상아탑의 작은 창문"을 막는 행위는 세속에 대한 강한 거부를 나타낸다. 세상과 연결되는 모든 통로를 차단하고 빛이 없는 어둠의 공간에서야 진정으로 "황금시대"로 난 "오솔길"을 발견할 수 있다는 것이 '나'가 체득한 신념이다. '할아버지'가 남긴 책을 통해서 가능하다고 믿는다. 이 책은 비서(秘書)의 일종으로 현대사회가 제공하는 정보 지식과 거리가 멀다. 과거에서만 희망과 기대를 발견할 수 있다는 '나'의 신념은 책의 종류에서도 나타난다.

서재를 "상아탑"이라고 부름으로써 '나'는 자신의 공간이 세상을 내려다볼 수 있는 위치임을 은연중 드러내고 있다. 세상에서는 탑 내부를 들여다볼 수 없지만 탑 안에서는 세상을 내려다볼 수 있다. 서재의 위치는 철저하게 자아 중심적인 위치에 있다. "탑"은 그 높이와 형상에 있어서 아래를 내려다보게끔 되어 있다. 세상의 감시로부터 자유로운 <탑> 속에서 '나'는 완전한 주체로 태어난다. 주체로서의 삶, 고결한 영혼으로서의 삶은 <집>, <서재>, <상아탑> 안에서만 가능하다. 상아탑이라는 말은 기원에 있어서 세속의 거부와 추상적인 지식 탐구의 장이라는 특성을 가지고 있다.[22]

---

22) 서재는 박상륭의 소설 세계 전반을 이해하는 데에 있어서 상징적인 공간이다. 소설의 메타 텍스트적인 성격과 책 속에 진리가 있다고 믿는 작가의 의식 성향을 짐작할 수 있게 한다. 성경, 불경, 주역, 연금술, 신화 등 인류 문화의 축적물들에 대한 해석적 견지를 소설화해 내는 박상륭 식의 소설쓰기가 초기소설에서는 서재로 귀의하는 작중인물의 이동경로로 형상화되어 있는 것이다. 메타 텍스트적인 성격은 『죽음의 한 연구』, 『칠조어론』이 가장 강하다. 초기작품 중에서 메타 텍스트적인 성격이 나타나는 작품은 「아겔다마」, 「경외전 세 편」, 「유리장」, 「나무의 마을」 등이다. 「아겔다마」는 가룟 유다의 예수에 대한 배반을 인간 중심적인 관점에서 해석하고 있다. 예수가 제자 중 누군가 자기를 밀고할 사람이 있을 것이라는 최후의 만찬의 예언은 잘 알려진 내용이다. 박상륭은 가룟 유다의 배반은 배반이 아니라 예언을 실행하기 위한 과정이었다고 말한다. 「경외전 세 편」은 전거가 불분명해서 기록되지 않은 성서라는 뜻의 제목 경외전에서 알 수 있듯이 성서 해석에 기초한 작품이다. 이 소설은 요한복음을 인용하는 등 메타 텍스트적인 성격을 잘 보여준다. 「유리장」은 『삼국유사』, 『주역』, 연금술 서적, 신화의 내용을 인용, 변용한 사례이다. / 박상륭 소설에서 주인공이 직접적으로 독서가 문제의 해결을 보여주

「江南見聞錄」의 '나'에게는 돌아갈 "옛집"이 있지만 「늙은 개」의 '늙은이'에게는 돌아갈 곳이 없다. 그는 산골마을에서 읍내로, 도시로 옮겨간 이력의 소유자이다. 점차 넓은 세상으로 본의 아니게 나아갔던 것이다. 돌아갈 집이 없으므로 그는 시체실을 심리현실 속의 산촌으로 창조한다. 시체실의 구조는 고향집의 구조와 유사하다. '늙은이'가 전깃불을 두고 촛불을 켜는 이유는 "고쿨이"에 불을 붙이던 산촌의 밤을 그리워하기 때문이다. 해산 도중에 죽은 아내와, 핏덩이인 채로 죽은 아이의 시체를 묻었던 감자밭 한 귀퉁이가 있었던 것처럼 시체실에는 모르그가 있다. 그가 모르그로 들어가는 행위는 아내와 아이를 묻었던 감자밭 한 귀퉁이에 스스로를 묻는 행위와 같다. 그는 시체실 청소를 고향에서 밭 일구는 것과 동일시한다.

이 소설에서 문제적인 것은 '늙은이'가 고향으로 돌아가지 못하는 현실적 상황이란 무엇인가이다. 심리의 연상작용에 의해 서술이 진행되고 있어서 현실적 상황을 추측하기는 쉽지 않다. 고향으로 돌아갈 길이 차단되어 있는 것은 이 소설의 전제이다. 고향을 떠나오게 된 경위를 되짚어보는 것이 전제를 이해하는 방법이 될 것이다. 다음에 인용하는 부분은 '늙은이'가 고향을 떠나는 이유와 떠나자 마자 고향을 그리워하게 되는 배경이 파편적으로 서술되어 있다.

리라고 믿는 작품에는 「나무의 마을」, 「열명길」이 있다. 「나무의 마을」은 <산배나무>, <참나무>, <으름나무>, <단풍나무>를 의인화한 우화소설이다. 이 소설의 마지막 문장은 "그 겨울도 내내, 물론, 산배나무 귀신의 책상 위에선 촛물이 탔다. 한 번도 꺼지지 않고 겨울 내내 촛불이 탔다."로 「江南見聞錄」의 결말과 유사하다. 「열명길」의 <대목수> 역시 선친으로부터 물려받은 서적을 탐독하고 그 안에서 해법을 찾으려고 노력하는 인물이다.

> [……] 개의 흐린, 저 권태로운 눈을 통해 들어가 그가 차지해 버리는 그 개의 내부란 무척도 부드럽고 훈훈하며 편안스러운 것이었다. 그러나 그는 개를 사랑하지는 안했다. 기침을 해도 개처럼 킹킹대며 하게 되고, 잠을 자도 개처럼 오구리고 자야 편안스럽다는 것을, 어느날 그가 갑자기 깨달아 버렸을 때, 저 숭악한 쌍놈의 똥개가 자기 속으로 쳐들어와 버렸다고, 그는 화를 내고는, 그 개의 목을 새끼줄에 걸어, 산복숭아나뭇가지 사이로 높이 끌어올려 매달아 버렸다. 그러고 난 뒤, 밭귀퉁이에다 묻어 버리려다가 구어먹어치워 버리고 말았다. 그리고는 살던 곳이 싫어, 그 쌍놈의 똥개 고기가 다 삭아 버리기도 전에, 살던 집을 불질러 태워 버리고, 지게 위에 고향 짊고 산그늘 짊고, 하늘 짊고 읍내로 갔다. 거기서 그는, 지게 품팔이를 했는데 모도 말짱 알기로 그는 버버리일 것이라고 했다. 이 개는 추억에 병들기 시작한 것이다. [……] 그는, 휴식은 찾을 수가 없었다. [……] (「늙은 개」, 『열명길』, p.216)

<개>는 '늙은이'가 아내와 아이를 파묻은 감자밭 한 귀퉁이를 헤집고 사정을 해 넣은 곳에서 "할미꽃" 핀 것을 보고 성욕을 느꼈을 때 찾아왔다. "굶고, 얻어맞고, 그러다 쫓겨난 개"였다. 산촌에 찾아온 <개>는 당시의 '늙은이'에 비해 형편없이 늙어 있었으며 당시 '늙은이'는 늙고 나약함에 연민을 느꼈다. <개>와 함께 살기로 한 것은 그러한 연민에서 시작되었다. 자신의 젊음을 그 개와 비교함으로써 느꼈던 것이다. 세속을 초월해 불도(佛道)에 정진하는 "비구니"처럼 보이기도 하고 성욕을 자극하는 "여성"으로 보이던 <개>가 자기 안으로 들어와 버렸음을 깨달았을 때, 늙은이는 <개>를 죽였다. 위로를 받다가 그 대상과 동화가 되었다고 느끼는 순간 죽이고, 구워 먹어치운 것이다. 그 다음에 집을 불질러 태워버리고 고향을 떠났다. 집을 태워버림으로써 '늙은이'는 고향을 상실했는데 이는 '늙은이'가 다시 고향으로 돌아갈 수 없는 이유처럼 보인다. 회귀처(回歸處)가 없어짐으로써 '늙은이'의 그리움은 간절해진 것이라 할 수 있다. <개>는 늙음을 표상한다. 산촌의 개

는 당시 '늙은이'의 젊음을 확인케 하는 존재이고 현재의 '늙은이'는 "늙은 개"라고 불리길 원한다. 병원 청소부로 새로 온 젊은이를 통해 그는 자신의 노후함을 확인한다.

'늙은이'의 자살은 사후세계로 편입하는 의미를 갖는다. 병원 청소부직을 사퇴하고 병원 뒷문을 나서면서 그는 해산 직전의 임부를 본다. 그녀와 눈이 마주쳤다고 생각하는 순간 그는 "사랑"을 느낀다. 임부는 해산하다 죽은 아내와 새로운 생명의 탄생을 상징한다. 현상적으로 '늙은이'가 가고자 하는 곳은 관[23] 속이지만, '늙은이'의 의식이 지향하는 곳은 죽음 이후의 세계이며 젊음을 다시 찾을 수 있는 곳이다. 자살은 스스로의 선택이자 권리이다.[24]

---

23) 관(棺)은 죽음이 실제로 행해지는 곳으로 박상륭 소설의 전반을 고찰할 때에 중요한 의미를 갖는다. 박상륭의 소설에는 죽음이 끊임없이 등장하는데 자살과 살해의 형태로 나타난다. 가설을 정립하고 실험을 통해 가설을 입증하는 과학적 방법론에 비유한다면 살인은 실험의 대상이다. 「詩人 一家네 겨울」의 '홍선'의 '성영감' 살해, 「山東場」의 '여인' 살해, 「뙤약볕」3의 '누이' 살해 등은 주인공의 관념이 동기인 행위이다. 「詩人 一家네 겨울」의 <홍선>은 가난과 죄악의 표상이라고 생각하는 <성영감>을 살해함으로써 자신의 가난과 죄악이 사라질 것이라 믿지만 그것이 허무로 귀결됨을 깨닫는다. 「산동장」의 '나'는 여인의 눈 속에서 질서와 조화를 목격하고 자신이 발견하고자 하는 퇴화의 과정을 보기 위해 목졸라 살해한다. 「뙤약볕」3의 '점쇠'는 사람들이 떠나고 '누이'와 단둘이 남은 섬에서 '누이'와 근친상간하는 것이 신의 섭리에 응하는 것이라고 생각한다. 그러나, 신의 형상 찾기에 실패한 후 '점쇠'는 '누이'를 살해하고 스스로 바다 속으로 들어가 자살한다. 이상의 세 소설은 작중인물의 관념이 동기가 되는 살인이다. 현실적 논리가 지배적인 「詩人 一家네 겨울」의 살인은 작중 인물의 심리를 자폐적인 심리로 기술하고 있다. 현실적 논리를 초월해서 서사가 진행되는 「山東場」과 「뙤약볕」3의 살해는 타자의 살해이면서 동시에 자아에 대한 환멸의 시선을 포함하고 있다. 자주 "구도적 살인"이라고 설명되고 있는데 관념을 검증하기 위한 실험의 일종으로 받아들일 수 있다.

24) 자살이 모티프인 「세변주」의 <어머니>는 죽음을 전쟁터에 나가 소식이 끊어진 남편을 만나는 기회라고 생각한다. <아들>은 산속의 호굴(虎窟)에 어머니를 모셔다드렸는데 어머니는 살아서 돌아온다. 어머니는 줄곧 그곳을 그리워한다. 호굴은

위에서 분석한 「江南見聞錄」과 「늙은 개」는 일상 공간에서 욕망 실현이 불가능함을 깨닫고 내밀 공간으로 회귀하는 주인공의 삶을 형상화하고 있다. 「江南見聞錄」의 '나'는 옛집으로 돌아온다는 점에서 회귀가 명시적이다. 그에 비해 「늙은 개」의 회귀는 비유적이다. 세상은 성적, 도덕적으로 타락한 공간이며 배금주의가 횡행하는 메마른 공간이다. 이 두 소설의 서사 방식은 세속에 어울리지 못하는, 소외된 사람의 시선을 형상화한다는 점에서 입사 실패 스토리의 변형이라 할 수 있다. 어린이의 세계와 어른의 세계를 대립시킴으로써 어린이가 겪는 좌절과 깨달음에 근거하는 입사 유형[25]처럼 작가는 세속과 자아를 대립시킴으로써 작중 인물의 좌절과 깨달음을 구체화하고 있다. 좌절한 인물이 돌아가 안온을 느끼는 내밀 공간의 특성을 정리하기 위해 인물의 이동 경로를 도표화하면 다음과 같다.

「江南見聞錄」	집 → 江村(3년) → 港口(4년) → 감옥(23년) → 서재(집)
「늙은 개」	산촌(실제 고향) → 읍내 → 도시(15년) → 시체실(심리적 고향) → 모르그(棺)(자살 공간)

서재와 관은 작고 은폐된 공간이다. 열린 공간에서는 욕망 성취가 불가능하므로 닫힌 공간으로 이동하는 것은 당연한 귀결이다.[26] 주인

죽음의 장소이며 남편을 만나는 신방이다. 「늙은 개」의 결말과 유사한 구조이다.

25) 김인환, 『한국문학이론의 연구』, 을유문화사, 1986, p.160.

26) 고립되고 은폐된 공간에서 인물이 만족을 느끼는 것은 「江南見聞錄」의 에피소드에서도 나타난다. '나'가 '소녀'를 살해하는 곳은 닫힌 공간이다. '소녀'와 '나'의 구체적인 이동 경로를 도식화하면 다음과 같다. 항구는 '나'가 열세를 마감하는 곳이며 황금시대 관에 동조했던 '소녀'를 만난 곳이다.

항구	선착장(열린 공간)→해안(1)→공원벤치, 여관골목 등→해안(2)→여관방(닫힌 공간)

공은 내밀 공간으로 들어오는 빛을 차단함으로써 세속과 인연을 끊는다. 이 공간은 의식이 지향하는 공간으로 가기 위한 통로이다. 그들이 도달하고자 하는 공간을 이동 경로와 종합해서 재구성하면 다음과 같다. 그들이 지향하는 세계는 열린 사회가 아니라 현실에 존재하지 않는 형이상학적 관념의 세계이다.

「江南見聞錄」	집(닫힌 공간)→江村→港口→감옥→서재(닫힌 공간) ……→황금 시대
「늙은 개」	산촌(닫힌 공간)→읍내→도시→시체실→모르그(棺)(닫힌 공간) ……→사후 세계

주인공들의 의식이 황금시대, 사후세계 등 인간이 현실적으로 경험할 수 없으며 손으로 만질 수 없고 눈으로 볼 수 없는 세계를 향해 가고자 하는 점에서 「江南見聞錄」, 「늙은 개」 두 소설은 이후 박상륭의 소설이 형이상학적 은유의 세계를 지향하게 되는 출발점으로 상정해볼 수 있다. 두 소설은 박상륭 소설에서 드물게도, 당대의 일상 현실을 배경으로 삼고 있기 때문에 박상륭이 추구하고자 하는 형이상학적 은유의 세계란 일상의 구체성과 대비되어 매우 추상적인 성격을 가지는 것임을 확인할 수 있다.

선착장, 해안(1), 해안(2)에서의 '나'와 '소녀'의 만남은 개방된 공간에서 이루어진다. 해안(1)은 '나'와 '소녀'가 황금 시대를 바라는 마음으로 만난 장소이다. 해안(2)는 5개월 만에 다시 만난 곳으로 해안(1)과 동일한 공간이다. 해안(1)과 해안(2) 사이에 있는 공원벤치, 여관골목 등은 '나'가 소녀와 조우하기를 바라며 배회한 공간이다. 여관방은 두 인물의 관계가 마감되는 닫힌 공간이다. '나'의 서재와 같은 내밀의 공간이다.

3. 고정된 공간에서 관념을 탐색하는 자

이 장에서는 「2月 30日」과 「7일과 꿰미」를 중심으로 분석하고자 한다. 「2月 30日」의 주인공은 전신마비증에 걸려 병원 침실에 누워 있고 「7일과 꿰미」의 주인공은 둥지에서 산통을 겪고 있다. 병실, 둥지라는 고정된 공간에서 진행되는 것은 주인공의 사색과 몽상이다. 「2月 30日」의 주인공은 생명에 대해 사색하고 「7일과 꿰미」의 주인공은 시간에 대해 사색한다. 눈에 보이지 않고 손으로 만져볼 수 없는, 생명과 시간이라는 관념에 대한 사색의 과정이 두 소설의 플롯을 이룬다.

「2月 30日」, 「7일과 꿰미」에는 공간 이동이 드러나지 않는 대신 자기가 처해 있는 고정된 공간과 상황에 대한 주인공의 의식의 변모가 나타난다. 병실, 둥지라는 고정된 공간에 대한 의식의 변모는 주인공이 집착하는 생명과 시간이라는 관념에 대한 사유의 변모에서 시작된다. 의식의 변모를 도표화하면 다음과 같다. 병실을 유배된 공간으로 생각하다가 생명이라는 관념을 탐색하는 공간으로 인식하고(「2月 30日」), 둥지를 산통을 겪어야 하는 공간으로 생각하다가 시간이라는 관념을 탐색하는 공간으로 생각하는(「7일과 꿰미」) 두 소설에서 중심을 차지하는 것은 관념의 내용이다.

「2月 30日」 (병실)	유배된 공간 → 생명에 대한 사색의 공간
「7일과 꿰미」 (둥지)	産痛의 공간 → 감옥 → 시간에 대한 사색의 공간

두 소설에서 관념의 내용과 함께 주목해야 할 것은 알레고리적 기법에 의해 명확하게 분리되는 생활인의 삶과 몽상가의 삶의 모습이다. 「2月 30日」과 「7일과 꿰미」는 고정된 공간에서 관념을 탐색하는 주인공

과 함께 일상적 삶에 대해 고뇌하는 인물이 등장한다. ‘A’와 ‘Z’, ‘케익스’와 ‘알퀴오네’는 각각 특정한 부류의 인물을 대표하는데 한 부류는 박상륭 소설에 일관적으로 등장하는 철학자, 몽상가의 알레고리이고 다른 한 부류는 생활인의 알레고리이다. 서술기법의 알레고리적 측면을 먼저 언급하자면 「2月 30日」에는 ‘A’, ‘Z’라는 알파벳으로 인물을 명명하는 알파벳의 알레고리가 사용되어 있고, 「7일과 꿰미」에는 물총새 부부를 의인화한 동물우화 알레고리가 기법으로 사용되어 있다.

1) 생활인의 삶과 몽상가의 삶

「2月 30日」은 전신마비증에 걸려 입원한 두 환자 ‘A’와 ‘Z’의 이야기이다. ‘A’와 ‘Z’는 동일한 조건에 놓여 있지만 자기들 조건에 대한 태도는 선혀 다르게 보여준다. ‘A’는 메시아와 같은 존재가 전신마비증을 치유해 줄 것이라고 믿고 기다린다. 그는 일상 공간에 대한 희망을 지니고 있다. 그러므로 병의 치유에 대한 관심이 많고 일상 공간으로 돌아갈 것을 희망한다. 그러나 ‘Z’는 전신마비증이라는 병의 치유에는 관심이 없고 생명이라는 관념의 의미를 탐색하는 데에 집중한다. 그에게 일상 공간으로 돌아간다는 것은 공포스러운 일이다. ‘A’가 가지고 있는 희망이 ‘Z’에게는 전혀 없다. ‘Z’는 오히려 고정된 공간에서 안온함을 느낀다.

‘A’는 젊은 시절 돈을 벌기 위해 일했던 사람이고 현재는 “무슨 회사”의 사장이다. 그는 어느날 갑작스럽게 발끝부터 마비증이 느껴지기 시작해서 ‘Z’보다 5개월 전에 입원한 사내다. 최초에는 병을 마녀의 주술로 생각하다가 예수교인의 방문을 받은 후 깨달은 바가 있어서 메시아가 나타나 자기 병을 치유해줄 거라 믿고 기다리기 시작한다.[27] 그러나, 메시아에 의해 마미증이 치료될 수 있을 거라고 믿고 의지했던 'A'는 가족들의 요구에 의해 "화장터"로 간다. 환자의 목숨은 가족과 의사에게 달려 있었던 것이다. 가족이 결정을 내리고, 의사가 간접적 살해를 방조하는 'A'의 비극적 서사에는 현실의 폭력성, 비도덕성에 대한 작가의 비판이 들어가 있다. 반대로, 'Z'에게는 세상에 대한 관심과 집착이 전혀 없는 것처럼 보인다. 그것은 다음과 같은 서술의 형태에서도 드러난다. 두 인물이 처해 있는 상황(병실의 풍경)과 일상 공간(병원에 입원하기 전의 바깥 삶)에 대한 이야기는 'Z'의 입을 통해서 한번도 나오지 않고 언제나 'A'의 입을 통해 이야기된다. 구체적인 모습을 살펴보면 다음과 같다.

①

'A' : "의사들은 뭐 길란-바레(Guillain-Barre)라고 하는 마비(痲痺)라고 합디다만, 마비라니오? 엉터리없는 얘기지요. 그럼 도대체 이 마비는 무슨 원인으로 오는 것이며, 병균의 정체는 무엇이냐고 나는 대들었지요. 그랬더니 의사는 웃으면서 항복했읍니다."

②

'A' : "나는 내일 바퀴 달린 긴 의자에 실려서 장지(葬地)로 가는 겁니다. 아시겠죠, 내 기분을?"

'Z' : "예? 뭐, 뭐요? 뭐요?" 하는 움직이는 몸이었더면 병상 아래로 굴러떨어지고 말았을 게다. 어지러웠다.

'A' : "그렇다니까요, Z선생. 가족과 의사 사이에 무슨 이야기가 오고 간 모

---

27) 'Z'는 'A'를 "유대교도"라고 칭한다. 예수교인의 방문을 받았다고 구체적으로 소개되어 있지만 작가가 비판하고 있는 것은 신약 시대의 기독교가 아니라 구약시대의 유대교적 메시아니즘임을 알 수 있다. 맹목적인 메시아니즘에 빠져 있는 인물을 "유대교도"라고 칭한 다른 소설로는 「山北場」이 있다.

양이었읍니다." 그는 이를 한번 갈았다.

'A' : "그게 뭐 다른 거겠읍니까? 이왕 죽을 사람이니 집에 와서나 죽으라는 것이고, 집에 가서나 죽으라는 것이죠. 낮에, 선생이 잠들었을 때, 의사와 아들이 다녀갔지요. 매일 하던 식으로 발가락부터 쿡쿡 찔러 보더니 신경이 통하지 않는다는 거예요. 회복은 말초신경부터 되느니 어쩌느니……." 그의 목소리는 차차로 위축되어 나중엔 알아들을 수도 없었다. 그는 뭐라고 한없이 씨부리기만 했다. 나는 참을 수 없어 눈을 감아 버리고 말았다. [……][28] (밑줄 : 인용자)

①은 길란바레[29]라는 특수한 질병의 정체를 'A'의 입을 통해 제시하는 예이다. 'A'는 계속해서 병의 치료법에 대한 의사의 진단 및 자신들 병의 경과와 자기 삶의 내력을 이야기한다. 자기들이 걸려 있는 병이 "원인도 균도 알 수 없"는 병이며, 원인과 균을 알 수 없으므로 치료법도 개발되지 않은 병이라는 설명은 'A'의 대화 도중에 나온다. 환자가 포기해 버리지 않으면 "백 명이면 아흔 명은 낫는"다는 의사의 말도 'A'의 대화에 의해 제시된다. 이 소설은 부제로 "Z씨의 수기에서 발췌"라는 문구가 달려 있음에도 불구하고 외적 조건에 대한 'Z'의 관심은 전혀 나타나 있지 않다. 모조리 'A'의 입을 빌어서 이야기하는 것이다.

'Z'는 자기 스스로 자기를 가두기도 하지만 어떤 면에서는 외부의 힘에 의해 고립되어 있음을 알고 있다. 밑줄 친 부분은 'Z'가 일상과

---

28) 박상륭, 「2月 30日」, 『열명길』, 문학과지성사, 1986, pp.21~22. (이하 본문 인용은 인용 말미의 괄호 안에 제목, 단행본, 페이지로 줄여서 밝히기로 한다.)

29) 길랭바레증후군 <Guillain Barre syndrome> : 신체의 좌우에 대칭적으로 이완성(弛緩性) 마비가 일어나는 질병. 감염성 다발신경염(多發神經炎) 또는 특발성(特發性) 다발신경근염(多發神經根炎)이라고도 한다. 프랑스의 신경의(神經醫) G.길랭과 신경학자 바레에 의하여 처음으로 기재된 병명으로 성인에게 주로 발생한다. 원인은 불명이나 신경 알레르기설이 유력하다. [……] 일반적으로 예후는 좋으며 완치되는 경우가 많다(두산동아 세계대백과사전 참조).

차단된 상태에 있음을 나타낸다. 병실을 같이 쓰고 있으므로 'A'에게 일어난 일을 'Z'는 다 알 수가 있는데, 플롯의 진행에 의하면 'A'는 전혀 모르는 채 이야기가 흘러가게 되어 있다. 밑줄 그은 부분에서, 'Z'의 어머니가 다녀간 사실을 'A'와 차단시키기 위하여 작가는 'A'로 하여금 "잠들"어 있게 만들었던 것이다. 이처럼 「2月 30日」에서 'Z'를 완벽하게 현실적인 문제와 격리시켰던 점을 확대하여 해석하자면 이 부분에서는 작가가 인물에게 관념 탐색에 집중하도록 여러 조건을 의도적으로 배치했다고 할 수 있다. 다음에 이어지는 서술을 읽으면 'Z'의 일상에 대한 무관심은 매우 의도적이었던 것임이 드러난다. 'A'가 소명(召命) 받았다는 것을 강조하자 'Z'는 홧김에 자신의 과거를 이야기한다. 그는 나이 어린 아이를 잃고 화장시킨 후, 자기 집에 스스로 불을 질렀으며, 아내는 바람이 났다는 내용이다. "당신도 소명받은 자"라고 말하는 'A'의 태도에 화가 나서 윽박지르듯 내뱉는 말이기 때문에 사실이 아닌 것처럼 보이기도 하지만 다음 인용 부분에서 'Z'의 이야기가 과거에 실제로 있었던 일임을 확인할 수 있다.

> [……] 어디에나 어린것이—결혼한 뒤 십오 년이나 지나서 얻은 자식이므로 뉘 아들놈인지는 나도 모르지만 그런 건 중요한 건 아닐 게다—타는 연기는 깔리고 있고, 어디에나 계집이 피우는 암내는 등천한다. [……] 나는 그 어린 것의 작은 관 속에 나를 쑤셔넣고 그 초열(焦熱) 속에서 나를 증명했어야만 했다. 그러나 나는 외곽(外廓)에서도 남의 땅 이끼 위에 버려진 혼혈아처럼, 나를 데려다놓을, 떠나 버린 생활을 다시 파종할, 손바닥만한 터 하나 없다. [……] 나는 여기에 있는 것이 전부이며 이것이 나라고 하는 모든 재산이며 이것이 나라고 하는 모든 과거와 현재이다. [……] (「2月 30日」, 『열명길』, p.16)

'Z'의 눈에 비치는 현실이란 모두가 절망적이고 비극적인 상황이다. 어디에서도 위로를 받을 수 없는 것이 'Z'의 상황이다. 이렇듯 일상에 대한 무관심은 일상에 대한 환멸에서 기인한 의도적인 무관심이었던 것이다.

'Z'의 황폐한 현실은 'A'와의 대조를 통해 명백해진다. 'A'는 사비로 입원해 있고 'Z'는 국비로 입원해 있다. 'A'에게는 기다리는 "행복한" 가정이 있고 'Z'에게는 병원에 누워있는 자기 신체가 전부이다. 'A'는 가난을 극복하고 부를 성취한 사람이고 'Z'는 가난한 "전직 학원강사"이다. 'A'는 소생을 기다리고 'Z'는 인식의 방법론을 고민한다. 'A'는 낙관적이고 'Z'는 비관적이다. 'Z'에게 있는 불행한 과거가 'A'에게는 없다. 이러한 대조 자체는 'A'와 'Z'라는 인물 사이에 있는 심연을 형성한다. 영어 알파벳의 첫글자와 끝글자를 차용한 이 알레고리는 작중 인물의 성격과 행동을 극단적으로 대조하는 데에 기능한다. 이 점에 대하여 김현은 이 소설의 주제를 "A씨의 삶과 같은 익명적인 삶에 대한 혐오와 구토이며 Z씨의 삶과 같이 <권태와 고독 밖에> 개성적인 삶을 살지 않을 수 없는 자의 의식구조에 대한 천착, 다른 말로 바꾸면 구원에 대한 욕망이다."[30]라고 했다.

하지만, 'A'에 대한 비난의 시선이 최후에는 연민의 시선으로 변해가는 것을 확인하면 작가의 의도가 'A'를 비난하는 데에 있지 않음을 알 수 있다. 'A'는 구원을 기다리는 부류의 사람이지 그가 소유한 외양에 의해 비판을 받을 사람은 아니다. 'A'의 태도에 대하여 'Z'는 최초에 "비난과 혐오"를 보이다가 그 구원방식을 인정하고, 가족에 의해 죽임을 당하게 되었다는 소식을 듣고서는 "움직이는 몸이었더면 병상 아

30) 김현, 「샤머니즘의 극복」, ≪현대문학≫(1968.11), p.301. (김현의 이 글에서 "구원"은 'A'가 기다리던 메시아적 구원이 아니라 60년대 당대의 피폐한 사회적 상황으로부터의 구원이다.)

래로 굴러 떨어지고 말았을 게다. 어지러웠다."로 변한다.

작가의 의도는 'A'와 'Z'라는 이니셜의 알레고리에서 파악할 수 있다. 'A'와 'Z'는 영어 알파벳의 처음과 끝이다. 성서 요한계시록의 "알파와 오메가"와 같은 구조의 이니셜이다. 'A'와 'Z'는 상극적이지만 'A'와 'Z' 사이에 있는 많은 글자들을 포함하고 있다. 따라서 이 이니셜의 알레고리가 갖는 의미는 죽음과 생명에 대한 인식의 상극적인 두 유형을 가리킨다. 'A'는 일상의 불모성과 메시아 사상의 허무함을 표상하는 알레고리이다. 'A'는 다음과 같이 'Z'에게 말하는데 이것은 세상에 대한 메시지이다.

> "Z선생, 저 산소통은 언제 터지지요? 고압솥은? 전기는 왜 합선이 안되고 보일러는 왜 가만히 있지요? 왜 그렇게 안 되느냐 말이요? 세계는 언제 멸망되지요? 언제 되느냐 말입니다." 외쳐대고 있었다. [……] (「2月 30日」, 『열명길』, p.22.)

「7일과 꿰미」의 '케익스'와 '알퀴오네'는 공생동락하는 물총새 부부이다. '케익스'는 알 낳는 아내를 부양하기 위해 세속의 일상 공간과 둥지를 왕복하면서 먹이를 구한다. '알퀴오네'는 바다 밖으로 한 번도 가보지 않은 인물로 설정되어 있다. 그녀는 시간, 신, 운명에 대해 고뇌한다. 세속의 일상과 관계하는 인물은 '케익스'이고 관념 탐색에 전념하는 인물은 '알퀴오네'이다.

「7일과 꿰미」는 오비디우스의 『변신 이야기』의 '알퀴오네' 신화를 차용하고 있다. 오비디우스의 '알퀴오네' 신화는 지순한 사랑의 성공담이다.[31] 어느날, 알퀴오네는 남편이 풍랑에 휩쓸려 죽은 줄도 모르고

31) 오비디우스, 『변신 이야기2』, 이윤기 역, 민음사, 1998, p.144 참조. 알퀴오네는 그

돌아오기만을 간절히 기다리다가 꿈의 신으로부터 남편의 죽음을 전해 듣는다. 이튿날 해안으로 나가 보았더니 남편 케익스의 시체가 떠밀려 오고 있었다. 비통한 나머지 알퀴오네는 케익스를 따라 죽으려고 방파제 위에서 몸을 날렸다. 갑자기 날개가 솟아서 알퀴오네는 물총새로 변했다. 잠시후, 죽은 케익스도 물총새로 다시 살아났다. 신들은 그들 부부를 위해 일 년 중 7일의 기간을 베풀어 알을 까고 둥지를 틀게 했다. 알퀴오네의 극진한 사랑에 감복한 신들이 은총을 베풀었던 것이다. 이러한 해피엔딩의 요소에 기반하여서 「7일과 꿰미」는 비극적 결말을 노정하고 있다. '알퀴오네'와 '케익스'가 일년이라는 시간을 인내하며 기다렸던 7일 동안 '케익스'와 '알퀴오네'는 서서히 죽어간다.

일상 공간의 구체적인 모습은 "둥지 밖"을 여행하는 '케익스'의 서사를 통해 파악할 수 있다. '케익스'는 '알퀴오네'의 출산(出産)을 돕기 위해 끼니 때마다 모이 사냥을 나간다. '알퀴오네'의 부탁을 듣고 멀리 떨어진 곳에 있는 '등대새'의 등대를 방문하기도 한다. '케익스'의 현실은 다음 인용하는 부분에 자세하게 나와 있다.

> [……] 이 철엔 송사리도 없었다. 송사리가 이 계절이 되면 언젠가 한번 본 수사(水死)한 굉장히 큰 선원의 손바닥 넓이만큼 되는 것이 그 중 작은 것이고, 좀 큰 고기의 새끼들이라면 그 사내의 팔뚝 전부만 해서 오히려 먹히우기

리스어이고 영어식 표기로는 핼사이어니이다. 오비디우스의 『변신 이야기』는 이윤기의 이 번역을 참고했다. / 박상륭은 부기의 형태로 "풍문에 의하면 [……] 오비디우스의 「轉身賦」에 이 이야기(拙作 「7일과 꿰미」)의 前身이 있다고 한다. 그 풍문이 만들어낸 이야기이므로 이 이야기 속엔 翡翠의 生態가 무시되어 있다."고 밝혔다. 비취(翡翠)란 물총새의 한자어이다. 이 작품 주인공의 이름인 알퀴오네의 글자적 의미 또한 물총새이다. 「7일과 꿰미」의 알퀴오네는 이 이야기를 "구전(口傳) 족보" (p.278)로 알고 있으며 새로 태어난 아들에게 들려주는 형태로 나와 있다.

> 십상일 정도로 커 있곤 했다. 무엇이든, 조그만 자기네의 먹이가 될 만한 것은 단애가 있는 얕은 바다에나 있고, 그것도 최소한 한 시간 정도는 물 위를 선회하며 기다려야 보였다. [……] 세상은 지혜로 해서 각박해지고 있었다. [……] 케익스도 저인망이나 트랙터를 만들어내야겠지만, 일곱 날밖에 안 되는 가난한 국토(國土) 탓에 그저 날개와 부리만으로 우직하게 대들 수밖에 없었다.[32]

'케익스'의 몸은 아주 작은 물고기 중 하나로 알려져 있는 "송사리" 마저 너무 커서 먹지 못할 정도로 왜소하다. 세상의 "지혜"는 '케익스'에게 교활로 보인다. 어렵게 발견한 작은 고기들도 '케익스'의 부리를 피하는 교활함을 몸에 지니고 살아간다. "저인망이나 트랙터"라는 현대적 산업 장비를 만들어야 하지만 이 장비들은 정착해서 살아가는 사람들에게만 유용하다. 7일이라는 짧은 시간이 지나면 다시 떠돌아야 하는 "유랑민"의 소용에는 닿지 않는 물건이다. 그러므로 '케익스'는 자신의 전부인 "날개와 부리만으로 우직하게 대"든다. "지혜", "완력", "체구" 중 어떤 것도 우세한 것이 없는 것이 '케익스'의 삶의 조건이다.

'케익스'는 열등한 조건으로는 생존의 현장에서 패배할 수밖에 없는 가장(家長)이다. 일상 공간의 풍요는 힘있는 자에게만 유리하다.

'케익스'는 '생선장수'의 어물전에서 새우를 훔치다가 날개를 꺾이고 죽는다. 운무가 짙은 제2일, 돌아올 길을 확인하기 위해 둥지를 다섯번 왕복한 다음 해안에 닿았지만 먹이는 어물전 안에만 있었다. 절망적인 상황에 처한 케익스의 처지를 서술자는 다음과 같이 논평한다.

> 퀭해진 눈으로 애타게 기다리고 있을 아내를 생각하면 도저히 침착할 수가

32) 박상륭, 「7일과 꿰미」, 『열명길』, p.234. (이하 본문 인용은 제목, 단행본, 페이지로 줄여서 밝히기로 한다).

> 없었다. 케익스는 반은 미쳐서 날뛰었다. 지혜도, 완력도, 체구도 볼품 없는 생명의 비극을 몸서리치게 체험하고 있었다. 사랑스러운 아내가 있으며, 귀여운 자식들이 앞으로 태어나리라는 것밖에 그의 비극을 위로해 줄 것은 이 넓은 우주에 단 하나도 없었다. 가장 우둔하며, 가장 약하며, 작은 이 사내가, 그래도 그의 가정에서는 영웅이 되어야 하며 우주가 되어야 한다. 사내의 이 고독을 그의 아내가 알 수는 없을 게다. (「7일과 꿰미」, 『열명길』, pp.258~259, 밑줄-인용자)

'케익스'의 "비극"은 힘없는 가장(家長)으로서의 비극이다. 밑줄 친 부분은 '케익스'의 삶에 대한 서술자의 최종적인 판단이다. "가정에서는 영웅이 되어야 하며 우주가 되어야" 하는 전통적인 가장이 '케익스'가 갖는 알레고리적 의미이다.

'케익스'는 아내에게 자기의 몸을 뜯어서 먹으라고 유언하며 죽는다. 마지막 유언은 생선 장수에게 새우를 갚으라는 내용이다. 새우를 갚으면 날개 꺾은 것을 후회할 것이라는 것이다. 유아적 도덕 관념처럼 보이는 이 잠언은 현실의 논리에 대한 절망을 나타내는 부분이다. 동물의 입을 빌어 인간 세계의 폭력성을 말하는 것이다. 단순 소박하지만 이것은 동물 우화의 본래적인 속성이다.

2) 생명과 시간에 대한 탐색

관념을 탐색하는 'Z'(「2月 30日」)와 '알퀴오네'(「7일과 꿰미」)는 병실과 둥지에 고립되어 있다. 'Z'는 질병으로 인해 유기되어 있는 상태이고 '알퀴오네'는 알을 낳기 위해서는 둥지 밖으로 날아갈 수 없다. 두 소설에서 중요한 것은 'Z'와 '알퀴오네'의 심리 변화이다. 물리적 이동이 불가능한 상황은 관념 탐색에 전념하도록 만드는 배경이다. 일상으로부터 유리된 공간이 관념의 산실이 되는 것이다.

「2月 30日」의 'Z'는 발가락이라는 화두를 발견해서 그 의미를 생명이라는 관념으로 발전시켜간다. 「7일과 꿰미」의 '알퀴오네'는 죽음에 대한 두려움을 경험하며 선조적 시간과 순환적 시간에 대해 고뇌한다. 먼저 「2月 30日」의 'Z'의 생명에 대한 탐색 과정을 고찰하기로 한다.

'A'가 'Z'의 관념 탐색에 관심을 표하지 않는 것은 앞 절에서 살핀 바대로 'Z'가 일상에 관심을 표하지 않는 것과 동궤에 놓인다. "Z의 수기에서 발췌"라는 부제에서 알 수 있듯이 이 소설은 'Z'의 고백록처럼 씌어져 있다. 'Z'가 대화를 차단하자 'A'의 존재는 병실에서 사라진 것처럼 서술되어 있다. 2인 병실은 'Z'만의 공간이 되는 것이다. 'Z'의 삶의 궤적을 포함하여 병실에 대한 태도의 변화까지를 도표화하면 다음과 같다.

江村(고향) → 도시(생활 공간) → 2인병실(유배된 공간) → 'A'와의 대화 차단 → 관념의 산실 (자기만의 공간)

이 소설에서 중요한 것은 관념의 산실인 병실에서 'Z'가 행하는 사색의 내용이다. 'Z'에게는 관념의 실체를 확인하는 것이 주요 관심사이다. 소설의 서두에 나온 다음의 서술은 'Z'가 행하는 관념 탐색의 경위를 잘 나타내고 있다.

> 몸은 홑이불이 덮어져 있어 해수욕장의 모래 속 생각이 났다. [……] 나무둥치와 잎은 어떻게 자기의 보이지 않는 뿌리를 인식할 수 있을까, 지렁이는 땅속으로 기어들면 자기의 실체를 어떻게 수긍할 수 있을까—그런 것이 갑자기 걱정스러워지곤 했었다. 그래서 난 몸을 움직여 보려고 한다. (「2月 30日」, 『열명길』, pp.9~10)

'Z'는 "보이지 않는 뿌리"를 어떻게 인식할까라는 인식의 방법론을 고민한다. 보이지 않는 뿌리는 이불에 덮인 자신의 발가락을 상징한다. 그의 방법론은 두 단계로 나뉜다.

첫 번째 단계의 방법론은 자신의 발가락을 확인하기 위해 타인인 'A'의 발가락을 쳐다보는 것이다. 'A'는 돈을 벌기 위해 열심히 뛰어다니다보니 발가락을 내 놓고 자야 잠이 오는 버릇을 가지고 있는 사람이므로 발가락을 언제나 이불 바깥에다 내어놓고 있다. 뇌 활동만 정상적으로 기능하고 다른 신체기관이 모두 마비되었다는 점에서 'A'와 'Z'의 처지는 동일하다. 그래서, 'Z'는 자기의 분신 같은 'A'의 발가락을 통해 자신의 발가락을 보고자 하는 것이다. 그 방법이 착오임을 깨닫는 것은 'A'의 발가락이 자신의 발가락이 아니라는, 당연한 사실을 발견하는 순간이다. 다음의 인용 부분은 'A'의 발가락에 대한 태도가 변하는 부분이나.

> "지금 내가 선생의 발가락에다 성냥을 켜 댄다면 누구의 것이 타겠습니까?"
> "아 그거야 내 발가락 아니겠오"
> A씨는 얼굴을 찡그리며 땀을 뻘뻘 흘리고 묘한 콧소리를 하고 있었는데, 내가 묻는 말엔 화를 터뜨리며 분명하게 대답했다. 나는 더 이상 말하지 않았다. 그것은 분명히 내 것은 아니었다. 난 좀 외로운 듯한 느낌이 들었다. (「2月 30日」, 『열명길』, p.16.)

'A'의 발가락이 'Z'의 발가락이 아닌 것은 당연한 사실이다. 당연한 사실을 당연하지 않게 받아들였으므로 'Z'의 심리는 'A'의 심리와 차이가 난다. 줄곧 'Z'에게 천대를 받던 'A'가 "화를 터뜨리며 분명하게 대답"하는 것이다. 소설의 서두에서 'Z'는 'A'의 발가락에 불을 붙여보고 싶다고 한다. 자기의 발가락에 불을 붙여서 생명을 확인하고 싶다는 욕망의 다른 표현이지만 그 과정이 생략되어 있어서 기괴한 심리로 보인다. 이것 때문에 「2月 30日」의 서두는 추상적이고 모호하게 읽힌다.

두 번째 단계의 방법론은 "관념의 숲" 속에 있는 발가락을 사색하고 그 관념을 구체화하기 위해 발가락을 움직여보기로 하는 것이다. 자신의 발가락은 이불에 덮여 있으므로 관념 속에만 존재하는 것인데 그 관념 속의 존재를 구체적으로 확인하기 위해 "온 신경을 모아" 움직여보기로 한 것이다. 이 행위의 결과로 마비증이 치료될 가능성을 보인다. 'Z'는 뜻밖의 결과에 당황한다. 마비증을 치료할 목적으로 몸을 움직여 보기로 한 것이 아니라 자신의 관념을 구체적인 모습으로 확인하기 위해 몸을 움직여보기로 한 것이므로 이 'Z'의 소생은 뜻밖의 결과이다. 'Z'는 "다시 마비시킬 수만 있다면 나는 또 수고할 것이다"라고 이야기한다.

'Z'에게 남은 과제는 소설의 마지막 문장 "그런데 나는, 길들고 있는 나의 이 벼룩을 어찌해야 할 것인가. 옴 도비가야 도비바라 바리니 사바하."[33]이다. 이 물음은 "벼룩은 무엇인가"하는 물음을 안고 있다. 최초에는 발가락을 움직여보기로 했으므로 벼룩은 발가락을 의미한다고 할 수 있겠으나, 자신의 벼룩을 키우는 것을 자기 스스로 자기의 신이 된다고 확대하기 때문에 벼룩은 발가락 이상의 의미를 갖고 있다. 박상륭 초기 소설에 나타나는 신에 대한 사유와 연결되므로 자세하게 살펴보기로 한다. 벼룩은 다음의 예화로 제시되어 있다.

33) 작가는 주술문의 의미에 대해 "失明된 者가, 光明을 얻고자 할 때 외는 呪文이라 함"이라고 부기(附記)해 놓았다. 정리하자면 "나는 길들고 있는 나의 벼룩을 어찌해야 할 것인가"이다.

> [……] 어떤 죄수의 도로(徒勞)—그런 것이라도 더 없이 훌륭한 것이니 그런 것이라도 하나 있었으면 좋겠다.
>
> 날이 궂은 어떤 날, 그 중형을 받은 죄수는 컴컴한 독감방(獨監房) 한구석에 쭈그리고 있었다. 할 짓도 없고 시선 보낼 곳도 없어 바닥이나 보고 있는데, 그 습기찬 바닥에서 무엇이 팔딱팔딱 뛰고 있는 것을 발견했다. 그것은 벼룩이었다. 그는 그것을 잡아선 어떤 방법으로 죽이는 게 제일 그럴 듯할까 하고 궁리하다가 묘안을 생각하곤 싱긋이 웃었다. 그는 그날로부터 자기의 피를 먹여 가며, 신이 그의 권태와 고독 탓에 인간을 창조하고 자기의 영혼을 먹여 가며 자기의 꼭둑각시로 만들려고 했듯이 그 죄수는 벼룩을 자기의 인간으로 만들려 했다. 그리고 얼마의 세월이 흘렀는지도 몰랐다. 그런데 신은 인간에게 실패를 했는지 어쩐지 모르지만, 죄수는 그 벼룩을 자기에게 즐거움과 <영광을 돌리는> 신도로 만드는 데 실패하지 않았다. 그는 출옥이라든가 세상 일에는 관심도 없이 만족스러운 신으로 늙어지고 있었는데, 그가 사실로 출옥을 겁내게 되었을 때 그에게 출옥이 허락되어졌다. 그는 하는 수 없이 옛집으로 돌아갔다. 그리고 마누라와 회포도 풀기 전에 벼룩부터 내 놓고 팔뚝의 피를 먹이기 위해 눈을 감고 있는데, 그것을 발견한 그의 마누라가 표정이 없는 얼굴로 그것을 잡아 두 손가락 바닥에 놓고 무지막지하게 뱅글뱅글 굴리다가 눌러죽여 버렸다. 그가 놀래서 고함을 쳤을 땐 벼룩은 영광스러웠던 입성만을 남겨두고 타계한 뒤였다. 이 출옥수는 마누라를 마누라가 벼룩을 죽인 거와 같은 방법으로 죽여 버리고도 이를 갈아댔다. <u>그러나 감옥은 다시 그에게 세월을 주지 않았다. 그는 정신분열자였기 때문이라는 것이다.</u> (「2月 30日」, 『열명길』, pp.17～18, 밑줄-인용자)

죄수의 행위는 파격적인 충동 살인으로 보인다. 그런데 밑줄 친 문장에서 알 수 있듯이 'Z'는 죄수의 입장을 옹호하는 자세이다. "정신분열자였기 때문이라는 것이다"라는 간접 인용 어법에는 일반적 인식을 인정하지만 자기는 그렇게 보지 않는다는 태도가 들어 있다. 죄수가 아내를 살인한 것은 용납되고 가족이 'A'를 죽이는 현실에 대해서는 분개하는 이중적인 태도는 가치를 중심에 두고 이해해야 한다. 'Z'가 가치 있다고 생각하는 일은 자신의 神이 되는 것이다. 벼룩은 죄수에게 최고의 가치를 지니고 있었기 때문이다. 따라서, 타인에게 방해되지 않는 가치 추구는 최대한 존중 받아야 한다는 것이 'Z'의 세계관이다. 'Z'가 죄수를 옹호하는 다른 이유는 자신도 죄수처럼 벼룩을 키우고 싶어하기 때문이다. 벼룩을 키운다는 것은 스스로 자신의 신이 됨을 의미한다. 고독과 권태 때문에 신이 인간을 창조했다고 생각하는 것에서 알 수 있듯이 'Z'는 기독교적인 신관(神觀)에 대해 반발하는 인물이다. 'A'의 유대교적 메시아 사상을 혐오했던 것도 이 때문이다.

이 삽화의 내용을 통해 <죄수와 벼룩>, <신과 사람>의 관계를 도식화하면 다음과 같다. 신자인 경우에만 신이 사람을 빚었다고 믿으므로 이 소설에서 신과 사람의 관계에서 사람을 대표하는 인물은 'A'이다.

	창조의 이유	세상에서의 결과	죽임을 행한 존재
신과 인간	신이 고독과 권태 때문에 인간을 창조했다.	신을 기다리던 A는 죽는다.	가족(외부 존재)
죄수와벼룩	죄수가 고독 때문에 벼룩을 키웠다.	죄수의 손길을 기다렸던 벼룩은 죽는다.	아내(외부 존재)

위의 도표에 추가할 수 있는 내용은 'Z'와 벼룩의 관계이다. 신이 인간을 창조하고, 죄수가 벼룩을 기른 것처럼 'Z'도 고독과 권태를 이기기 위해 발가락에 대한 사색을 시작했기 때문이다. 아래의 도표는 위의 도표를 간략화하고 'Z'와 벼룩의 관계를 추가한 것이다.

	창조의 이유	피조물의 결과	죽임을 행한 존재
신과 인간	고독과 권태	죽음	가족(외부 존재)
죄수와 벼룩	고독	죽음	아내(외부 존재)
'Z'와 벼룩	고독과 권태	죽음(가능성)	외부존재 (가능성)

창조의 이유가 고독과 권태로 일치하고 신의 인간, 죄수의 벼룩은 외부 존재에 의해 죽는 것으로 일치한다. 자신의 벼룩도 무언가에 의해 죽게 될 것이라는 것이 'Z'의 생각이다. "내 안의 벼룩"이란 "나의 생명"이다. 벼룩은 "생명"이라는 관념이 구체화된 형태이다. "나는, 길들고 있는 나의 이 벼룩을 어찌해야 할 것인가. 옴 도비가야 도비바라 바리니 사바하."는 '스스로 죽을 것인가, 다른 무언가에 의해 죽게 될 때까지를 기다릴 것인가'이다. 주문을 부가함으로써 초탈한 경지에 있는 것처럼 보이지만 'Z'가 일상 공간으로 나아가는 것에 대해 당황하는 이유는 일상 공간에는 자신의 생명을 위협하는 존재가 있다는 심리에 있다. 'Z'에게 일상 공간은 살인이 벌어지는 곳이다. 이로써 앞 절에서 살펴본 일상 공간의 불모성은 한층 강화된다.

「2月 30日」의 'Z'는 원인을 알 수 없는 병으로 인해 일상으로부터 유기되었고 「7일과 퀘미」의 '알퀴오네'는 알을 낳아야 하는 자연의 생리 질서에 의해 둥지에 고립되어 있다. '알퀴오네'의 정착은 자의에 의한 것이었지만 남편 '케익스'가 둥지를 떠남으로써 둥지에 유기되는 상황에 처한다. 둥지에 대한 인식은 '케익스'의 존재와 시간 경과에 따라 변한다. 먹이를 구하고 알을 낳는다는 부부의 역할분담은 일상 공간과 교섭하고 관념을 탐색하는 것으로 확대된다. 둥지에 대한 '알퀴오네'의 인식의 변화는 다음과 같은 순서로 전개된다.

욕망의 대상 → 은신처 → 産痛의 공간 → 감옥 → 관념의 産室 → 죽음/재생의 공간

일 년 동안 바다를 떠돌면서 고행을 참고 기다린 미래는 둥지를 트는 7일이라는 기간이다. 그래서 최초 둥지는 욕망의 대상이다. 둥지를 직접 틀고 안온한 공간에 들게 된 이후에 둥지는 파도와 바람을 피할

수 있는 은신처이다. 그런데, '케익스'가 먹이를 구하기 위해 둥지 밖으로 나가자 바다는 철책을 두르고 일어나 둥지를 감옥으로 만든다. 둥지 안에서 느끼는 고독은 '알퀴오네'의 사유의 시발점이다. 관념의 산실이며 제3일에 '케익스'가 죽고 제6일에 "아들"이 태어나고, 제7일에 '알퀴오네'가 죽으면서 "딸"이 태어나는 죽음과 재생의 공간이다.

제1일 밤에 정령으로 부터 들은 계시는 고독이 공포로 변하는 계기이다. 밤에 만난 정령들은 차례로 "부인" "추방" "낙인" "선고"를 선언한다. 그것을 차례로 제시하면 다음과 같다.

> "알퀴오네, 넌 어디서 온 계집이냐, 엉? 흐흐흐흐흐."
> "전엔 이웃이었댔는데, 해해해, 이젠 모르겠어. 해해, 해해해"
> 무엇이 부인했다.
> "안됐지만, 히히히, 알퀴오네 떠나 줘야 되겠어. 다른 데로 말야"
> 무엇이 추방했다.
> "헤헤헤, 부인, 이방인이 오실 땐 피주머니를 달고 다녀야 합네다요."
> 무엇이 혀끝을 댔다.
> "그, 그야 그렇구 말구! 넌 반역자라구."
> 무엇이 낙인을 찍었다.
> "넌 직선처럼 영원히 가거라. 멈춰도 안 되고 굽어도 안 된다."
> 무엇이 선고를 했다. (「7일과 꿰미」, 『열명길』, pp.241~242, 밑줄-인용자)

'알퀴오네'가 두려워하는 것은 밑줄 친 "선고"이다. 위의 선고대로 자신의 삶은 선조적 시간을 살아야 될 운명에 있다고 생각한다. 선조적 시간은 순환적 시간과 대를 이루는 시간 개념으로 기독교적인 시간관이다. 시간은 과거, 현재, 미래 순으로 흐르며 신의 심판에 의해 사후가 결정된다고 믿기 때문이다.[34] '알퀴오네'는 '케익스'가 돌아와도 공포를 극복하지 못한다. 오로지 자기 내면의 성찰이기 때문이다. 산통을 나누지 못하는 것처럼 공포를 나누지 못한다.

제3일에 '케익스'가 죽고 알이 아직 깨어나지 않는 기간 동안 둥지는 '알퀴오네' 혼자만의 공간이 된다. '케익스'가 죽는 날 내리는 눈은 추위와 고통을 환기하며 세상의 모습을 덮음으로써 세상을 무화(無化) 시키는 이미지이다.

'알퀴오네'가 선조적 시간을 살아갈 운명이라고 생각하는 것은 그만큼 자신들의 미래였던 "7일"을 간절하게 기다렸다는 심리를 반증한다. 미래에 대한 기대에 의지하여 현재의 고통을 참아내는 것은 미래에 대한 절대적 믿음이 있어야 가능하다. '알퀴오네'는 "삼백육십 일" 바다 위를 날면서 "유리궁전"을 꿈꾸었던 것이다. 그래서, 자기는 선조적 시간에 살고 있으며 선조적 시간 어느 지점에서 죽음으로써 완전히 소멸해버릴 것이라는 예감에 두려워한다.

그녀가 바라는 것은 소명이다. 신이 구체적 형상을 나타내지 않자 공포는 배가된다. 소외감은 자신의 삶만이 "동그라미의 시간"에서 배제되었다고 생각하는 데에서 발생한다. 평생 등대에 갇혀 살았던 '등대새'는 "동그라미의 시간"을 살았다고 말하며 그 시간에서 벗어나고자 했다. '알퀴오네'가 보기에 '등대새'는 외로움을 이긴 자이고, "소명" 받아서 영원의 삶으로 회귀한 자이다. 남편 '케익스' 역시 마찬가지이

34) 흐르는 시간에서는 두 가지의 <흐르는 방법>을 상정할 수 있다. 첫 번째는 직선적인 시간의 흐름방법인데, 유대·그리스도교적인 세계 관중에 특징적인 것으로 알려져 있다. 시점(신의 손에 의한 세계창조)과 종점(최후의 심판) 사이에 흐르는 일직선의 시간의 흐름 위에, 이 세계의 변화가 하나의 드라마로서 전개된다고 생각되기 때문이다. 이에 대해서 인도나 그리스에서는 시간은 흘러도 회귀적이며, 구조로서는 나선적인 모델로 파악할 수 있다. 그것은 자연계에서 일어나는 사상의 반복(천체의 운행, 동식물의 생활사, 계절의 순환 등)을 토대로 시간감각이 구축되었다는 것을 나타내고 있다(종교학사전 편찬위원회 편, 『종교학대사전』, 한국사전연구사, 1998, pp.727~730 참조).

다. '알퀴오네'가 순환적 시간에 편승하고자 하는 것은 "영원으로의 회귀"에 대한 꿈이다.

'알퀴오네'는 끝까지 "선고"의 위협에서 벗어나지 못한다. 아이들을 부화시키고 죽으면서 그녀는 다음과 같이 말한다.

> "가시기 전에 너의 아버지는 이렇게 말씀하셨었지. <밤은 내일을 태어내놓는 여인이었어. 그렇다고 내일과 밤이 다른 게 아니었오. 밤이 제 자궁 속에서 저를 내놓는 거였단 말요. [……]> 헌데 에미는 오랫동안 떨어져 나가기만 해 왔었어. 너의 아비는 도망치고 싶었고, 어미는 들어가고 싶었었는데 결국은 마찬가지였던 모양이다. 나도이젠 무슨 꿰미엔가 꿰어져서 어쩌는 수가 없는 것 같으니까……"
>
> [……]
>
> "[……] 그, 금, 금송, 송아지님, 이, 이젠 이 계, 계집의 도, 돌아감을 받아, 받아 주옵시오. 무, 문을 좀 열, 열어 주옵시오. 곧은 건 문으로 나, 나가서, 무, 문으로 들, 들기를 워, 원합니다. 이 계, 계집의 껍, 껍질을 쪼아, 쪼아 주옵, 옵시오."(「7일과 꿰미」, 『열명길』, p.283)

위에서 알 수 있듯이 '알퀴오네'는 죽기 직전까지 신의 상징인 "금송아지"에게 자신의 운명을 가탁한다. 여전히 자기의 삶은 선조적 시간상에 놓여 있다고 생각하는 것이다. 그런데, 신에게 하는 기도의 내용이 순환적 시간에 들게 해달라는 내용이다.

"꿰미"는 순환적 시간을 상징한다. 새의 둥지의 기하학적 모형과, 꿰미의 동그라미는 유사하다. 이 기하학적 모형들은 이 소설의 테마인 "동그라미의 시간"을 상징하는 것으로 작품의 의미를 완결시키고 있다. '알퀴오네'에게 둥지는 시간의 의미를 탐색하고, 제2의 '알퀴오네'와 '케익스'를 낳는 공간이다. 자신의 죽음은 재생으로 이어질 것이라는 믿음은 죽음에 대한 공포를 잊게하는 관념이다. 그녀가 딸이 부화될 알에 부리를 박고 죽는 모습과, 그 알에서 새로운 '알퀴오네'가 태어나는 것은 자연의 순환과 같은 생명의 순환을 형상화하고 있으며 어미 '알퀴오네'의 재생에 대한 희망을 나타내고 있다. 이 작품에서 보이는 선조적 시간관과 순환적 시간관의 대조는 기독교적인 시간관에 대한 반성적 성찰의 일환으로 받아들일 수 있다.

이상 두 소설의 병실과 둥지는 삶과 죽음이 동시에 진행되는 공간적 특성을 갖는다. 「2月 30日」은 'A'의 죽음과 'Z'의 소생이 교차하는 공간이고 「7일과 꿰미」는 새로운 세대가 태어나는 공간이다. 전체적인 스토리라인은 죽음/재생의 모티프를 이룬다. 관념 탐색의 면에서 보자면 이 공간은 생명과 시간에 대한 사색의 조건이 구비된 내밀의 공간이다.

「2月 30日」과 「7일과 꿰미」에서 등장하는 인물(일상과 교섭하는 인물과 관념 탐색을 행하는 인물) 사이의 경계는 명확하다. 'A'와 '케익스'는 생활인으로서 일상 공간과 교섭하는 인물이며 'Z'와 '알퀴오네'는 관념 탐색에 매진하는 인물이다. 「2月 30日」의 'A'는 맹목적인 메시아니즘에 빠진 신자의 대표 유형이기도 하다. 'A'와 'Z', '케익스'와 '알퀴오네'가 알레고리화 되어 있다는 점은 두 소설의 성격을 규명하는 중요한 단서이다.[35]

35) 「7일과 꿰미」는 박상륭이 캐나다로 떠나기 전에 마지막으로 발표한 소설이다. 이 소설의 주인공 케익스와 알퀴오네는 각각 관심 영역이 다르다. 케익스는 생존을 고민하고 알퀴오네는 시간과 죽음이라는 형이상학적 문제에 집착한다. 두 인물의 상이한 태도는 생활과 관념탐색의 이원적 대립을 나타내고 있다. 이 소설을 한 개인 심리의 알레고리로 이해한다면 생활인으로서의 입장을 표상하는 알레고리이고 알퀴오네는 관념탐색으로 일관한 작가로서의 알레고리를 표상한다고 할 수 있다.

두 소설은 알레고리를 형성함으로써 세상에 대한 교훈과 권계를 지향한다. 알레고리의 기본적인 취지는 스펙터클을 제공함으로써 교훈을 준다는 데에 있다.[36] 가족에 의해 죽임을 당하는 'A'의 비극, 나약한 조건으로는 생존할 수 없는 '케익스'의 삶의 형상화에는 현실에 대한 작가의 비판적 시선이 들어 있다. 'A'와 '케익스'의 불행을 묶을 수 있는 공통 항목은 도덕이다. 「2月 30日」은 물질적 가치를 중시하는 가족들의 비도덕성을 경고한다. 「7일과 꿰미」는 새우를 갚으면 날개 꺾은 것을 후회할 것이라는 '케익스'의 유언을 통해 인정이 메마른 세태를 비판한다.

비중과 강도는 관념 탐색을 실행하는 인물 쪽에 있다. 작가의 시선은 'Z'와 '알퀴오네'의 삶을 중심에 두고 있으며 'A'와 '케익스'의 삶에 대해서는 연민을 보인다. 「2月 30日」에서 'A'를 'Z'의 분신으로 읽을 수 있는 것은 이 때문이다.[37]

「2月 30日」의 'Z'는 병원에서 퇴원을 할 것이라는 암시로 끝난다. 「7일과 꿰미」의 '알퀴오네'의 죽음과 새로운 세대의 탄생으로 끝난다. 'Z'는 일상 공간으로 나아가야 하는 것을 두려워한다. '알퀴오네'는 사후 세계에 대한 두려움 때문에 순환적인 시간에 편승하길 원한다. 일상 공간과 사후 세계는 가상의 공간이지만 운명으로 암시되어 있다. 이들의 이동 경로와 운명을 종합하여 재구하면 다음과 같다.

36) 프라이, 『비평의 해부』, 임철규 역, 한길사, 1982, p.129 참조.
37) 「2月 30日」의 'A'를 'Z'의 분신으로 해석하는 자세한 논의는 '김정란, 사유의 호몬쿨루스, ≪작가세계≫34 (1997 가을), pp.85~123.'에 있다.

「2月 30日」	江村(고향)→도시(생활 공간)→2인병실(유배된 공간)→관념의 産室(자아공간) ……→<폭력의 공간 (일상 공간)>
「7일과 꿰미」	은신처→産痛의 공간→감옥→관념의 産室→죽음의 공간 ……→<사후 세계 (不可知의 공간)>

폭력적인 일상 공간과 불가지(不可知)의 사후 세계는 공포의 대상이다. 박상륭의 소설에는 폭력적인 일상 공간으로 돌아가야 하는 처지에 있는 인물보다 사후세계에 대한 두려움에 사로잡혀 있는 인물이 많다. 「2月 30日」에서는 육체의 소생을 이야기하고 「7일과 꿰미」에서는 영혼의 문제를 이야기한다. 육체에 대해서는 스스로가 신이 되는 것이 가장 가치 있는 일이다. 영혼의 죽음과 삶에 대한 탐구는 시간 개념에 대한 탐구로 이어지며 후기에는 윤회 사상으로 이어진다. 박상륭의 소설에서 "관념"과 "생활"은 교호하지 못한다. 그렇기 때문에 사색을 행하는 인물과 일상을 살아가는 인물이 철저하게 분리되어 나타나는 것이다. 알레고리적 기법을 사용함으로써 두 측면 모두의 삶을 이야기하고 있지만 두 부류의 인물이 교호하지 못하고 비중이 관념 탐색 쪽에 있다는 점 때문에, 일상의 세부를 기록해야 한다는 리얼리즘적 관점에서 보자면 두 소설은 자칫 많은 사람들이 살아가고 있는 일상적 삶을 비하하는 모습으로 비칠 우려가 있다.

4. 이론적 공간으로 여행을 떠나는 자

이 장에서 살펴볼 <却說이 日記 연작>은 추상적이고 이론적인 공간으로 '나'가 여행하는 내용이다. 일상 공간과 내밀 공간의 경계는 사라진다. 초기소설에서, 현실의 논리와 자연의 이치를 기준으로는 이해할 수 없는 이야기의 전개를 통해 형이상학적이고 종교적인 주제를 전달하는 박상륭 식의 서사 방법이 가장 잘 나타난 것이 바로 이 <却說이 日記 연작>이다.

<却說이 日記 연작>의 각 작품은 주인공이 장(場)으로 들어갔다가 다시 그 문을 통해 나오는 반복적 패턴을 보여준다. 작품 발표 순서는 「쿠마場」(却說이 日記 其一), 「山東場」(却說이 日記 其二), 「山南場」(却說이 日記 其三), 「山北場」(却說이 日記 其四)이지만 주인공의 캐릭터가 유사하다는 것 외에 연작 상호간의 관계는 없다. 각각의 제목은 장의 이름을 뜻한다. 주인공이 "쿠마場", "山東場", "山南場", "山北場"으로 여행하는 것이 <却說이 日記 연작>의 내용이다. 입장과 퇴장은 작품의 서두와 결말에서 반복적으로 나타난다. 각 작품의 공간 이동을 도표화하면 다음과 같다.

<table>
<tr><td rowspan="4">場口 →</td><td>[쿠마장] 木橋 → 甕器廛 → 場監督의 집 → 甕器廛</td><td rowspan="4">→ 場口</td></tr>
<tr><td>[산동장] 순대국집 → 사창가 → 감람나무 언덕 → 사창가</td></tr>
<tr><td>[산남장] 주택가 → 城內 → 빈들 → 刑場 → 祭場</td></tr>
<tr><td>[산북장] 골목 → 고목나무 밑 → 오두막 → 고목나무 밑 → 오두막</td></tr>
</table>

<却說이 日記 연작>에서 중심을 차지하는 것은 그로테스크한 인물 및 풍습과 관계하는 주인공의 심리이다. 낯선 공간으로의 여행은 그 자체가 스펙터클한 내용을 이룬다. 이 작품들은 일관된 구조를 취하고 있으며 작품의 주제 또한 일정한 패턴을 보이고 있다. 여행을 떠나는 것 자체가 문제의식을 포함하고 있기 때문에 사건의 동기부여(motivation)는 플롯에 전제되어 있다. <却說이 日記 연작>에 나타나는 일회적이고 우연적인 만남은 여로형 소설이 갖는 안정된 구조 때문에 설득력을 갖는다.

이 장을 시작하기 전에 박상륭의 소설에서 <却說이 日記 연작>이 차지하는 위치에 대해 검토할 필요가 있다. 「쿠마場」은 1967년 9월에 발표되었고 「山東場」은 1968년 1월에 발표되었다. 「山南場」은 1969년 1월에 발표되었으며 「山北場」은 1971년 12월에 발표되었다. 작가가 해외에 거주하면서 우편으로 작품을 보냈던 경위를 고려한다면 발표 시기로 창작 시기를 단정할 수는 없지만 네 편의 연작 사이에 많은 작품들이 발표된 걸로 보아 창작 시기 또한 시간적 격차를 지닌 것으로 보인다.[38] 「쿠마場」에서 「山北場」 사이에 4년의 기간이 있다.

연작의 연장선상에 「유리장」과 『죽음의 한 연구』, 『칠조어론』이 있다. 「유리장」은 <却說이 日記 연작>의 마지막 형태가 될 것이지만 작가가 밝혀놓았듯이 네 작품의 연장 선상에서 벗어나 있다. 「유리장」은 '사복'이라는 인물의 전기이다. 「유리장」은 대표장편 『죽음의 한 연구』의 전편(前篇)이다. 『칠조어론』은 『죽음의 한 연구』의 후편(後篇)이다. <却說이 日記 연작>은 『죽음의 한 연구』, 『칠조어론』으로 이어지는 박상륭의 작품 세계의 큰 흐름의 초기 형태이다. 따라서 <却說이 日記 연작>의 평가는 『죽음의 한 연구』, 『칠조어론』의 공간에 대한 평가에도 어느 정도 부합할 수 있을 것이다.[39)]

38) 1969년 캐나다로 취업이민을 떠난 후에도 박상륭은 국내에 중단편을 꾸준히 발표했다(이문구, 「박상륭 · 그는 어떤 사람인가」, ≪한국문학≫ 1975.5, pp.322~339 참조). 이문구의 기록에는 캐나다로 이민을 떠난 이후 박상륭이 국내 잡지에 작품을 수록했던 경위가 개략적으로 나와 있다. 이문구가 우편을 통해 원고를 받고 잡지에 게재한 것으로 나와 있다.

39) 등단작은 작가의 성향을 살필 수 있는 기초 텍스트인 경우가 많은데 박상륭의 경우도 이에 해당한다. 등단작 「아겔다마」의 공간은 가롯 유다의 움막으로 성서 속의 공간이다. 대표장편 『죽음의 한 연구』, 『칠조어론』의 공간은 "유리"라고 명명되어 있다. 유리는 문왕이 易을 완성했다는 상징적 공간이다. 구체적인 면모는 알 수 없고, 기괴한 풍습이 공간의 특성을 결정한다. 수도승들이 모인다는 곳, 바다였으

1) 경계의 소멸과 시간의 혼재

<却說이 日記 연작>의 공간은 우리의 경험현실과 현저히 떨어져 있다. 그 공간의 특성은 일상의 인과율을 초월해 있으므로 이야기의 진행을 예측하기 어렵게 되어 있다. 이러한 경우 독자는 작가가 제시한 한정된 정보 내에서 작품의 의미를 파악할 수밖에 없다. 이러한 소설에서 공간은 작가가 전하고자 하는 주제에 알맞게 작성한 도면(圖面)이라 할 수 있는데 무엇보다 선행하는 것은 작가의 관념이라 할 수 있다.

「山南場」, 「山北場」에는 공간 자체에 대한 설명이나 묘사가 비교적 자세하게 나와 있고 「쿠마場」, 「山東場」에는 그것이 빈약하거나 파편적으로 서술되어 있다. 각 공간은 현실과 상상의 경계가 모호하며 과거, 현재, 미래의 시간이 경계 없이 혼재되어 있다. 따라서, 공간의 특성은 각 장(場)의 풍습과 결부시켜 이해할 수밖에 없다.

「쿠마場」의 마을 사람들은 식구가 죽으면 제사장이자 장의사인 옹기전 주인인 '노인'에게 죽음을 고하고, '노인'은 장례를 치러준다. 장례 방법은 항아리에 시체를 넣고 "소금을 뿌리듯" 흙을 넣은 다음, 곡식 씨앗을 몇 개 넣고 마당에 매장하는 것이다. 곡식의 씨앗이 자라 열매를 맺으면 사람들은 그 곡식으로 술을 빚어 '노인'에게 바친다. '노인'

나 사막이 되었다고 전하는 전설 상의 황폐한 공간이다. 정체불명의 추상적인 장터를 배경으로 하는 「각설이 일기」 연작(「유리장 포함」)은 『죽음의 한 연구』의 前篇에 해당하는 작품으로 박상륭 소설의 특징이 가장 잘 나타난다. 그의 대표작은 등단작에서 보였던 공간의 특성이 점차 극대화된 형국이라 할 수 있다. 성경의 주인공인 가롯유다의 움막에서 문왕이 역을 완성했다는 유리로의 공간 이동은 박상륭의 소설이 기독교적 성향에서 불교와 禪의 세계로 이동한 사유의 흐름을 반영한다. 성경, 불경, 주역, 연금술, 신화 등의 전거(典據)에 의해 구축된 공간이라는 점은 공통적이다.

은 죽은 자의 생명을 "마심"으로써 죽음을 연기할 수 있다고 생각한다. 결혼 풍습은 어릴 때에 정혼한 것에 따라야 하는 것이 계율로 되어 있다.

「山東場」의 공간은 난쟁이, 꼽추, 장님, 외다리, 외눈박이, 외팔이, 육손이, 벙어리, 혹부리, 화상쟁이, 코 없는 창병(瘡病) 환자, 선생(장닭 같은 사내)가 장터를 유랑하며 구걸해서 살아가는 고장이다. 선생은 "늘씬하게 큰 키에다 계집 같은 피부와 참으로 시원한 얼굴을" 가진 사내로서 불구자들을 제자로 거느리며 신으로 군림하는 자이다. 이들은 주로 "감람나무" 밑에서 휴식을 취한다. 이 고장에는 순대국집, 사창가가 있다. 선생과 제자의 관계는 신과 신도의 관계를 상징한다.

「山南場」의 공간은 다음과 같다. 이 고장은 "문둥병자"들의 "성역(聖域)"이다. 본문을 인용하자면 "속의 반은 썩고, 반은 성한 사람들이 아픔을 치유하기 위해 모이는 곳"이다. 신체가 깨끗한 자는 성역에 들어살 수 없나. 이 마을의 시장에서 매매되는 물긴을 조달하는 중간 상인들 역시 성역 안으로는 들어가지 못한다. 만약, 성역에 발을 들여놓으면 율법에 의해 제물이 되어 목숨을 바쳐야 한다. 지배자는 문둥병 걸린 노파이며 천사같은 소녀와 백치같은 사내가 노파를 보위한다. 성내(城內)에는 황폐한 "빈들"이 있고 중앙에는 고목나무가 있다. 고목나무 밑은 형장(刑場)이다. 빈들의 한 켠에는 번제장(燔祭場)이 있다. 문둥병자들은 마음이 가난한 자들을 상징한다.

「山北場」의 마을은 다음과 같다. 예로부터 이 고장은 대장장이들의 마을이었다. "하원갑년(下元甲年)" 큰 전쟁이 일어났을 때 이 고장은 무기 제작소였다. 전쟁은 이십여 년 지속되었으며 징용되어온 사내들은 이십여 년간을 대장장이로 살았다. 전쟁이 끝났을 때 사내들은 고향으로 돌아가길 포기하고 이 마을에 부락을 형성해서 살기 시작했다. 나무에서는 잎이 자라지 않는다. 쇠의 기운이 생명의 기운을 빼앗아간 것이다. 젊은 기독교 신자 부부가 들어와 교회를 지은 적 있고 메시아를 기다리는 노인과 토속신앙에서 아이를 점지하는 신령인 삼시랑(三神靈)에게 제사 지내는 노파가 부부로 살고 있다. 마을의 중앙에는 구멍이 뚫린 큰 고목나무가 있다. 이곳은 노파가 삼시랑에게 제사를 지내는 곳이다. 마을 언덕의 제일 높은 곳에는 촌장의 오두막이 있다. 현재 이곳은 유일하게 남은 대장간이다.

각 소설의 공간은 어떤 연관관계를 맺지 않은 채 고립되어 있다. 현실적 삶의 질서와는 유리되어 있는 이곳은 국적과 연대를 초월해 있다. 박상륭의 초기소설 중 다른 연작들과 비교하자면, 정서적 감응력을 조장하는 공간이 배경인 「남도」연작이나 시원적 삶의 공간을 배경으로 하는 「열명길」, 「뙤약볕」 연작의 공간과 현격하게 차이가 난다. 시간이 뒤섞여 있기 때문에 「최판관」이나 「세변주」, 「나무의 마을」 같은 신화적·우화적 공간과도 다른 모습을 띠고 있다.[40]이러한 공간적 특성에 대하여 그것을 "공시태(共時態)"적 공간이라고 밝히고 있다.[41]

일반적으로 공시태(共時態 synchrony)라는 개념은 통시태(通時態

---

40) 「세변주」의 세 번째 장은 죽음 직전에 있는 어부(漁夫)에 관한 이야기인데 저승사자 같은 '노인'과 대면하는 공간을 배경으로 한다. 「최판관」은 죽어서 염라대왕을 만나는 이야기이므로 그 공간은 추상적이다. 「나무의 마을」은 나무를 의인화한 우화소설이다. 그 공간은 나무들이 대화를 나누는 우화적 공간이다.

41) 박상륭은 「유리장」의 작가 노트에 다음과 같이 언급했다. "[……] <却說이 日記> 연작들이 갖는 시대적 배경이나, 이 전기 [「유리장」-인용자]의 구성에 대한 해명의 필요를 약간 느꼈다. 그것은, 나로선, <却說이 日記> 연작을, <일종의> 신화적인 것으로밖엔 가능시킬 수 없었기 때문에, 야기될, 어떤 종류의 오해를 고려치 않을 수 없기 때문이다. / 신화적으로밖에 가능시킬 수 없었다는 말은, 어느 한 시작에서 어느 한 종말에 걸치는 한 시대를 共時態에서 보았을 때 일어나는 현상 때문인데, 그때 그 한 시대는, 河圖나 洛書 같은, 암호만을 남기고, 그 저변에 길게 누운 時體로부터 유리되고, 그래선 그것 자체로써 폐쇄되어 버렸던 것이다. [……]" (『열명길』, p.409)

diachrony)와 짝을 이루는 말이다. 언어학에서 기원한 공시태와 통시태는 동시성(simultaneity)과 시간성(temporality)의 관계를 지칭하는 데에 쓰인다.42) 그런데, 박상륭은 다음에서 밝히고 있듯이 "역사가 모여 있는 양태"라는 의미를 가리키는 어휘로 공시태라는 말을 사용한다. 다음에 인용하는 부분은 대담의 일부이다.

> 백[박상륭] : 그것은 외국어를 번역한 공시태 · 통시태가 아닙니다. 한문의 뜻을 제가 쓰고 있는 것이지요. 그래서 외국어를 번역한 공시태 · 통시태를 쓰는 사람들은 좀 이상할 겁니다.
>
> 성[성민엽] : 그럼 모든 역사가 한 자리에 있다는 뜻의 공시태입니까?
>
> 박 : 그렇습니다. 한 작가는 그만큼의 권리가 있다고 생각합니다. 43)

<却說이 日記 연작>에서 '나'의 여행은 역사와 시간을 초월해 있다고 할 수 있다. 과거, 현재, 미래를 기준으로 시간을 구획해서 말하자면 현재와 과거가 섞여 있는 모습이라 할 것이다.

시간성은 서사물의 본질적 요소이다. 사건의 진행, 심리의 변화 등 제반 여건과 관계하는 것이 시간이다. 이 소설들에도 진행되는 시간은 있는데, 인물의 이동에 의해 미세하게 흐르는 정도이다. 시간의 혼재는 '나'의 캐릭터에 의해 형성된다. '나'는 현대사회의 속성을 체득한 존재처럼 설정되어 있다. "공시태적 공간"이란 역사에 있었던 특징적 요소들이 작가가 마련한 질서로 재구성된 공간으로 이해할 수 있다. 위의 인용 부분에 사용된 표현을 빌자면 작가는 이론적 공간을 창조함으로

42) 조셉 칠더즈 · 게리 헨치, 『현대문학 · 문화비평 용어사전』, 황종연 역, 문학동네, 1999, pp.148~149 / pp.415~416 참조.

43) 성민엽, 「박상륭과의 대담/색에서 공으로」, ≪문학과 사회≫(1993 가을호), pp.999~1001.

써 작가로서의 "권리"를 충분히 누리는 셈이다. 그러므로 각 소설의 공간은 작가가 생명과 시간, 신과 대속의 논리에 대한 사유를 서술하기 위해 마련한 이론적 공간의 특성을 가진다. <却說이 日記 연작>의 공간을 이론적인 공간[44]이라고 구별해서 칭해보는 것은 박상륭 소설의 공간적 특성을 나눠보는 데에 도움이 된다.

2) 여행하는 자 '却說이'의 정체와 여행의 의미

「쿠마場」의 '쿠마장'은 박상륭이 생명과 시간 개념을 설파하기 위해 창조한 공간이다. 「山東場」의 '산동장'은 신의 위상과 본질을 서술하기 위해서 창조한 공간이다. 「山南場」의 '산남장'과 「山北場」의 '산북장'은 그가 대속(代贖)의 논리를 규명하기 위해 창조한 공간이다. 박상륭이 이야기하는 생명과 시간, 신과 대속의 논리는 주인공이자 화자인 '나'의 입을 통해 드러나 있다. 연작의 상호텍스트적인 성격을 고려해서 "각설이"인 '나'의 정체를 파악하자면 다음과 같다.

'나'는 갔던 장에는 두 번 다시 가지 않는 장돌뱅이로 나이는 33세이

44) 이푸 투안은 그의 저서 『공간과 장소』(구동회 · 심승희 역, 도서출판 대윤, 1995)에서 공간의 유형을 세 가지로 나누었다. 신화적 유형, 실용적 유형, 추상적(이론적) 유형이 그것이다. 공간에 투사된 인간의 경험으로 문화를 읽어내려고 시도한 이 책에서 이푸 투안은 신화적 유형을 인간의 실용적 공간을 틀지우는, 알려지지 않은 미지의 공간과 인간의 신체를 기준으로 우주의 구도를 해명하는 공간으로 나누었다. 그에 따르자면 문학에서 이야기하는 신화적 공간은 알려지지 않은 미지의 세계, 유토피아적 공간으로서 현실적 삶의 틀을 모양지우는 공간이다. 실용적 공간은 실제 삶이 이루어지고 경제활동이 이루어지는 공간이다. 추상적 공간은 자연의 기하학적 패턴들을 분별할 뿐 아니라 마음 속에서 만들어내는 공간을 의미한다. 인간은 자신들의 느낌, 이미지, 사유를 만질 수 있는 형태로 공간을 구체화하려 한다. 조각공간과 건축공간, 계획 도시는 그 대표적인 예이다. 박상륭의 소설에서 이론적 공간은 조각공간 건축공간 계획도시에 비유될 수 있다.

거나 30세이다.[45] 구걸하는 방식은 통소를 부는 것이다. 통소는 오르페우스의 칠현금과 같다. 칠현금은 음악을 상징하며 세상의 조화를 상징한다. 또한 그것은 기독교에서 종말에 임박했을 때 들린다는 천상의 나팔 소리와도 관련 맺는다. 오르페우스의 칠현금, 천상의 나팔 소리는 기독교식 구원과 닿아 있다. '나'는 유대교적 메시아 사상과 대속(代贖)의 논리를 비판한다. 통소라는 전통 악기는 정서적인 반향을 고려한 것이며 오르페우스의 칠현금, 천상의 나팔 소리 역할을 한다. 장터를 유랑하는 각설이에게 어울리는 악기이며 한국적 전통과 닿아 있다. 그러나, 작품 전반적인 성격은 한국적 상황이나 전통과는 거리가 멀다.

'나'의 신체조건은 훌륭하다. '나'는 빛나는 피부와 좋은 근육, 실한 허리를 소지한 인물이다. "신과 같이 아름다운 젊은이"인 '나'의 통소 소리는 장터의 불안과 고뇌를 잠재운다. 또한 통소는 '나'에게 안정을 주는 유일한 악기이다. '나'의 정체는 각설이이지만 실제는 현자(賢者), 성자(聖者), 혹은 세례자(洗禮者)로 종교적인 지식과 경험을 겸비한 사람이다. '나'가 가진 통소는 세상의 어떤 소리보다 조화로우며 신비롭다. 중요한 일이 있을 때마다 마을에 울린다는 종소리는 단말마적인 망치 소리로 묘사된다.

현자이며 성자이고, 세례자인 '나'가 각 장터를 떠돌아다니는 이유는 무엇인가. 다음의 이동 경로에서도 알 수 있듯이 '나'의 여행에는 특별한 목적이 있다.

---

45) 「쿠마場」에는 33세로, 「山東場」에는 30세로 나와 있다. '나'의 정체를 규명하기에는 나이를 33세로 이해하는 것이 편리하다. 33세는 예수가 십자가형을 받을 때의 나이이다. '나'는 스스로 세례자, 예수와 동격으로 생각하는 경향이 있다. 「山東場」의 구조는 열두 제자와 예수를 연상케하는 인물들의 관계를 형성하고 있다. 장편 『죽음의 한 연구』의 '나'의 나이도 33세이다.

「쿠마場」	場口 → 木橋 → 甕器廛(1) → 場監督의 집 → 甕器廛(2) → (退場)
「山東場」	場口 → 순대국집 → 사창가(1) → 감람나무 언덕 → 사창가(2) → 場口
「山南場」	성문 앞(1) → 주택가/상가 → 城內 → 빈들 → 刑場 → 祭場 → 성문 앞(2)
「山北場」	골목 → 고목나무 밑(1) → 오두막(1) → 고목나무 밑(2) → 오두막(2) → (退場)

괄호 안에 번호를 기입한 것은 동일한 장소에 반복해서 간 경우이다. 숫자는 회수를 표시한다. '나'의 여정은 장의 입구로 들어가 퇴장하는 것인데 같은 공간에 반복해서 간다는 것은 그 공간에 대한 인식이 달라졌다거나 그 공간에서 해야 할 특별한 일이 있다는 증거이다. 실제로 중요한 사건은 '나'가 반복해서 가는 공간에서 일어난다.

각 장(場)마다 종교적 지도자가 있고 '나'는 지도자들(제사장, 촌장, 선생 등)의 행동을 관찰하고 오류를 발견하고 그것을 파괴하거나 교화한다. 지도자들은 '나'를 통해 깨달음을 얻고 자신의 무지를 인정하며 자신의 신념을 착오라 생각하고 '나'에게 자백한다. 「쿠마場」과 「山東場」, 「山南場」을 분석함으로써 여행의 목적과 관념의 내용을 구체적으로 살펴보기로 한다.

「쿠마場」의 옹기전의 '노인'은 운동 에너지를 축적하면 생명을 연장시킬 수 있다고 생각한다. "신기(神氣)"라고 표현되어 있다. 옹기전의 노인은 평생 옹기 안에 몸을 가두고 살아간다. 옹기는 기(氣)를 축적하는 도구이다. 그래서 극단으로 치우치면 자신의 생명은 천수(天壽)의 두 배를 살 수 있다고 생각한다. 운동을 중지함으로써 운동하는 데에 사용되는 기(氣)를 몸에 재충전함으로써 가능하다는 것이다. 궤변으로 보이는 이러한 논리는 '노인'의 삶을 유지시켰던 신념이다. '노인'이 보기에 '나'는 죽음을 향해 용기있게 걸어가는 것으로 보인다. '노인'은 자신의 신념이 착오였다고 깨닫는다. 깨달음의 계기는 '장감독(場監督)'의 죽음과 '나'의 피리 소리로 설정되어 있다.

'장감독'은 "고자"로 살았던 인물로 과거로 돌아가 자신의 생식력을 되찾아오고자 희망하던 사람이다. 그는 물리적으로 불가능한 시간 여행을 관념적으로 실행하면서 자신의 과거에서 자신의 유년을 보면서 평생을 살아왔다. "맘은 한해 두해 자꾸 어린 시절로 되돌아갔는데, 몸은 한해 두해 늙어만 왔"던 것이 '장감독'의 운명이다. 그는 걸부(乞婦)가 사산(死産)하는 것을 본 다음 스스로 목숨을 끊는다. 그는 핏덩이의 죽음을 자신의 유년의 죽음으로 받아들였던 것이다. '노인'은 '장감독'의 아내에게 '장감동'의 자살 소식을 듣고 "그것이 삶이다"라는 해탈한 듯한 생각을 한다. '노인'은 자신이 "만신묘(萬神墓)"라고 깨닫는다. 그 깨달음에 아래 인용하는 바와 같이 '나'의 통소 소리가 크게 영향을 미친다.

> "통소 소리가 자꾸 익고 있었을 때, 난 나도 모르게 소년 시절을 생각했었지. 그때 일은 옥수수대궁을 씹는 것 같더라. 항아리 속에 앉아 있는 의젓한 나를 향해 온 동네 사람이 칭찬을 퍼부었거든. 아무도 참으려골 안했지, 알겠나? 그때의 내 우쭐함이 어쨌겠어, 헌데 말이다, 그렇게 뽐냈던 것이 그만 그 항아리보다 더 큰 항아리를 만들어주었어. 나는 빠져나올 수가 없었지. 그러는 사이 나는 나도 모르게 부락의 신기덩이가 되고 말았다. 나는 몰랐지만 그 사람들이 내게 나를 믿게 해주었다구. 오늘까지도 그랬다. 오늘 이전엔 그렇지만 나는 나를 믿고 있었다." [……][46]

46) 박상륭, 「쿠마場」, 『아겔다마』, 문학과지성사, 1997, p.103. (이하 본문 인용은 인용문 말미의 괄호 안에 제목, 단행본, 페이지로 줄여서 밝히기로 한다. <却說이 日記 연작>은 모두 이 책 『아겔다마』에 수록되어 있다.)

'노인'은 자기가 마을의 종교적 지도자로 살았던 것, 운동 에너지를 축적하면 생명을 연장시킬 수 있다고 믿고 옹기 속에 몸을 넣고 살았던 것, 자기 삶의 전부가 마을 사람들이 제도적으로 고안한 장치였을 뿐이라고 생각한다. 자신의 삶은 관속에 갇힌 죽음과 다를 바 없었다는 것이다. 이때, 신기를 모아주었던 옹기는 주검을 담는 관으로 전락한다. 그러한 변화를 촉발하는 것이 퉁소 소리이다. '나'의 퉁소 소리는 "음악"으로서 '노인'에게는 "산모(産母)"의 역할을 했고 '나'의 유랑은 죽음으로 걸어 들어가는 용감한 행동으로 인식된다. 그래서 '노인'은 "구태여 스스로 죽으려 안 해도 생명을 맛본 이 늙은인 곧 죽겠지만, …… 그렇지만 난 한번도 살아보질 못했기에…… 그래서 한번 치열하게 살아보려는 결세." 하고 말한다. 그는 "치열"하게 살기 위하여, 옹기의 변죽(가장자리)에 머리를 짓찧고 목숨을 끊는다. 이 이야기는 제도적 장치로서의 종교를 비판하고 있는 것으로 보인다.

「쿠마場」에서 '나'는 세속과 욕망을 초월한 자로써 성인이며 현자이다. '나'는 '노인'에게 인식을 전환시키고 큰 깨달음에 닿게 하는 존재이다. 그러나, '노인'이 자살하고, 현자가 퇴장을 함으로써 끝나는 이 이야기에는 제도로서의 종교라 할 수 있는 "쿠마場"의 운명이 계속해서 지속될 것임을 암시한다. 한편으로 쿠마장은 오래된 역사를 가지고 있는 종교의 역사, 그리고 그것을 만들어온 인류의 운명을 암시하는 공간이기도 하다. '나'는 퇴장할 무렵 '노인'이 유년시절부터 옹기에 앉아 지냈던 것처럼 '소년'이 '노인'의 흉내를 내고 있는 것을 본다. 현자의 눈에 이러한 광경은 삶이 지속되는 한 그치지 않을 것이며 생명 연장에 대한 꿈과 죽음에 대한 외포(畏怖)는 계속 진행될 것임을 암시한다.

「山東場」은 신의 위상을 희화화한 소설이다. '나'가 장구에 들어갔을 때 '선생'과 '제자'들이 "감람나무" 밑에서 내려왔다는 것, '선생'의 어투가 신약성서의 예수의 어투를 닮아있다는 것 등은 이 소설이 기독교 비판과 관련되어 있음을 잘 보여준다. 난쟁이, 꼽추, 장님, 외다리, 외눈박이, 외팔이, 육손이, 벙어리, 혹부리, 화상쟁이, 코 없는 창병(瘡病) 환자는 신약 성서의 소경과 앉은뱅이, 나병환자 등의 무리들을 표상하는 듯하다. 그들은 육체적으로 완전한 '선생'과 함께 "소요학파 처럼" 장거리를 배회한다. '선생'은 랍비이며 제자들의 행동을 감시하고 규제한다.

'나'는 "너는 나를 따라라. 내가 너의 냄새나는 바랑에 향기로운 지혜를 채워줄 것인즉슨."이라는 말을 듣고 '선생'을 따른다. '나'의 눈에 '선생'은 자신의 육체를 완성하기 위해 '제자'들을 불구로 만든 것처럼 보인다. "그는 너무 흠없이 뽑혀져나온 듯했다"라는 것이다. '나' 까지 포함해서 열세 명이라는 점에서 '선생'과 '제자'들이 예수와 열두 제자의 알레고리를 암시하는 듯하지만 '나'를 제외하면 '선생'을 포함해서 열두 명이다. '나'가 가세함으로써 예수와 열두 제자의 형태를 취하게 된다. 그러나, '나'의 정체를 예수라고 할 수는 없는데 인물의 구성이 예수와 열두 제자의 일단(一團)을 표방하고 있음은 분명하다.

'선생'은 '제자'들에게 자기가 신이라고 말한다. '제자'들의 어투가 '선생'의 예언자적인 품격과 대조적으로 코믹한 것은 명시적 알레고리가 되는 것을 방지하기 위한 장치로 보인다. "거길 좀 들러보면 어떻겠지? 아직 우린 해장도 못했잖냐 말야, 선생." 하는 '육손이'의 말투는 대표적인 예이다. 이는 '선생'의 위상에 대한 '나'의 냉소를 뒷받침하며 박상륭 소설에 전체적으로 나타나는 신에 대한 불경의 태도를 함축한다.

'나'는 행렬의 끝에서 '선생'과 '제자'들의 행동을 관찰한다. 그들은 순대국집에서 구걸한다. '선생'은 냄새로 배를 채우는 시늉을 한다. '선생'과 '나'의 설전이 시작되는 곳이다. '선생'의 설법(說法)의 요점은 다음과 같이 요약할 수 있다. : 순대국 솥에서 올라오는 김의 냄새를 손에 쥐는 것은 지혜가 있어야 가능하다. 그 지혜로 배를 채워라. 냄새는 질서이며 잡동사니의 혼돈이 만들어 낸 것이다. 순대국 솥은 혼돈에서 질서를 피워올린다. 질서는 또한 나이며 나는 신이다. 신이 없어 못사는 자들은 그것을 거룩한 신이라고 믿는다. 솥 속에 끓고 있는 잡동사니가 향기로운 냄새를 만든다.

이 논리를 제자와 선생의 관계로 치환하면 잡동사니는 '제자'들이고 향기로운 냄새는 '선생'이다. '선생'은 자신의 육체가 '제자'들이 잃어버린 부분이 모여서 이루어진 것이라고 말한다. '제자'들이 '선생'의 온전한 육체를 통해 부족한 부분에 대해 대리만족을 취하고자 하는 것을 비난하는 것이다. 이런 점에서 '선생'은 신 자체가 아니라 신의 위상을 비하하는 인물로 기능한다. 인간의 부족함을 채우고 있는 절대자를 상징하는 듯하지만 작가의 의식에 의해 굴절된 존재인 것이다.

'나'는 '선생'에게, 순대국의 맛과 냄새라는 것이 담배꽁초 하나가 섞임으로써도 쉽게 바뀔 수 있듯이 질서라는 것은 사소한 우발에 의해 달라진다는 점을 들어 '선생'을 공격한다. '선생'은 대답하기가 곤란하자 '나'를 자신의 비의(秘義)를 전수할 자라고 지위를 격상시켜버린다. '선생'은 '나'에게 "독생자"라는 표현을 쓴다. 그렇다면 '선생'과 '나'는 하나님과 예수인가. '선생'은 골몰한 끝에 다음과 같은 해법을 제시한다. : 뜻과 운동은 본질적으로 동일하다. 냄새는 퇴화와 생성을 반복하지만 혼돈의 기저에 있는 뜻과 운동은 변하지 않는다. 우발이 던져졌다면 퇴화를 생각해야 한다. 내가 질서에 비중을 두는 것은 뜻과 운동은 잠복적이고 질서는 가시적으로 나타나기 때문이다. 궁극에 있어서 중요한 것은 뜻과 운동이며 뜻과 운동은 우연적 요소에 의해 변질되지 않는다. 여기에서 '선생'이 말한 질서를 이루는 근본 요소인 뜻과 운동은 '선생'의 말에 의하면 신의 섭리이다. 신에 대한 공경이 없는 '나'는 과학적 방법론으로 뜻과 운동의 의미를 탐구하려 한다. 이것은 '나'의 관념 탐색을 위해 제시되는 화두이다.

이 장(場)에서 '나'는 질서의 본질에 내재한 "뜻과 운동"의 모습을 육안으로 보고싶어 하며, "퇴화"와 "생성"의 반복이 이루어지는 과정을 눈에 보이는 것으로 만들고 싶어 한다. 퇴화와 생성의 반복은 낮과 밤의 교차, 날짜의 변화, 해(年)의 변화 등과 관련되는 물음과 이어져 있다. '나'는 그러한 불안을 달래기 위해 통소를 분다. 「쿠마場」에서와 달리 「山東場」에서의 통소 연주는 자족적인 안온을 찾기 위한 방편이다.

'나'는 사창가의 '언청이 여자'와 관계를 갖고 그녀의 눈에서 "질서"를 본다음 "퇴화"를 보기 위해 목을 졸라 살해한다. 다음 이동 경로에서 사창가(1)은 "질서"를 본 장소이고 사창가(2)는 "퇴화"를 보기 위해 돌아갔다가 여인을 살해하는 장소이다.

場口 → 순대국집 → 사창가(1) → 감람나무 언덕 → 사창가(2) → 場口

사창가(1)에서는 여인의 동공에서 "질서"의 모습을 보았지만 사창가(2)에서는 허(虛)만을 발견한다. 뜻과 운동은 보지 못하는 것이다. '나'는 살인에 대한 어떤 처벌도 받지 않는데, 관념이 빚어낸 추상적 공간 안에서 이루어지는 살해는 현실의 인과율을 벗어나 있고 형벌의 논리를 초월해 있기 때문이다. 살인은 실험적인 행위이다. 자신의 관념을 확인하기 위한 절차인 것이다.

이 소설에서 '나'가 얻는 것은 "질서"와 "퇴화", "생성"과 "소멸"의 근저에 있는 "뜻과 질서"라는 화두이다. 관념의 실체를 확인하기 위해 살해를 해보지만 형이상학적 개념어를 육안으로 보는 것은 불가능하다. 다만 그것의 윤곽을 언어화하기 위해 작가는 '언청이 여자'의 눈이라는 매개물을 빌어온 것이다.

이 소설에서 '나'가 파괴하는 것은 '선생'의 위상이다. '제자'들에게 선생의 완전한 육체에서 자신들의 불구를 되찾으라고 교화한다. '제자'들은 '선생'의 육체를 찢는다. 위의 이동 경로에서 사창가(1)과 사창가(2) 사이에 있는 감람나무 언덕은 '선생'이 육체를 찢기는 장소이다. '나'는 선생의 육체가 소멸되는 것을 보다가 질서의 퇴화와 생성에 의문을 품고 사창가(2)로 갔던 것이다. 육안으로 확인할 수 없다는 것이 '나'의 최종 판단이다. 이 소설은 눈에 보이지 않는 신의 섭리를 가시적인 형상으로 보고자 하는 열망이 이루어질 수 없음을 형상화하고 있다. 나아가, 섭리라고 하는 뜻과 질서는 신이 인간을 지배하는 방편이며 그것은 인간의 의식에서 싹튼 심리적인 것임을 작가는 말하고 있다.

「山南場」은 기독교적 대속(代贖)의 논리에 대해 문제를 제기하는 소설이다. 이 고장은 "문둥병자"들의 "성역(聖域)"이다. "속의 반은 썩고, 반은 성한 사람들이 아픔을 치유하기 위해 모이는 곳"이다. 신체가 깨끗한 자는 성역에 들어갈 수 없다. 발을 들여 놓으면 목숨을 바쳐야 한다. '나'는 '노파'의 지팡이를 넘어 성 안으로 들어간다.

제사장 '노파'의 명령에 의해 '나'는 발가벗겨져서 형장으로 끌려간다. 형의 집행 방법은 문둥병자의 무리들이 돌을 던져 죽이는 것이다. 이 모티프는 신약성서의 패러디이다. 문둥병자들의 신념은 완전한 육체를 소지한 제물을 받침으로써 자신들의 불구에 대한 죄를 대속한다는 것이다. 기원의 대상은 신이며, 문둥병자들의 메시아니즘은 유대교적인 성격을 갖는다. '나'는 세례 요한임을 자청한다. '노파'는 '나'의 말을 듣고 "주가 다녀가셨다"라고 외친다. 구약시대의 유대교도들이 세례 요한을 메시아로 여겼던 것과 유사한 관계를 맺고 있다. '노파'의 논리에 따르면 이 마을의 신도들은 구약시대의 유대교도이다.

'나'는 형장으로 끌려가면서 마을의 풍경을 관찰한다. '나'의 눈에 성 안의 문둥병자들이 '노파'의 뒤를 따르는 모습이 들어온다. 문둥병자들의 신념은 영혼의 순결이 외적인 상처로 나타난다는 것이라는 데에 있다. 외상이 없는 자는 영혼이 불결한 자라는 것이다. 그래서 문둥병자들 중 한 무리는 영혼을 깨끗하게 하기 위해 상처에 "뻴"을 발라 외상을 더 크게 만들고 있는 풍경이 나온다. '나'가 이 행위를 무지의 소치로 비하하는 것은 박상륭 초기 소설에서 일관적으로 나타나는 메시아 사상에 대한 작가의 인식이 반영된 것이라 할 수 있다. 문둥병자들은 절대자를 섬기는 무지한 신자들을 상징하고 '노파'는 사제자를 상징한다.[47] 「山南場」에서 '나'가 문둥병사들을 무시한 자들로 대하는 이유는 '나'는 메시아 사상의 허무함을 알고 있는 영웅이기 때문이다.

'나'는 영웅적으로, 메시아 사상의 허점을 문둥병자들에게 알린 결과 "산남장"의 율법에 따라 형을 받게 된다. 형 집행의 절차는 집행자가 범법자로부터 두 마디 고백을 듣고 범법자를 처형하는 것으로 되어 있다. 두 마디 고백을 듣는 것은 죄를 자백받기 위한 절차이다. '나'에게는 이 절차가 목숨을 보존할 수 있는 좋은 기회로 작용한다. 두 마디 말을 하라고 하자 '나'는 노파의 오른쪽에서 보위를 맡았던 외눈박이 백치 같은 '사내'를 가리키며 그의 발에 입을 맞추게 해달라고 한다.

---

47) 맹목적인 메시아 사상에 대한 비판이 강렬하게 형상화 된 소설로는 「장끼전」이 있다. 「장끼전」은 가뭄을 해결하기 위해 신에게 인신공희 제사를 지내지만 기근을 벗어나지 못한다는 내용으로 이루어져 있다. '나그네'는 <却說이 日記> 연작의 '나'와 같은 인물로서 「장끼전」의 마을에 등장하여 주민들의 착오를 깨우친다.

'나'는 그 사내를 "저분"이라고 존대하며 최대한의 존경을 보인다. 노파가 이유를 묻자 '나'는 그에게서 "내 형제를 느꼈기 때문"이라고 말한다.

'노파'는 그것을 허락하지 않고, '나'를 죽이기 위하여 백치 같은 '사내'로 하여금 가장 먼저 '나'를 돌로 치는 존재가 되라고 명령한다. 그러자 '사내'는 침묵으로 일관하던 것을 깨고 '나'의 영혼의 정결함에 대해 이야기한다. '사내'의 판단에 의하면 '나'는 육체와 영혼 모두가 깨끗하고 아름답다는 것이다. 사내는 '나'에 대해 "가슴 속의 비밀은 더욱더 부드럽습니다"라고 말한다. 그러자 '노파'는 '나'를 묶은 곳에 사내를 묶고 '나'에게 먼저 돌을 던지라고 한다. '사내'가 '나'에게 보여주었던 반응과 반대로, '나'는 돌을 던지고 '사내'의 죽음을 방치한다.

'사내'를 통하여 당장의 형을 모면하긴 했으나 '노파'는 '나'를 번제(燔祭)의 희생물로 삼는다. 이 마을에서 불로 사람을 태우는 것은 기독교에서 물로 세례를 주는 것과 같은 것으로 되어 있다. 번제는 영혼을 소생시키는 세례의식이다. '노파'는 이번에는 '사내'처럼 한쪽에서 자기를 보위해왔던 '소녀'에게 장작더미에 불을 대라고 말한다. '소녀'는 '사내'가 그랬던 것처럼 그 명령에 따르지 못하겠다고 말한다. '나'를 사랑하기 때문이라는 것이다. 좌편과 우편에서 보위하던 종자(從者)들의 명령 거절에 '노파'는 당황하며 직접 횃불을 마른 풀이 있는 들에 던진다. 불은 점점 제사장 주위로 몰려들고 결국 제사장은 화염 속에서 사라진다. '노파'와 '문둥병자'들의 몸도 함께 탄다. 이 분신(焚身)을 통해 모두가 불의 세례를 받는 것이다. 세례는 영혼의 거듭남을 의미한다.

이 장(場)에서 '나'가 행한 것은 장(場)의 질서를 교화하는 것이다. 다음은 '나'의 이동경로인데 성문 앞(1)과 성문 앞(2)는 장(場)의 입구와 출구이다. 성문 앞(2)에서 '나'는 '소녀'와 육체적 관계를 맺는다. 이

성관계는 새로운 생명을 탄생시킨다는 상징적 의미를 가진다. 들이 불타는 것과 문둥병자들의 집단이 분신(焚身)하는 것은 '나'에 의해 이 마을이 교화됨을 의미한다.

성문 앞(1) → 주택가/상가 → 城內 → 빈들 → 刑場 → 祭場 → 성문 앞(2)

<却說이 日記> 연작에서 작가가 스펙터클을 보여줌으로써 강렬한 인상을 제시하고 관념을 구체적인 인물/사물로 형상화해서 의미의 파장을 유도하는 것은 이 연작의 독특한 개성이다. 여로형 플롯 자체에 포함되어 있는 동기화(motivation)의 문제 또한 이 소설들에서 발견할 수 있는 장점이다.

여행은 자아의 문제의식에서 출발한다. 자아의 내면에서 문제의식이 발생한 경우 작중 인물은 여행을 통해 내면을 점검하고 여행지에서의 만남과 풍경을 통해 스스로를 정비한다. 여행의 목적은 그러한 인물의 심리를 통해 유추할 수 있다. 여행지의 선택과 타자에 대한 시선 및 공간에 대한 태도는 여행의 목적을 추론할 수 있는 정보이다. '나'의 행동과 시선을 통해 유추하자면 <却說이 日記> 연작에 등장하는 여행의 목적은 시간의식 및 신의 위상, 대속의 논리에 대한 형이상학적 성찰을 확인하는 데에 있다. 시간의식 및 신의 위상 등에 관한 성찰은 일시적이고 일회적으로 행해져야 할 것이 아니라 삶 전반을 통해 행해야 할 문제라는 작가의 의도는 끊임없이 떠돌아야 되는 것으로 설정되어 있는 '나'의 운명에 반영되어 있다. 문제의식을 삶 전반으로 확대 보편화하는 점은 이 소설들의 공간이 매우 이론적이고 추상적이기 때문에 가능해졌다고 할 수 있다.

알레고리는 기호와 의미 사이에 의미적인 유사성이 없다는 점이 특징을 가지고 있다. 따라서 알레고리는 가리키는 것과 뜻하는 것의 관계가 명시적일 경우에는 단순에 빠지고 반명시적일 경우에는 난해함으로 빠진다. <却說이 日記> 연작에서는 성서와 종교학이라는 텍스트가 독자와 작가 사이의 소통을 이어주는 매개물로 작용하고 있다. 그런데, 문제적인 것은 텍스트 자체가 지니고 있는 난해성을 소설의 문장이 극복하지 못하고 있다는 점이라 할 것이다. 특히 기술적(記述的) 언어로 진술되는, 날것인 채로의 관념들은 소설 언어로서는 결함을 갖는다. 이러한 특성이 심화되면 종교의 경전처럼 비의적인 성격을 갖게 될 것이다. 소설을 현실의 구체적 모습을 기록하는 장르로 여기는 사람은 이러한 개성을 단점으로 지적할 것이다.

5. 한국소설의 공간과 박상륭 소설의 공간

박상륭 소설의 독특성은 사회 현실과 유리된 공간에서 현실적 논리와 자연의 이치를 초월한 상태에서 진행되는 서사를 통해 형이상학적이고 종교적인 주제를 전달하는 데에 있다. 본론의 세 번째 분석한 <却說이 日記> 연작은 박상륭 소설의 독특성이 가장 잘 드러나는 작품이며 이 작품의 연장선상에 장편『죽음의 한 연구』,『칠조어론』이 놓인다. 이 논문에서 행한 작업은 초기작품군에서 공간 이동이 유사한 작품을 분류하고 비교함으로써 박상륭 소설의 독특성이 형성되는 시작지점을 살피는 것이었다.

본론의 첫 번째 장에서는 현실을 배경으로 하고 있는 작품을 토대로 인물의 형이상학적 욕망이 사회 속에서 이루어지지 못하고 밀폐된 공간에서 이루어지는 소설의 경향을 고찰하였다.「江南見聞錄」,「늙은 개」의 주인공은 자유 의지에 의해 공간을 자유롭게 이동한다. 따라서 주인공이 지향하는 공간의 특성이 주인공의 의식을 반영하고 있음을 알 수 있었다. 두 소설의 주인공은 낙원과 시원이라는 형이상학적 공간으로 돌아가길 원한다. 이것은 현실에 대한 강한 거부반응의 형태로 나타나 있다. 그러나, 현실에 대한 거부반응으로 인해 황금시대와 사후세계를 지향하게 되는 것이 아니라 소설이 출발하기 전에 이미 주인공이 선취하고 있는 관념이라는 점 때문에 현실에 대한 거부반응이 주인공의 주관적 환멸에서 기인한 것으로 보인다. 황금시대와 사후세계에 대한 기대가 지배적이기 때문에 이 인물들의 일상 거부는 현실에 대한 비판적 거리를 확보하지 못하는 주관적 환멸로 귀착하는 것이다.

본론의 두 번째 장에서는 물리적 공간 이동이 불가능한 상황에서 관념 탐색에 몰두하는 인물의 모습을 고찰하였다. 몸의 움직임보다 관념의 사색에 주력하는 박상륭 소설의 특징적 일면이 물리적 이동이 불가능한 상황을 상정함으로써 가능해지는 것을 살펴볼 수 있었다. 생명과 시간에 대한 작가의 깊은 사유를 볼 수 있었으며 알레고리적 기법에 의해 나타나는 현실 비판 의식을 함께 볼 수 있었다. 그러나, 무게중심이 관념 탐색에 많이 기울어져 있어서 관념 탐색의 원인이 현실에 대한 거부와 환멸에서 기인하는 것처럼 보일 우려가 있음을 살펴보았다.

본론의 세 번째 장에서는 작가의 관념에 의해 빚어진 공간의 이론적인 성격을 살피고 그로테스크한 요소들이 환기하는 강렬한 모티프들은 작가의 관념이 의인화된 형태임을 밝혔다. <却說이 日記> 연작의 '나'의 행동과 시선을 통해 유추하자면 여행의 목적은 시간의식 및 신의 위상, 대속의 논리에 대한 형이상학적 성찰을 확인하는 데에 있다. '나'의 운명은 끊임없이 떠돌아야 되는 것으로 설정되어 있다. 시간의식 및 신의 위상 등에 관한 성찰은 일시적인 것이 아니라 삶 전반을 통해 행해야 할 문제임을 뜻한다.

박상륭 소설의 주제와 작중 인물의 욕망 성취는 현실적 공간을 배경으로 하고 있는 소설에서는 주인공의 나르시시즘으로 귀결되고 이론적 공간을 배경으로 하고 있는 소설에서는 보편주의로 확대된다. 따라서 불교와 선의 세계로 확대되어가는 박상륭 소설의 흐름이 사회현실과 유리되어 가는 것은 필연적인 결과로 보인다. 현실은 어느 작가에게도 뛰어넘을 수 없는 가장 완강한 텍스트임은 박상륭의 소설에서도 확인할 수 있는 바이다. 박상륭의 대표작품이 현실과 멀어지는 요인은 바로 현실의 완강함 때문일 것이다. 박상륭은 현실의 질서보다 죽음, 공포, 고독, 종교 등의 근원적 문제에 천착하는 작가이다. 현실에 대한 균형적인 시각의 부재는 작가의 의식 세계가 작중 인물들이 지향하는 형이상학적 은유의 체계와 관련 있음을 확인할 수 있다.

현대소설사에서 공간의 특성이 작가의 세계관 규명에 많은 비중을 차지하는 작가로는 이상, 김동리, 장용학을 대표적으로 들 수 있을 것이다. 이상의 밀폐된 공간은 자아의 내면을 성찰하는 공간이다. 김동리의 초월적인 공간은 전통적 정서와 자연의 의미를 환기한다. 장용학의 관념적인 공간은 전후 사회의 불안의식을 반영하는 공간이다. 박상륭이 작품활동을 시작했던 1960년대 이후에는 이상의 소설에서 특징적인 자아의 내면 탐구의 공간이 많이 나타난다. 자아의 내면을 성찰하는 작고 고립된 내밀 공간은 물질문명에 의한 인간의 소외와 폭압적인 정치현실을 우회적으로 반영하는 경향을 보인다. 개인화되고 몰개성적인 현대의 삶들에 대한 반성적 성찰이 이루어지는 공간이다. 박상륭 소설 공간의 특징은 고립되고 은폐되어 있다는 점에서 동시대 작가들의 소설과 유사하지만 국적과 연대를 초월하고자 하는 의도가 들어 있다는 점에서 고전 서사물의 성격과 닿아 있다. 실제로 박상륭의 소설 쓰기는 개인의 진실보다 보편적 진리 전달을 목적으로 하는 고전 서사물적인 성격이 농후하다.

소설이 사회와 관계맺지 않을 수 없는 장르임을 감안할 때에 한국 현대소설사에서 작품의 탈사회적이고 탈역사적인 성격은 약점으로 작용하는 경우가 많지만 박상륭은 영혼과 생명의 문제에 집착하여 국적과 연대를 뛰어넘는 보편성의 탐구에 꾸준한 노력을 보여주는 작가라 할 수 있다. 박상륭의 소설은 한국 현대소설의 다양성에 기여하는 바가 크며 눈에 보이지 않고 손으로 만질 수 없지만 인류가 공통적으로 관심을 갖고 있는 죽음과 구원의 문제 쪽으로 진일보한 세계를 보여 주었다.

참고문헌

소설 텍스트

박상륭, 『열명길』, 문학과지성사, 1986.

______, 『아겔다마』, 문학과지성사, 1997.

______, 『나무의 마을』, 문학동네, 1999.

______, 『죽음의 한 연구』, 문학과지성사, 1986.

______, 『칠조어론』1~4, 문학과지성사, 1990~1994.

평론 및 단위논문

강금숙, 「죽음을 매개로 한 문학과 삶 : 작가를 찾아서」, ≪작가세계≫ 34(1997 가을), pp.44~54.

김명신, 「박상륭론 : 상극적(相剋的) 질서 안에서의 생명찾기」, 『현역중진작가연구 I』, 한국문학연구회 편, 국학자료원, 1997, pp.39~87.

______, 「말씀의 우주에서 마음의 우주로의 편력 : 박상륭 문학적 연대기」, ≪작가세계≫ 34(1997 가을), pp.18~43.

김경수, 「삶과 죽음에 대한 연금술적 탐색 : 박상륭의 『죽음의 한 硏究』論」, ≪작가세계≫(1990 가을), pp.347~363.

김병익, 「60년대 문학의 가능성」, 『현대한국문학의 이론』, 민음사, 1972, 김병익·김주연·김치수·김현 공저, pp.260~269.

김윤식, 「앓는 세대의 문학」, ≪현대문학≫(1969.10), pp.38~46.

김인환, 「신화와 종교 통한 근대의 뿌리찾기 : 박상륭 『칠조어론』, 이윤기 『하늘의문』」, ≪문학동네≫(1995 봄), pp.305~318.

_____, 「독룡과의 동침, ≪작가세계≫ 34(1997 가을), pp.72~84.

김정란, 「사유의 호몬쿨루스 : 박상륭 초기 작품 자세히 읽기」, ≪작가세계≫ 34(1997 가을), pp.85~123.

김주연, 「1960년대 소설가 별견」, 『현대한국문학의 이론』, 민음사, 1972, 김병익·김주연·김치수·김현 공저, pp.271~285.

_____, 「관념소설의 역사적 당위-최인훈, 이청준, 박상륭 등과 관련하여」, ≪문학정신≫ 제68호(1998.6), pp.34~38.

김진수, 「죽음의 신화적 구조-박상륭의 『죽음의 한 연구』」, ≪문학과사회≫ 12(1990.11), pp.1669~1688.

_____, 「<몸입기>의 지난함과 지복함」, 『칠조어론』1·2 <서평>, ≪세계의 문학≫ 60(1991.5), pp.369~379.

김치수, 「한국소설의 과제」, 『현대한국문학의이론』, 민음사, 1972, 김병익·김주연·김치수·김현 공저, pp.148~158.

_____, 「신예작가들의 새로운 관심 : 서승해, 서정인, 홍성원, 이청준, 양문길, 박상륭, 박태순」, 『한국단편문학대계』 12, 삼성출판사, 1969 : pp.439~446.

_____, 「구도자의 세계 : 박상륭의 소설」, ≪작가세계≫ 34(1997 가을), pp.55~71.

김 현, 「샤머니즘의 극복」, ≪현대문학≫ 1968.11, pp.296~307.

_____, 「1968년의 작가상황」, ≪사상계≫ 1968.12.

_____, 「요나 콤플렉스의 한 표현-박상륭 남도에 대하여」, ≪신상≫(1970 가을), pp.118~127.

_____, 「인신의 고뇌와 방황-이루어짐의 도식」, ≪현대문학≫(1976.4), pp.280~288.

_____, 「60년대 문학의 배경과 성과」, 『분석과 해석』, 문학과지성사, 1988,

pp.250～259.

______, 「관심의 외야지대-문학, 『행복한 책읽기/문학의 단평』」, 『김현전집』 15, 문학과지성사, pp.423～425.

______, 「병든 세계와 아프기-칠조어론의 주변」, 『칠조어론』1, 문학과지성사, 1990.

박태순, 「『죽음의 한 硏究』에 대한 한 硏究」, ≪한국문학≫(1975.8), pp.355～373.

서정기, 「『죽음의 한 硏究』 試論」, ≪동서문학≫(1989.10), pp.143～164.

______, 「살 속에서 살을 넘어 나아가기-박상륭의 소설 「유리장」 분석」, ≪작가세계≫(1990 가을).

성민엽, 「존재론적 한계와의 싸움」, 『문학의 빈곤』, 문학과지성사, 1988.

______, 「<박상륭과의 대담> 색에서 공으로」, ≪문학과 사회≫(1993 가을), pp.993～1011.

심영덕, 「현대소설에 나타난 죽음의 일고찰, 『영남어문논집』 21, 1992.

안동준, 「박상륭 소설 『죽음의 한 硏究』의 비의적 성격에 대하여」, 『경남어문논집』 제6집(1993.12), pp.69～85.

정혜경, 「메물밭에 부치는 頌歌 : 박상륭의 「남도·1」」, ≪현대시학≫ 351, (1998.6), pp.218～231.

선우휘·안수길·여석기·오영수, 「제5회 사상계 신인문학상선후평」, ≪사상계≫(1963.11.25. 1963년도 文藝特別增刊號 제11권 제13호, 통권 제128호), pp.390～394.

우남득, 「현대소설의 기호론적 공간 연구 : 박상륭의 <뙤약볕> 연작을 중심으로」, ≪이화어문논집≫ 12(1992) : pp.365～391 / 『소설읽기의 새로움-박상륭, 이광수, 김동인 소설연구』, 이가출판사, 1993에 '뙤약볕의 기호론적 공간분석'으로 재수록.

______, 「박상륭 소설의 물질상상력의 체계」, ≪이화어문논집≫ 11(1990) : pp.53～83 / 『소설읽기의 새로움-박상륭, 이광수, 김동인 소설연구』, 이가출판사, 1993에 재수록. / 『문학상상력과 공간』, 창, 1992에 재수록.

______, 「박상륭 소설의 카니발적 공간연구」, 『문학상상력과 공간』, 창(1992) : pp.201～270 /『소설읽기의 새로움-박상륭, 이광수, 김동인 소설연구』, 이가출판사, 1993에 '남도2의 카니발적 공간연구'로 재수록.

이문구, 「박상륭 그는 어떤 사람인가」, ≪한국문학≫(1975.5), pp.322～339.
임우기, 「죽음의 현실과 생명성에의 회원1」, ≪문예중앙≫(1987.12), pp.318～329.
______, 「<매개>의 문법에서 <교감>의 문법으로 : 소설문체에 대한 비판적 검토」, ≪문예중앙≫(1993.5), pp.356～1993.
진형준, 「연금술사의 꿈」, 『열명길』, 문학과지성사, 1986.
천이두, 「박상륭의 「열명길」 : 가상적 세계와 그 현상화」, ≪월간문학≫ (1968. 11), pp.167～170.
______, 「계승과 반역」, ≪문학과지성≫ 통권 제4호(1971), pp.873～892.
______, 「우화와 현실 : 신인들의 문학세계」, 『종합에의 의지』, 일지사, 1974, pp.308～322.
______, 「불모의 신화 · 박상륭」, 『종합에의 의지』, 일지사, 1974, pp.337～345.
______, 「정통과 이단 : 박경리 · 박상륭」, 『한국소설의 관점』, 문학과지성사, 1983, pp.58～73.
권택영, 「언어의 수사성」, ≪세계의 문학≫(1989년 가을호)
김유동, 「발터 벤야민의 <새로운 천사> ; 벤야민의 삶과 사상에 대한 음미」, ≪현대비평과 이론≫ 9(1995.5), pp.74～91.
김윤식, 「90년대 연구진과 알레고리론」, ≪문예중앙≫ 19(1996.11), pp.464～483.
김길웅, 「미적 현상과 시대의 매개체로서의 알레고리 ; 벤야민의 알레고리 개념을 중심으로」, ≪현대비평과 이론≫ 14(1997.10), pp.183～203.
신덕룡, 「사회적 신화와 알레고리 ; 80년대 알레고리의 의미와 한계」, ≪현대문학≫ 436(1991.4), pp.358～371.
서영채, 「알레고리의 내적 형식과 그 의미 ; 장용학의 「원형의 전설」론」, ≪민족문학사연구≫ 3(1993.4), pp.171～191.
신광현, 「시간/주체/언어 ; 폴 드 만의 「시간성의 수사」」, ≪현대비평과 이론≫ 10(1995.10), pp.144～169.
______, 「폴 드 만의 비유 읽기」, ≪현대비평과 이론≫ 16(1998.11.), pp.11～39.
장경렬, 「수사적 언어와 해체구성의 논리 ; 자크 데리다와 폴 드 만의 경우」, ≪문학과사회≫ 18(1992.5), pp.700～717.
______, 「언어 시간 그리고 비평의 문제 ; 폴 드 만의 경우」, ≪외국문학≫ 16(1988년 가을호)
방민호, 「전후 알레고리 소설에 관한 연구 ; 장용학, 김성한, 유주현 소설을 중심으로」, ≪외국문학≫ 39(1994.5), pp.158～176.
황현산, 「정지된 세계의 알레고리 ; 「자유의 문」 이청준 저 <서평>」, ≪현대소설≫ 2(1990.3), pp.367～376.

학위논문

김주성, 「소설 『죽음의 한 연구』의 신화적 요소 연구」, 중앙대학교 문예창작학과 석사학위논문, 1989.
崔在濬, 「『죽음의 한 硏究』論-朴常隆 소설의 談論 構造」, 동국대학교 석사학위논문, 1994.
신성환, 「박상륭 소설 연구」, 한양대학교 석사학위논문, 1998.
정해성, 「박상륭 소설의 죽음 변이양상 연구」, 부산대학교 석사학위논문, 1999.
이동하, 『한국문학의 전통지향적 보수주의 연구』, 서울대학교 박사학위논문, 1988.
방민호, 「전후소설에 나타난 알레고리 연구」, 서울대학교 석사학위논문, 1993.
이윤성, 『폴 드 만의 알레고리론 연구』, 경희대학교 박사학위논문, 1998.
이유선, 『인식론 비판과 진리의 문제-R. 로티와 H. G. 가다머를 중심으로』, 고려대학교 박사학위논문, 1995.

단행본

강내희, 『공간 · 육체 · 권력』, 문화과학사, 1995.
김인환, 『상상력과 원근법』, 문학과지성사, 1993.
______, 『한국문학이론의 연구』, 을유문화사, 1986.
김화영, 『현대소설론』, 現代文學, 1996.
이재선 편, 『김동리』, 서강대학교출판부, 1995.
송하춘, 『탐구로서의 소설독법』, 고려대학교출판부, 1996.

레비스트로스, 『슬픈 열대』, 박옥줄 역, 삼성출판사, 1990.
르네 지라르, 『희생양』, 김진식 역, 민음사, 1998.
미셸 푸코, 『감시와 처벌』, 오생근 역, 나남, 1994.
자크 모노, 『우연과 필연』, 김진욱 역, 범우사, 1985.
오비디우스, 『변신이야기』1 · 2, 이윤기 역, 민음사, 1998.
바슐라르, 『공간의 시학』, 곽광수 역, 민음사, 1990.

이푸 투안, 『공간과 장소』, 구동회 · 심승희 역, 도서출판 대윤, 1995.
하이데거, 『존재와 시간』, 이기상 역, 까치, 1998.
클리언스 부룩스 · 로버트 펜 워렌, 『소설의 분석』, 안동림 역, 현암사, 1985.
발터 벤야민, 『발터 벤야민의 문예이론』, 반성완 편역, 민음사, 1983.
미하일 바흐찐, 『장편소설과 민중언어』, 전승희 · 서경희 · 박유미 역, 창작과 비평사, 1988.
노드롭 프라이, 『비평의 해부』, 임철규 역, 한길사, 1982.
토도로프, 『산문의 시학』, 신동욱 역, 문예출판사, 1992.
John MacQueen, 『알레고리』, 송낙헌 역, 서울대학교 출판부, 1980.
종교학사전 편찬위원회 편, 『종교학대사전』, 한국사전연구사, 1998.
조셉 칠더즈 · 게리 헨치, 『현대문학 · 문화비평 용어사전』, 황종연 역, 문학동네, 1999.

박 영 준

1972년 여수에서 태어났으며 고려대학교 국어국문학과를 졸업하였다.
2001년 《문예중앙》 신인상에 중편소설 「공범」이 당선되어 소설가로 등단하였다.
2006년 고려대학교대학원 국어국문학과에서 「1960년대 한국 장편소설 연구」로 박사학위를 받았다.
현재 고려대학교, 서울산업대학교, 대진대학교에서 강의를 하고 있다.
펴낸 소설집으로 『생일선물』(2005)이 있다.
필명은 박금산이다.

소설과 우연의 질서

초판 1쇄 인쇄 2006년 12월 1일
초판 1쇄 발행 2006년 12월 6일

지은이 박 영 준
펴낸이 박 성 복
펴낸곳 도서출판 월인
서울특별시 강북구 수유2동 252-9
등록번호 제6-0364호(1998.5.4)
전 화 (02) 912-5000
팩 스 (02) 900-5036
homepage http://www.worin.net

ISBN 89-8477-335-2 93810

값 10,000원